気になる子の インクルーシブ教育・保育

幼稚園教諭・保育士養成課程、教職課程対応

野内友規・綿引清勝＝編著

中央法規

はじめに

「なぜ、この子はほかの子と同じことができないのでしょうか？」

近年、教育・保育現場の先生方や保護者から、このような相談を受けることが増えてきました。これは、特別支援教育への理解や関心の高まりから、これまで見過ごされてきた「気になる子」にも支援の目が向けられるようになってきた結果であるといえるでしょう。しかしながら、実際の教育・保育現場の気になる子のなかには、何らかの支援を必要としているにもかかわらず、努力不足やわがままなどの誤解や無理解により苦しんでいるケースも少なくはないように感じています。

インクルーシブ教育・保育を推進していくうえで、通常の教育・保育現場の人材育成は大きな課題であり、教職課程・保育士養成課程における教育の充実は必須だといえます。そこで本書では、幼児期の教育課題や教育技術を特別支援教育の視点から科学的にとらえるために、法令・制度、疾患論だけでなく、臨床発達的な理論や実践的な解説も取り入れることで、今日の気になる子に対する教育課題を総合的に理解することを試みました。

本書は、大きく「つかむ」「つなぐ」「つかう」の3部構成になっています。第1部は「特別支援教育と多様な教育的ニーズ」をテーマとし、特別支援教育の概略やさまざまな障害等に起因する教育的ニーズを「つかむ」ことができるように「障害とは何か」という基礎的な内容から視覚障害、聴覚障害、知的障害、肢体不自由、病弱・身体虚弱の五つの障害やLD、ADHD、ASD、DCDといった発達障害に加え、障害はなくても教育的なニーズのある子どもたち、障害が重い子どもたちなどの定義や障害特性、支援のポイントを学べるようにしました。

第2部では「就学と連続性のある多様な学びの場」をテーマとし、第1部で学んだ特別支援教育の対象となる子どもたちを多様な就学先に「つなぐ」ことができるよう、インクルーシブ教育システムを構築するための就学制度や保護者・関係機関との連携に加え個別の指導計画・個別の教育支援計画の作成等について、具体的な事例を通して学べるようにしました。

第3部では「「気になる子」の発達に応じた実践」をテーマとし、第1部と第2部で学んだ幼児期の発達や支援のポイント、教育課題等を実践的に深く理解することに加えて、これからの教育・保育に期待されるICT機器の利活用等の新しい教育技術を交えながら、教育・保育現場で「つかう」ための具体的な指導のあり方を学べるようにしました。

子どもたちが伸び伸びと育っていくためには、○○障害というラベルからとらえるのではなく、あくまでもその子の教育的ニーズに対する理解と適切な支援が求められます。我々一人ひとりには個性があり、学び方も異なりますが、気になる子たちも同様に、その子なりの感じ方や考え方をもっています。ゆえに、特別支援教育の学びの主体は子どもであり、対人援助職として子どもの発達やニーズをどう理解し、寄り添うかという指導や支援の根幹を大切にしたいと考え、本書は大学等の教員や専門職の先生方だけでなく、当事者である保護者等にもご執筆いただきました。

子どもに対する見方やかかわり方を変えることは、自らの指導の至らない点を客観的に受け止める器量が必要になりますが、それは子どもから学び、子どもとともに成長する過程でとても重要なことでもあります。教育者や保育者が成長した分だけ、目の前の子どもたちも成長することができます。本書が子どもとかかわる読者の自信と勇気、そしてその先にいるたくさんの子どもたちの笑顔につながることを願っています。

2022年４月　野内　友規・綿引　清勝

目次

第3章　発達障害の理解と支援

第4章　多様な教育的ニーズの理解と支援

第２部　就学と連続性のある多様な学びの場（つなぐ）

第５章　連続性のある多様な学びの場と特別支援教育

第６章　通級による指導と特別支援学級

第9章 関係機関や保護者との連携

第3部 「気になる子」の発達に応じた実践（つかう）

第10章 各領域における指導の留意点

第11章 子どもの遊びと感覚統合

第12章 子どもの発達と気になる行動

・・・・・・・　本書の内容とコアカリキュラム等への対応　・・・・・・・

本書は、文部科学省コアカリキュラムおよび保育士養成課程の教科目の教授内容等を網羅するように構成されています。本テキストの内容とシラバス作成を想定した対応表を次に示しますので、参考等にしていただければ幸いです。

野内　友規・綿引　清勝

○参考資料：文部科学省コアカリキュラム

②教職課程コアカリキュラム対応表		
特別の支援を必要とする幼児、児童および生徒に対する理解		
全体目標		通常の学級にも在籍している発達障害や軽度知的障害をはじめとするさまざまな障害等により特別の支援を必要とする幼児、児童および生徒が授業において学習活動に参加している実感・達成感をもちながら学び、生きる力を身に付けていくことができるよう、幼児、児童および生徒の学習上または生活上の困難を理解し、個別の教育的ニーズに対して、他の教員や関係機関と連携しながら組織的に対応していくために必要な知識や支援方法を理解する。
（1）特別の支援を必要とする幼児、児童および生徒の理解		
一般目標		特別の支援を必要とする幼児、児童および生徒の障害の特性および心身の発達を理解する。
到達目標	1	インクルーシブ教育システムを含めた特別支援教育に関する制度の理念や仕組みを理解している。
	2	発達障害や軽度知的障害をはじめとする特別の支援を必要とする幼児、児童および生徒の心身の発達、心理的特性および学習の過程を理解している。
	3	視覚障害・聴覚障害・知的障害・肢体不自由・病弱等を含むさまざまな障害のある幼児、児童および生徒の学習上または生活上の困難について基礎的な知識を身に付けている。
（2）特別の支援を必要とする幼児、児童および生徒の教育課程および支援の方法		
一般目標		特別の支援を必要とする幼児、児童および生徒に対する教育課程や支援の方法を理解する。
到達目標	1	発達障害や軽度知的障害をはじめとする特別の支援を必要とする幼児、児童および生徒に対する支援の方法について例示することができる。
	2	「通級による指導」および「自立活動」の教育課程上の位置づけと内容を理解している。
	3	特別支援教育に関する教育課程の枠組みをふまえ、個別の指導計画および個別の教育支援計画を作成する意義と方法を理解している。
	4	特別支援教育コーディネーター、関係機関・家庭と連携しながら支援体制を構築することの必要性を理解している。
（3）障害はないが特別の教育的ニーズのある幼児、児童および生徒の把握や支援		
一般目標		障害はないが特別の教育的ニーズのある幼児、児童および生徒の学習上または生活上の困難とその対応を理解する。
到達目標	1	母国語や貧困の問題等により特別の教育的ニーズのある幼児、児童および生徒の学習上または生活上の困難や組織的な対応の必要性を理解している。

○参考資料：保育士養成課程の教科目の教授内容

障害児保育（演習・２単位）
１．障害児保育を支える理念や歴史的変遷について学び、障害児およびその保育について理解する。 ２．個々の特性や心身の発達等に応じた援助や配慮について理解する。 ３．障害児その他の特別な配慮を要する子どもの保育における計画の作成や援助の具体的な方法について理解する。 ４．障害児その他の特別な配慮を要する子どもの家庭への支援や関係機関との連携・協働について理解する。 ５．障害児その他の特別な配慮を要する子どもの保育に関する現状と課題について理解する。
１．障害児保育を支える理念 （１）「障害」の概念と障害児保育の歴史的変遷 （２）ソーシャル・インクルージョンおよび合理的配慮の理解と障害児保育の基本 ２．障害児等の理解と保育における発達の援助 （１）肢体不自由児の理解と援助 （２）知的障害児の理解と援助 （３）視覚障害・聴覚障害・言語障害児等の理解と援助 （４）発達障害児の理解と援助①（ADHD－注意欠陥多動性障害、LD－学習障害等） （５）発達障害児の理解と援助②（PDD－広汎性発達障害等） （６）重症心身障害児、医療的ケア児の理解と援助 （７）その他、特別な配慮を要する子どもの理解と援助 ３．障害児その他の特別な配慮を要する子どもの保育の実際 （１）指導計画および個別の支援計画の作成 （２）個々の発達を促す生活や遊びの環境 （３）子ども同士のかかわりと育ち合い （４）障害児保育における子どもの健康と安全 （５）職員間の協働 ４．家庭および関係機関との連携 （１）保護者や家族に対する理解と支援 （２）保護者間の交流や支え合いの意義とその支援 （３）障害児支援の制度の理解と地域における関係機関（保育所、児童発達支援センター等）の連携 （４）小学校等との連携 ５．障害児その他の特別な配慮を要する子どもの保育にかかわる現状と課題 （１）保健・医療における現状と課題 （２）福祉・教育における現状と課題 （３）支援の場の広がりとつながり

本書の主な構成とカリキュラム対応表

部	章	タイトル	主な内容と構成	教職課程	保育士養成課程
第1部　特別支援教育と多様な教育的ニーズ（つかむ）	1	特別支援教育とは	・特別支援教育の理念と歴史 ・ICFとICIDH／合理的配慮と基礎的環境整備	(1)—1	1—(1)、(2)
	2	障害の理解と支援	・視覚障害の理解と支援	(1)－3	2—(3)
			・聴覚障害の理解と支援	(1)－3	2—(3)
			・知的障害の理解と支援	(1)－2、3	2—(2)
			・肢体不自由の理解と支援	(1)－3	2—(1)
			・病弱・身体虚弱の理解と支援	(1)－3	2—(6)
	3	発達障害の理解と支援	・発達障害とは何か	(1)—2 (2)—1	2—(4)、(5)
			・学習障害の理解と支援		2—(4)
			・注意欠如・多動症／注意欠如・多動性障害の理解と支援		2—(4)
			・自閉スペクトラム症／自閉症スペクトラム障害の理解と支援		2—(5)
			・発達性協調運動症／発達性協調運動障害の理解と支援		2—(4)、(5)
	4	多様な教育的ニーズの理解と支援	・言語障害の理解と支援	(2)—1	2－(3)
			・情緒障害の理解と支援	(2)—1	2－(3)
			・障害はないが教育的なニーズのある子どもの理解と支援	(3)—1	2—(7)
			・障害が重い子どもの理解と支援	(1)－3 (2)—1	2—(6)
第2部　就学と連続性のある多様な学びの場（つなぐ）	5	連続性のある多様な学びの場と特別支援教育	・連続性のある多様な学びの場と教育課程 ・自立活動と各教科等を合わせた指導 ・就学先決定の仕組み	(1)—1、2 (2)—2	1—(2) 4—(4)
	6	通級による指導と特別支援学級	・通級による指導の実際 ・特別支援学級における指導の実際 ・交流・共同学習の実際	(1)—1 (2)—1、2	1—(1) 2—(1)～(7) 3—(3)
	7	特別支援教育コーディネーターと園内支援体制	・特別支援教育コーディネーターの役割 ・特別支援教育コーディネーターとセンター的機能 ・幼稚園・保育所における園内支援体制の構築	(1)—1 (2)—3、4	3—(1)、(5) 4—(1)、(3)、(4) 5—(1)～(3)
	8	「個別の指導計画」・「個別の教育支援計画」の策定とアセスメント	・気になる子の教育・保育とアセスメント ・個別の指導計画の策定および活用	(1)—1 (2)—1、3	3—(1) 2—(1)～(7) 4—(1)、(4)
	9	関係機関や保護者との連携	・就学へ向けた関係機関や保護者との連携の必要性 ・保護者支援・子育て支援 ・関係機関との連携	(1)—1 (2)—3、4	4－(1)～(4) 5—(1)～(3)

第3部「気になる子」の発達に応じた実践（つかう）	10	各領域における指導の留意点	・領域「健康」における指導の留意点	(2)—1	3—(4)
			・領域「環境」における指導の留意点		3—(2)
			・領域「人間関係」における指導の留意点		3—(3)
			・領域「言葉」における指導の留意点		2—(3) 3—(2)、(3)
			・領域「表現」における指導の留意点		3—(2)、(3)
	11	子どもの遊びと感覚統合	・子どもにとっての遊びとは ・子どもの感覚・運動の発達 ・子どもの発達と感覚統合	(1)—2 (2)—1	3—(2)、(3)
	12	子どもの発達と気になる行動	・子どもの行動と発達的な意味づけ ・子どもの行動のメカニズム ・モデリングと動機づけ	(1)—2、3 (2)—1	3—(2)、(3)
	13	子どもの教育的ニーズに応じたICT機器の意義と活用	・教育・保育におけるICT機器活用の意義 ・特別支援教育とICT ・特別支援学校のICTを活用した授業実践	(1)—1 (2)—1、2	2—(1)〜(7) 3—(2)、(3)
	14	保育におけるアダプテッド	・アダプテッドとは ・保育におけるアダプテッド	(1)—1 (2)—1	1—(2) 3—(2)、(3)

		タイトル	教職課程	保育士養成課程
コラム	コラム1	幼児期の発達と実行機能との関連について	(1)—2 (2)—1	2—(1)〜(7)
	コラム2	発達障害の子どもの服薬と支援	(1)—2 (2)—1	2—(1)〜(7) 3—(4) 4—(3) 5—(1)
	コラム3	知られざる感覚過敏の世界	(1)—2 (2)—1	2—(5) 3—(4)
	コラム4	合併症や障害があっても、生きることは奇跡	(1)—3 (2)—4	2—(6) 4—(1)
	コラム5	特別支援学校に入学する子どもとその保護者の思い	(2)—4	4—(1)
	コラム6	特別支援教育コーディネーターの指名と求められる専門性	(2)—4	3—(5) 5—(3)
	コラム7	「個別の教育支援計画」の作成例	(2)—3	3—(1)
	コラム8	簡単に様子をみるとか、大丈夫なんて言わないで	(1)—1、2 (2)—1、4	4—(1)、(2)
	コラム9	子どもの好きなことからかかわりを広げる	(1)—2 (2)—1	3—(2)、(4)
	コラム10	特別支援教育とSDGsについて	(1)—1	1—(2)
	コラム11	子どもが楽しく園に通ってくれるだけでいい	(1)—1 (2)—4	1—(2) 4—(1)

第1部
特別支援教育と多様な教育的ニーズ
つかむ

第1章
特別支援教育とは

現在における特別支援教育の理念は特殊教育から特別支援教育への変遷を経て構築されたものである。変遷の背景には、国際的・国内的な障害者観の転換等がある。

そこで本章では、特別支援教育の理念と変遷、障害児保育の変遷と現状について取り上げる。さらに障害者の権利に関する条約や国際障害分類（ICIDH）による障害理解の考え方の変遷など、特別支援教育の背景について押さえる。

1 特別支援教育の理念と歴史

1 特別支援教育とは

（1）特別支援教育の理念

2007（平成19）年４月に文部科学省初等中等教育局から出された通知「特別支援教育の推進について」[1)]によると、特別支援教育の理念は以下のとおりに示されている。

> 特別支援教育は、障害のある幼児児童生徒の自立や社会参加に向けた主体的な取組を支援するという視点に立ち、幼児児童生徒一人一人の教育的ニーズを把握し、その持てる力を高め、生活や学習上の困難を改善又は克服するため、適切な指導及び必要な支援を行うものである。
>
> また、特別支援教育は、これまでの特殊教育の対象の障害だけでなく、知的な遅れのない発達障害も含めて、特別な支援を必要とする幼児児童生徒が在籍する全ての学校において実施されるものである。
>
> さらに、特別支援教育は、障害のある幼児児童生徒への教育にとどまらず、障害の有無やその他の個々の違いを認識しつつ様々な人々が生き生きと活躍できる共生社会の形成の基礎となるものであり、我が国の現在及び将来の社会にとって重要な意味を持っている。

つまり、特別支援教育とは、特別な支援を必要とするすべての幼児児童生徒を対象にすべての学校で行われる共生社会の基盤となる教育のことである。特別支援教育では、教育者は、幼児児童生徒の自立と社会参加のために、彼らの主体的な取り組みを支援するという立場にある。

（2）特殊教育から特別支援教育へ

わが国における障害のある幼児児童生徒に対する教育は、2008（平成20）年４月に「特殊教育」から「特別支援教育」へ名称変更したことを境に転換がみられる。従来の特殊教育では、盲学校や聾学校、養護学校、特殊学級など「特別な場」において、障害種や障害の程度に応じた教育が行われてきた。しかし、時代の流れとともに、盲学校、聾学校、養護学校、特殊学級に在籍する児童生徒の増加、これらの学校に在籍する児童生徒の

1）文部科学省初等中等教育局「特別支援教育の推進について（通知）」2007.

重度重複化、そして通常学級における特別な支援を必要とする児童生徒の増加などの教育問題が次第に深刻化し、従来行われてきた特殊教育の枠組みでは対応することが難しくなった。

特別支援教育は、これまでの特殊教育のなかで対象としてきた障害だけでなく、知的な遅れのない発達障害も含め、特別な支援を必要とする幼児児童生徒が在籍するすべての学校において実施される。つまり、特殊教育から特別支援教育への転換は、「特別な場における障害の種類に応じた教育」から「すべての学校における一人ひとりのニーズに応じた教育」への転換であるといえる。

2 障害児保育とインクルージョン（保育形態を含む）

（1）歴史的経緯

わが国の幼児教育は、1876（明治9）年、当時の東京女子師範学校（現、お茶の水女子大学）の附属幼稚園から始まった。当時の幼稚園は、一部の階層の子女にしか開かれていない富裕層を対象としたものだった。一方、保育所は、1880年代に働く人々を支えるための託児施設として各地で誕生した。

わが国における障害のある子どもに対する保育は、1960年代までは障害のある子どもを集め特別な場で保育する分離保育が主流であり、幼稚園や保育所において障害のある子どもを一緒に保育するという形態はほとんどみられなかった。その後、1974（昭和49）年に厚生省によって「障害児保育事業実施要綱」が策定されると、全国の保育所において障害児保育が実施されるようになった。しかし、要綱策定当時は、保育対象が障害程度の軽い子どもに限定されるなど保育所における障害のある子どもへの基準も厳しく、保育対象から除外される障害児も多かった。その後1978（昭和53）年に「保育所における障害児の受け入れについて」の通知が出されると、中程度の障害のある子どもも保育所における保育対象に含まれるようになった。このような流れのなかで保育所において、障害のある子どもとない子どもを同じ場所（施設）で保育する統合保育（インテグレーション）が広まっていくこととなった。統合保育は、もともと障害のある子どもが地域において当たり前の生活を営み権利を有することができる社会を目指すという北欧を起点に始まったノーマライゼーション*の考え方に基づいている。このような統合保育の広まりとともに障害児通所施設の子どもが保育所や幼稚園の障害のない子どもと定期的に交流を行う交流保育も広まりをみせる。

*ノーマライゼーション
デンマークのニルス・エルク・バンクミケルセン（N. E. Bank-Mikkelsen）によって提唱され、スウェーデンのベンクト・ニィリエ（Bengt Nirje）によって体系化された概念である。障害など社会的マイノリティを含めた人たちが一般市民と同じ普通（ノーマル）の生活や権利が保障されるよう環境を整備するという考え方を意味する用語である。

1990年代になると、インテグレーションに代わってインクルージョン（包括）の概念が世界的に広がりをみせる。従来までのインテグレーションは、障害のある子どもとない子どもを明確に分けたうえで、共通の「場」を提供することによって統合を図るという概念である。この概念では、障害のある子どもとない子どもに、同じ教育・保育の「場」を提供するという点が重視される。インテグレーションは障害のある子どもに、教育・保育へ参加する「場所」を保障するという点において、一定の意味をもつものであった。しかし、この概念は「場所」を共有する以上の意味をもたない非常に限定された概念として受け入れられ、「ただその場所にいるだけ」という教育保育上の問題点を浮き彫りにした。このような経緯からインクルージョンの概念が受け入れられはじめる。インクルージョンは、すべての子どもが障害の有無にかかわらず共通の場で学ぶという概念である。この概念では「場」の共有だけではなく、それぞれの子どもに合ったニーズを提供することが重視される。つまり、教育保育の「場所」の保障のみならず、共通の活動を通した学びの保障が重視されるようになる。また、インクルージョンでは、障害のある子どものみに焦点を当てるのではなく、焦点を当てるのはすべての子どもであり、一人ひとりの子どもの学びを保障するという点がポイントになる。このインクルージョンを土台とした教育（保育）がインクルーシブ教育（保育）である。インクルーシブ教育は、1994年のサラマンカ声明のなかにある「万人のための教育（Education for All: EFA）」を具現化したものである。

幼稚園においても、分離教育から統合教育、そしてインクルーシブ教育という一連の流れで保育形態の変化がみられる。このインクルーシブ教育の推進のなかで、障害児への保育が注目されるようになる。そして、正式に障害児保育が行われるようになったのは、2007（平成19）年に学校教育法が改正され特別支援教育が実施されるようになってからである。

（２）障害児保育の現在

現在、わが国の障害のある子どもへの保育は、分離保育と統合保育が混在し、そのなかでよりよい保育へのあり方への模索が続いている状況である。主に特別支援学校幼稚部などで行われる分離保育は、自分の発達状況に合った保育を受けられることや、同じような発達状況の子どもとかかわることができるというメリットがある。一方、障害のある子どもだけでは、経験が広がりにくいというデメリットもある。保育所や幼稚園、幼保連携型認定こども園においては、統合保育が行われ、インクルーシブ保育が模索されている。統合保育のメリットは、障害のある子どもが障害のない子どもとかかわることで、発達が促され、生活経験が広がることである。しかし、一方で発達状況をふまえた保育を受けにくく、発達を促すための訓練を受ける機会を失う可能性があるというデメリットもある。

障害のある子どもに対し、必ずしも統合保育を行うことが素晴らしいというわけではなく、分離保育と統合保育のどちらを行うほうがよいかは子どもによって異なるという視点をもつことは保育者にとってとても重要である。人的・物的環境が整備されているかどうかを含めて子どもの発達が保障されているかどうか、障害のない子どもたちが障害のある子どもの理解をできる環境かどうかという点もふまえて、障害のある子どもをどこでどのように保育すればよいかを考え選択することが大切である。現在、わが国の保育現場において、インクルーシブ教育保育は、十分な理解のもと実施されているとはいえない状況である。わが国におけるインクルーシブ教育保育のあり方は、いついかなる時も共通の場で一緒に学ぶというフルインクルージョンの概念にこだわってはいない。できる限り一緒に学ぶというフルインクルージョンを目指しながらも、一人ひとりの子どもの学びの保障に焦点を当てた多様な学びの場を用意した柔軟なインクルーシブ教育保育システムである。分離保育や統合保育のメリットを包括したうえで、特定の個人・集団を排除しない活動への参加を平等に保障するインクルーシブ教育保育を構築し実現させていくことが現在の保育課題であるといえる。

2 ICFとICIDH／合理的配慮と基礎的環境整備

1 障害理解の変遷――ICIDHからICFへ

現在の障害理解に対する考え方は、2001年に世界保健機関（WHO）で採択された国際生活機能分類（ICF）の障害理解モデルに基づいている。それ以前は、1980年にWHOが発表した国際障害分類（ICIDH）という基準に基づいて障害が理解されていた。

以前の障害理解モデルであるICIDHでは、「疾病変調」は「機能障害」を生じさせ、それが「能力障害」を引き起こし、最終的に「社会的不利」につながるものととらえていた（図1-1-1）。例えば、視覚障害という「疾病変調」のある人は、視機能の異常という「機能障害」があり、それが物を見ることを難しくするという「能力障害」につながり、最終的に、社会参加や生活の制限を受けるなどの「社会的不利」を被るというように解釈されていた。このモデルは、障害がどのような社会的不利につながるかを明確にするという点では意味のあるものであったが、障害が必ず社会的不利につながってしまうというマイナスなイメージを強調しすぎたモデルになってしまっていた。

現在のICFの障害理解モデルでは、障害者の生活機能は、その人固有の個人因子とともにさまざまな環境因子によって保たれるとされる（図1-1-2）。環境因子は、物的環境（建物、福祉用具）、人的環境、社会制度的環境等である。例えば、片方の足が欠損している（身体障害がある）としても、義足という環境因子があれば、歩いたり、社会に参加したりすることができ生活機能は保たれる。また、保育現場を考えてみると、保育環境や保育者などの人材も環境因子に含まれる。保育環境や保育者の支援など環境因子を調整することで、障害のある子どもの生活環境は保たれる。このように、ICFでは環境を調整することで障害者の生活機能は保たれ、良好な健康状態へとつながると解釈される。

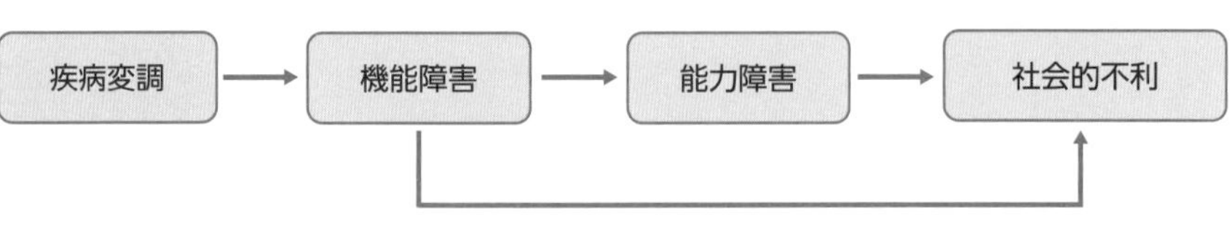

図1-1-1 国際障害分類（ICIDH）障害理解モデル

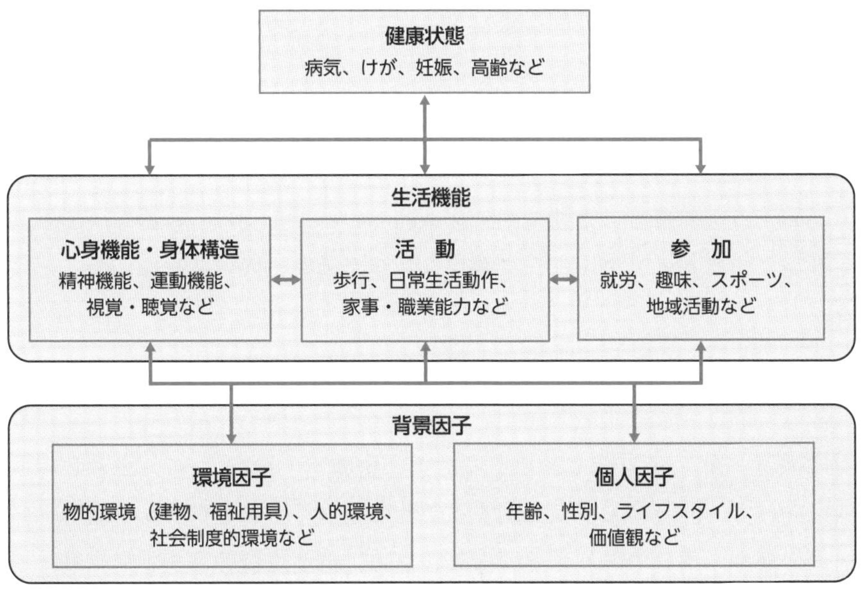

図1-1-2　国際生活機能分類（ICF）の生活機能分類（WHO）

2　障害者の権利に関する条約

わが国は2007年９月に「障害者の権利に関する条約」に署名し、2014年１月に批准している。

障害者の権利に関する条約の第24条「教育」では、教育についての障害者の権利について認めており、この権利を差別なしに、かつ機会均等を基礎として実現するため、障害者を包容するあらゆる段階の教育制度および生涯学習を確保することが述べられている。また、教育における障害者の権利を実現するために、次の(1)から(5)の五つを確保することが述べられている。

(1) 障害者が障害に基づいて一般的な教育制度から排除されないこと、および障害のある児童生徒が障害に基づいて無償のかつ義務的な初等教育からまたは中等教育から排除されないこと。

(2) 障害者が他の者との平等を基礎として、自己の生活する地域社会において障害者を包容し、質が高く、かつ、無償の初等教育を享受することができることおよび中等教育を享受することができること。

(3) 個人に必要とされる合理的配慮が提供されること。

(4) 障害者が、その効果的な教育を容易にするために必要な支援を一般的な教育制度のもとで受けること。

(5) 学問的および社会的な発達を最大にする環境において、完全な包容という目標に合致する効果的で個別化された支援措置がとられること。

このような障害者の権利に関する条約への批准を受けて、わが国でも共生社会に向けたインクルーシブ教育システム構築に向けて舵を切ることになる。

2012（平成24）年7月中央教育審議会（以下、中教審）において「共生社会の形成に向けたインクルーシブ教育システム構築のための特別支援教育の推進（報告）」がまとめられた。この中教審のなかで、「共生社会の形成に向けて、障害者の権利に関する条約に基づくインクルーシブ教育システムの理念が重要であり、その構築のため、特別支援教育を着実に進めていく必要がある」[1)]と報告され、わが国におけるインクルーシブ教育システム構築を本格的に進めることが示された。さらにこの中教審のなかでは「インクルーシブ教育システムにおいては、同じ場で共に学ぶことを追求するとともに、個別の教育的ニーズのある幼児児童生徒に対して、自立と社会参加を見据えて、その時点で教育的ニーズに最も的確に応える指導を提供できる、多様で柔軟な仕組みを整備することが重要」と報告されており、わが国におけるインクルーシブ教育システムは、できる限り同じ場で学ぶことを追求するとしながらも、連続性のある多様な学びの場を用意した柔軟性の高い教育システムであるとしている（図1-1-3）。

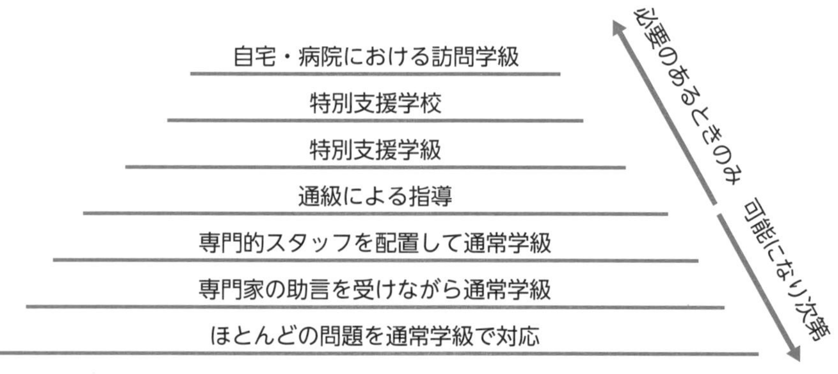

出典：「共生社会の形成に向けたインクルーシブ教育システム構築のための特別支援教育の推進（報告）」中央教育審議会初等中等教育分科会, 2012.

図1-1-3 日本の義務教育段階の多様な学びの場の連続性

1）中央教育審議会初等中等教育分科会「共生社会の形成に向けたインクルーシブ教育システム構築のための特別支援教育の推進（報告）」2012.

また、この報告のなかでは、「障害のある子どもと障害のない子どもが、できるだけ同じ場で共に学ぶことを目指すべきである。その場合には、それぞれの子どもが、授業内容が分かり学習活動に参加している実感・達成感を持ちながら、充実した時間を過ごしつつ、生きる力を身に付けていけるかどうか、これが最も本質的な視点であり、そのための環境整備が必要である」というようにインクルーシブ教育システムの基本的な方向性についても述べられている。

3　障害者基本法改正と障害者差別解消法制定

障害者の権利に関する条約に署名すると、批准に向けて障害者基本法の改正（2011（平成23）年８月公布・施行）や障害を理由とする差別の解消の推進に関する法律（障害者差別解消法）の制定（2013（平成25）年６月）など国内関連法の整備も急ピッチで行われた。

障害者基本法の改正のポイントとしては、障害者の定義の拡大と、合理的配慮の概念を導入したことである。これまで障害名の記載が細かなものであった障害者の定義を、身体障害、知的障害、精神障害と大きなくくりに変更し、発達障害やその他の心身の機能の障害を加えた。また、社会的障壁を取り除くために合理的な配慮がされなければならないことも述べられている。

障害者差別解消法は、障害者基本法第４条の「差別の禁止」の規定をより具体的に示したものとして位置づけられている法律である。この法律では、行政機関や民間の企業や事業者に対して、主に、障害を理由として、サービスの提供を拒否や制限、条件を付けるというような行為など「不当な差別的取扱い」の禁止と「合理的配慮の提供」を求めている。「合理的配慮の提供」とは、障害のある人から配慮を求める意思の表明があった場合、配慮を行う者が過重の負担にならない範囲内で、社会的障壁を取り除くために必要かつ合理的な配慮を行うこととされている。

4 合理的配慮と基礎的環境整備

障害者の権利に関する条約第2条の定義によれば、合理的配慮（reasonable accommodation）とは、「障害者が他の者との平等を基礎として全ての人権及び基本的自由を享有し、又は行使することを確保するための必要かつ適当な変更及び調整であって、特定の場合において必要とされるものであり、かつ、均衡を失した又は過度の負担を課さないものをいう」とされている。また、中教審報告では、合理的配慮は「障害のある子どもが、他の子どもと平等に「教育を受ける権利」を享有・行使することを確保するために、学校の設置者及び学校が必要かつ適当な変更・調整を行うことであり、障害のある子どもに対し、その状況に応じて、学校教育を受ける場合に個別に必要とされるもの」であり、「学校の設置者及び学校に対して、体制面、財政面において、均衡を失した又は過度の負担を課さないもの」とされている。つまり、保育現場においての合理的配慮とは、子どもが園で不利益を被らないように、その子の状態に応じ、学びやすくしたり活動しやすくしたりするための工夫を施した配慮のことである。しかしここで注意しておかなければならないのは、合理的配慮とは優遇措置ではないということである。例えば、文章を音読し設問に答えるという学習に対して、発達障害があって音読することが難しい子がいたら、パソコンやタブレット端末による「読み上げソフト」を使用して読めるように配慮する。このような配慮は、みんなが教科書を読めるという土台にのせるための足場かけとなる合理的配慮である。「設問の答えを教える」あるいは「点数を加点する」といったような優遇措置とは異なる。

一方、基礎的環境整備とは、合理的配慮の基礎となる国、都道府県、市町村が行う教育環境整備のことである。中教審報告では基礎的環境整備について、「「合理的配慮」の充実を図る上で、「基礎的環境整備」の充実は欠かせない。そのため、必要な財源を確保し、国、都道府県、市町村は、インクルーシブ教育システムの構築に向けた取組として、「基礎的環境整備」の充実を図っていく必要がある。その際、特別支援学校の「基礎的環境整備」の維持・向上を図りつつ、特別支援学校以外の学校の「基礎的環境整備」の向上を図ることが重要である。また、「基礎的環境整備」を進めるに当たっては、ユニバーサルデザインの考え方も考慮しつつ進めていくことが重要である」と述べられている。中教審報告のなかでは、基礎的環境整備として、次の８項目があげられている。

①ネットワークの形成・連続性のある多様な学びの場の活用
②専門性のある指導体制の確保
③個別の教育支援計画や個別の指導計画の作成等による指導
④教材の確保
⑤施設・設備の整備
⑥専門性のある教員、支援員等の人的配置
⑦個に応じた指導や学びの場の設定等による特別な指導
⑧交流および共同学習の推進

合理的配慮と基礎的環境整備の関係は、図1-1-4のとおりである。合理的配慮は基礎的環境整備を把握したうえで実施される。国、都道府県、市町村によって行われている基礎的環境整備の状況により、設置者および学校が障害のある子どもに対し行う合理的配慮は異なってくる。例えば、先に示した発達障害があって音読することが難しい子の例では、パソコンやタブレット端末があるという基礎的環境整備がなければ、「読み上げソフト」による合理的配慮は行えない。この場合、教員が読み上げるなど代わりの合理的配慮を考えなければならない。

ここで合理的配慮や基礎的環境整備とユニバーサルデザインとの関係についてふれる（図1-1-5）。合理的配慮とは、個の状態にとって合理的な配

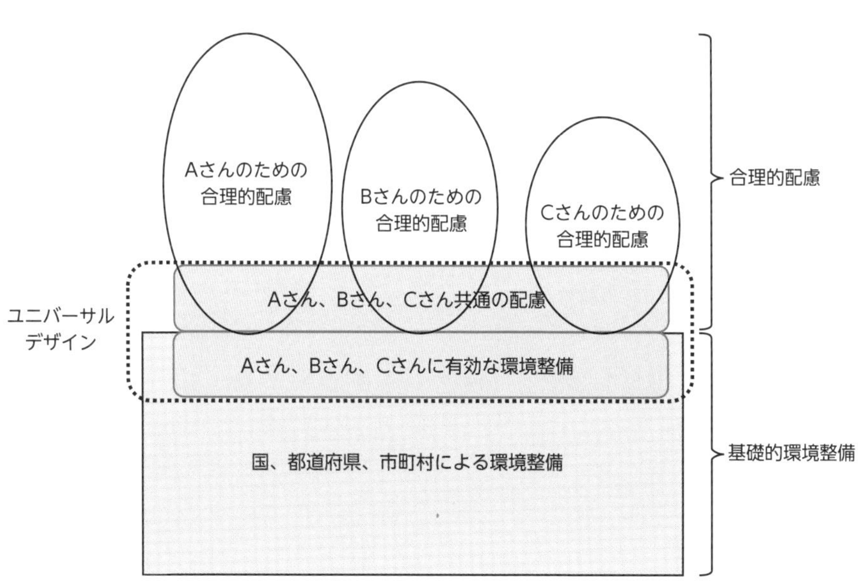

※文部科学省資料をもとに筆者作成

図1-1-4　合理的配慮と基礎的環境整備、ユニバーサルデザインとの関係

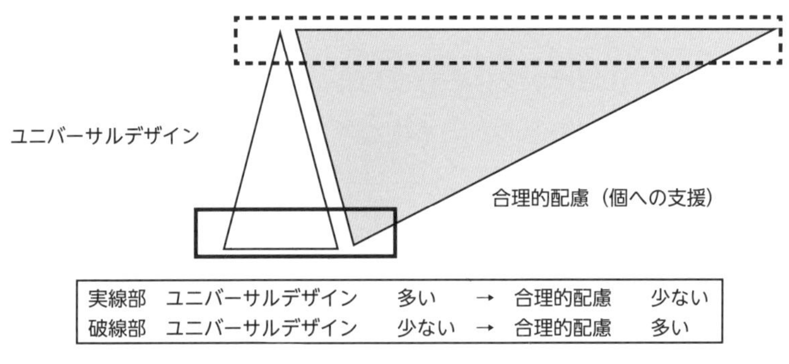

図1-1-5　合理的配慮とユニバーサルデザインの関係

慮であるが、集団のなかでその合理的配慮の質が同じ子どもが多数いる場合、全体にとって意味のある配慮、すなわちユニバーサルデザインを考えなければならない。例えば、聴覚理解が難しい子どもが複数人いるクラスでは、全体へ指示した後、複数の子どもへ一人ずつ聞いた内容を確認するのではなく、全体の指示の際、簡単な言葉でわかりやすく指示を伝えたり、内容を理解できたら手を上げさせて一度に確認したりするなどである。複数人に同一の個別の配慮を行えば、配慮を行う側の負荷は非常に高くなる。合理的配慮の質が同じ子どもが複数人いる場合は、まずはユニバーサルデザインを考え、それでも配慮しきれない個に特化した困難がある場合は個別に配慮を行うなど、効率化をふまえながら配慮できる環境を構築していくことが重要である。

合理的配慮と同様、基礎的環境整備においても、ユニバーサルデザインとしての役割を果たすものがあるので、ユニバーサルデザインから整備することが効率化を促し、配慮する側の負担を軽減する。

第2章

障害の理解と支援

特別支援学校の就学対象となる障害は、学校教育法第72条に定められており、視覚障害者、聴覚障害者、知的障害者、肢体不自由者または病弱者（身体虚弱者を含む）である。

そこで本章では、視覚障害、聴覚障害、知的障害、肢体不自由、病弱・身体虚弱の五つの障害について、障害特性を押さえたうえで、各障害の理解と支援のポイントについて整理する。

視覚障害の理解と支援

1 視覚障害とは ――視覚障害と幼児期の視力の発達

視覚障害と聞くと、「白い杖を持って点字の本を読む人」を思い浮かべたり、「コンタクトレンズを外せば自分も視覚障害者」と考えたりしがちであるが、いずれも正しくない。視覚障害者のうちで点字を常用する割合は１割程度といわれ、メガネやコンタクトレンズを装用しても視力がでない。全体的にぼやけて見える低視力だけでなく、中心暗点（真ん中が見えにくい）、視野狭窄（周囲部が見えにくい）、羞明（通常よりまぶしく感じる）、夜盲（夜や暗い所で見えにくくなる）などがあり、これがさらに視覚障害になった時期によって先天性と中途障害に分けられる。

一般に視力は、「C」の形状をした「ランドルト環」を使って測定するが、おおむね0.3以下を弱視、0.01程度以下には指数弁（目の前で指の本数が判別できるか）、手動弁（手を上下左右に動かし判別できるか）、光覚弁（ペンライトなどの光を判別できるか）がある。これらは全盲に分類される。

人は生後すぐに物が見えるわけではない。物を見る経験をしながら徐々に「見る」ことができるようになる。目の働きは新生児では未完成で、視力は0.01くらいである。成長するにつれて少しずつ視力もよくなり、２～３か月頃になると0.05くらいになり物をじっと見つめたり、目で動くものを追ったりするようになる。６か月になると0.2程度になり、視界に入るおもちゃに手を伸ばしたり、つかんだりするようになる。さらに３歳頃までに視力は0.6～0.9まで急速に発達し、５～６歳で1.0程度になり、大人のように立体視でき、視機能の発達がほぼ完成する（図1-2-1）。

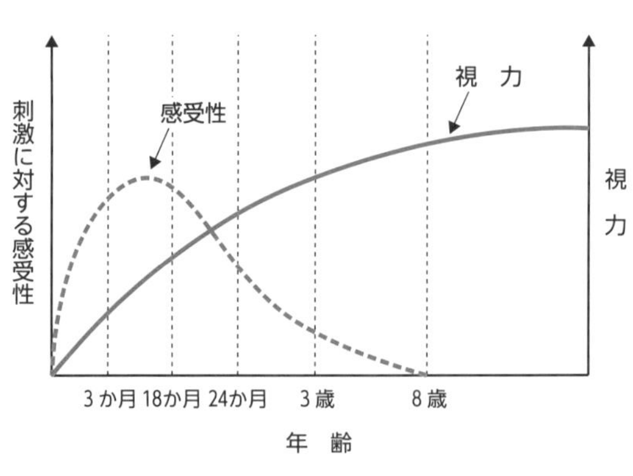

出典：粟屋忍「形態覚遮断弱視」『日本眼科学会雑誌』91(5)，p.536，1987.

図1-2-1　目の感受性と視力変化

2 視覚障害児の特徴と健診

（1）幼児の視覚障害の特徴

何らかの理由で、網膜に像が映らない、網膜から脳に刺激が伝わらないと、視力の発達が停滞し、視覚障害になってしまう。

①外観からわかる特徴

黒目が大きく、濁りを生じる先天緑内障、瞳が白く見える先天白内障、目の奥が光る網膜芽細胞腫などは、先天異常で重度な視覚障害や命の危険性もある疾患のため、できるだけ早く眼科を受診する必要がある。

②行動観察からの特徴

人の顔を見ない、視線が合わない、目で動くものを追わない、目の前のおもちゃに手を伸ばさないなどの行動がみられる*。

*この原因として両眼性の低視力、黒目が不規則に揺れる眼振、黒目が内側や外側にずれる斜視などがあり、早期に治療すれば視覚障害にならない場合もある。この場合も眼科の受診が大切である。

（2）治せる弱視と健診の重要性

前述のとおり、視覚障害は全盲と弱視に分けられるが、弱視はさらに二つに分類でき、器質弱視*と、機能弱視*がある。特に機能弱視は多く、「弱視は子どもの50人に１人の割合」といわれるほど多いので、保育関係者は子どもの見せる仕草や行動に注意することが大切である。

弱視の代表的なものとしては以下のものがある。

①形態覚遮断弱視（けいたいかくしゃだんじゃくし）

片目がまぶたでふさがっているなど視覚刺激を妨げるものがある。

②斜視弱視（しゃしじゃくし）

斜視により両目の視線が正しく目標物に合わない。

③不同視弱視（ふどうしじゃくし）

一方の目は見えるが、もう一方の目がはっきり見えない。

④屈折異常弱視（くっせついじょうじゃくし）

両目とも遠視・近視・乱視のため、遠くも近くもはっきり見えない。

乳幼児期に子どもの目が見えていない・見えにくいのではないかと最初に気がつくのは母親であるが、③の疾患は、外見も正常で片方の目が見えているため、子どもは遠くのものも見えているような行動をすることが多い。そのため保護者・保育者も異常に気づくのが遅れることが多い。早期発見し、メガネの常用や弱視訓練等の治療をすれば良好な視力・両眼視を

＊器質弱視

２の⑴の①で紹介したような目の疾患が原因で、治療や訓練でも視力発達が困難なもの。

＊機能弱視

２の⑴の②の治療や訓練により視力が発達するもの。

得られることが多い*。

＊図1-2-1に示したように視覚感受性期、すなわち、生後3～4か月の乳幼児健診、3歳児眼科健診はとても重要である。

3 幼児期の支援のポイント

（1）保護者（特に母親）を支援する

健診や育児での観察で子どもに視覚障害があることがわかった保護者の困惑や不安は非常に大きい。視覚障害告知が眼科医から行われた保護者の多くは何とか治したいという思いで「診断は間違っているのではないか」「別の医療機関で治療できるかもしれない」と考える。また、遺伝性の疾患と聞くと「自分の悪い遺伝子を子どもにうつしてしまった」と強い自責の念を感じることがある*。そのため、治せると言ってくれる医療機関・医師を渡り歩く、いわゆるドクター・ショッピングを繰り返してしまい、大事な早期治療の機会を逸してしまう危険性がある。

＊特徴が現れやすい遺伝子が優性、現れにくい遺伝子が劣性である。

幼稚園・保育園などで行動に異常を感じた場合（2の(1)②参照)、積極的にかかわり、医療側と教育側がともに相談する場を設けることが効果的である。その際、「大変ですね」という同情や「頑張ってね」という他人事の励ましではなく、丁寧な傾聴に基づく「一緒に考えていきましょうね」などの声かけと、関係機関との連携が保護者の障害受容を後押しし、治療に続くリハビリテーションおよび視覚障害教育につながっていく。例えば、視覚特別支援学校（盲学校）には幼稚部もあり、視覚障害児の親の会が設置されていることも多い。個別の教育相談も受けられるので、活用するとよい。

＊バーバリズム（視覚障害特有の言語）

言語の発達にも影響し、体験や観察をしないとあいまいなイメージのままに言葉を使ってしまうため、具体的な体験が大切になる。

（2）聴覚・触覚を活用し体験を増やす

人は外界の情報の8割を目から得ている、といわれている。つまり、視覚障害があると外界の状況や変化を理解することが大変難しく、これが「視覚障害は情報障害」ともいわれる理由である。幼児期は、絵本で果物や乗り物の色や形を学んだり、テレビのキャラクターと一緒に踊ったり、母親の動作をまねたりすることで基本的な生活上の事柄を習得していく。それらが難しいと、心身の成長にも大きな影響が出てくる*。

＊共遊玩具

視覚障害児や聴覚障害児が健常児と一緒に楽しく遊べるよう工夫された玩具のこと。

目で見る補償手段として、耳で聞くことは外界への興味・関心を広げる有効な手段となる。音の出る玩具*での遊びが楽しいと、音のする方に向かって手を伸ばしたり移動したりする動機づけになる。また、音は空間の広がりを把握することにも役立つ。さらに音（鳥の鳴き声等）から言葉の概念を育てることにつながる。

また、触覚を活用し「手で観る」という手段も有効である。手を伸ばして（リーチング）触れた物の心地よさや、ざらざら／ふわふわ感などを指や手のひらで知覚することは、探索意欲を育て、知りたい・確かめたいという気持ちにつながるが、聞いたり・触ったりするのは、見るのと違い時間がかかるため、幼児が集中しているときには、静かな環境をつくり見守ることや補足情報が必要と判断したときは、わかりやすい言葉で説明する配慮が大切である＊。

＊色がはっきりした玩具、極太の輪郭線で書かれた図などを使うと低視力でも見やすくなる。超近距離でも見える場合には時間をかけて観察させると、見る楽しさを育てることになる。目と耳と手の協応力は、あらゆる体験で有効である。

（３）基本的な生活習慣をつけ自分のことは自分で

親や兄弟の動作・仕草を見ながら覚えることが難しい視覚障害児は、生活の基本的な所作を習得することが遅れがちである。子どもに動作を教える際は、対面ではなく後ろから子どもに密着し、同じ方向からの共同動作が有効である。スプーンや箸の使い方、服のボタンの着脱などは、動作を間近でしっかり見せて、子どもの動きの一つひとつに温かい言葉をかけ、一人でできるまで繰り返し教える。目が見えにくいことで劣等感を感じがちな子どもに達成感をもたせることは、あらゆることへのチャレンジ精神をもたせることにつながる。

（４）安全な環境で楽しく動いて体づくり

周囲の安全を確認することが難しい視覚障害児は、単独歩行に不安を感じやすい。そのため、自分から歩きたい・走りたい・跳びたいなどの動機づけがもちにくくなる。まず、ぶつかったり蹴とばしたりしないよう運動する場所には物を置かず、安全な環境をつくっておく。保育者は、安心した気持ちで歩けるよう手をつないだり、動きを理解できるよう手とり足とりして指導したりする。運動する際、歌や音楽があると体でリズムを取りやすくなる。ある程度できたら子どもだけで動くよう誘導する。共遊玩具なども併用しながら自らの運動意欲を高め、汗を流す心地よさを味わい、健康な体をつくる。これは同時に体の各部位の動きを体感することになり、空間理解も深まるので歩行にもよい効果がある＊。

＊子ども社会の一員として目の見える子どもに交じって教育・保育を受ける視覚障害児は、気遅れしたり劣等感を感じたりしがちである。教育者・保育者は子どもの仕草や発話を観察し、他児との協調性や社会性を育む指導が必要となる。

2 聴覚障害の理解と支援

1 聴覚障害とは

聴覚障害は「聞こえの障害」であり、身の回りの音や音声が聞こえにくい、あるいはほとんど聞こえない状態のことである。外耳から大脳皮質にある聴覚中枢までの聴覚路のどこかに損傷や異常があると聴覚障害が生じる。聴覚障害のある①場所、②程度、③生じた時期によって聞こえづらさが異なる。もしも保育園等に聴覚障害児が入園したら、聴覚障害の相違や特徴についてよく理解しておくことが必要である。

(1) 障害のある場所によって異なる聴覚障害

❶ 伝音難聴

外耳から中耳までの音を伝えるどこかに、外耳道の閉鎖や中耳炎等によって伝音機能が減少し、内耳への音の伝わり方が悪くなる状態の難聴である*。

＊一般に聴覚補償として補聴器を装用することで聞こえの程度を改善している。伝音難聴には適切にフィッティングされた補聴器の装用が必要であり、それによって聞こえづらさがかなりの程度改善される。

❷ 感音難聴

内耳*から聴覚伝導路を経由して大脳皮質の聴覚中枢に達するまでのどこかに障害がある難聴である。感音難聴は、聞こえの程度が相当に厳しく、音声がほとんど聞こえないか、聞こえてもあいまいに理解されることが多い。

＊人工内耳
内耳の蝸牛に電極を接触させ、聴覚を補助する器具のこと。伝音難聴と同様に早期からの聴覚学習は重要で、補聴器装用等による聴覚補償や人工内耳の装用により大幅に改善されている。

❸ 混合難聴

混合難聴は、伝音系、感音系の両方に障害が生じ、両方の特徴をもつ難聴である。

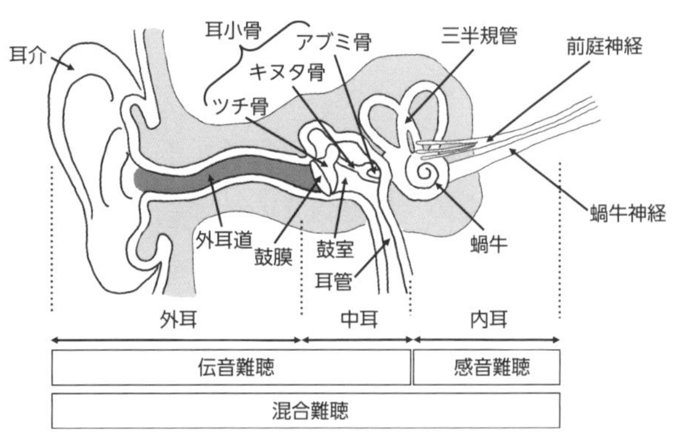

図1-2-2 耳の構造

（2）聞こえの程度によって異なる聴覚障害

聴覚障害は聞こえの程度によっても分類される。聞こえの程度は聴力レベル（HL）で表し、単位はデシベル（dB）である。聴力検査では、低い音から高い音までの周波数ごとに音の聞こえを調べる。話声やコミュニケーションに関係して、500、1000、2000の各周波数ごとに調べた数値を平均したものを平均聴力レベルといい、その数値が大きいほど聞こえづらいことを表している。聞こえの程度は、一般に軽度難聴（20dB～40dB）、中等度難聴（40dB～70dB）、高度難聴（70dB～90dB）、重度難聴（90dB～）に分類される＊。保育や教育の場を選択する際に参考になる基準であるが、実際には60dBより厳しい聴力レベルであっても保育園や幼稚園等へ通園を希望することもある。このような場合、他の園児たちと同様のコミュニケーション方法で意思疎通が図れるのか、特別な手段や設備環境（FMマイクやループシステムなど）が必要なのかなど、聴力レベル（聞こえの程度）や生活実態に合わせた対応をとることが重要になる。

コミュニケーションにおいて、補聴環境を整えることで聞こえの程度はかなり改善されるかもしれないが、音の有無に気がついても、話の内容が十分に理解できているとは限らない。このことに十分に留意した個別対応が必要である。

＊就学基準については、第２部第５章、第６章を参照。

（3）障害が生じた時期によって異なる聴覚障害

聴覚障害になった時期（年齢）がいつかによっても聴覚障害の状態が異なる。一般に言語の獲得に関係して聴覚障害になった時期の影響が指摘されている。生まれつきの障害と考えられる遺伝性や風疹などにより胎生期、周産期に聴覚障害が生じた場合か、あるいは幼児期に髄膜炎や流行性耳下腺炎などの疾病によって障害が生じたか、障害が生じた時期によって言語発達等に表れる影響が異なる。

2　聴覚障害児の心理特性 ——聴覚障害がもたらす影響

（1）三項関係とコミュニケーション

コミュニケーションは、母親や保育者、子ども、物や概念（対象）との三項関係について共同注意が働き、心を通い合わせてやりとりすることによって成立する。その際に重要となるのが、伝えようとする気持ち（情動）の通い合いである。保育者には、言葉による表出の少ない聴覚障害児の気持ちを理解し、その思いを共有し、意味づける役割が期待される。また、コミュニケーションを成立させる指さし、音声、身振り、表情、言葉などの媒体の果たす役割にも十分に注意を払いたい。さまざまな媒体がやがて、聴覚口話法、手話法、トータルコミュニケーションなど、コミュニケーションの際に優勢に用いるモード（方法）の選択につながっていく。保育園等では一般に聴覚活用を図りつつ、はっきりと口元を見せ、絵や実物、簡単な身振りなどの手がかりを用いながら、話し言葉によるコミュニケーションを基本とする聴覚口話法が用いられるであろう。

（2）言語発達への影響と言語指導

聴覚障害は音声言語の受容に制約を与え、言語獲得や言語発達に多大な影響を与える。一般に子どもたちは日常生活のなかでかかわる人や物、経験からさまざまな情報を得て、自然に言葉や知識を身につけ、それを量的にも質的にも増大させていく。ところが聴覚障害児の場合、こうした自然な展開に困難が伴いがちである。そのため幼児の気持ちや学ぶ意欲を大切にしながらも周囲からの意図的なかかわりが必要になる。聴覚障害教育では、「言語指導」として、幼児期から子どもの生活経験や学習経験のなかで言語獲得や言語発達を図ることに力を入れている。

3 幼児期における支援のポイント——聴覚障害児に必要な支援や配慮

（1）安心できる信頼関係のもとで行われるコミュニケーション

聴覚障害児は、自分の要求や話したことが伝わらない、また相手の話が理解できない経験をすることが多い。さまざまな困難に遭遇しているとき、子どもが示す些細な表情や動きを見逃さず、子どもの気持ちを受け止め、代わって意味づけてくれる大人（保育者）の存在が大切である。安心できる信頼関係のなかでわかり合う経験をたくさんさせることが重要である。

（2）経験の精緻化――あいまいな理解を確かな理解へ

聴覚障害児は聞こえる子どもと同様の経験をたくさんしている。それにもかかわらず、それを言葉で表すことが円滑にできないことが多い。そのため会話のなかでやりとりされる言葉の意味や知識が理解できず、あいまいなままの状態におかれがちになる。より確かな理解につなげていく扱いが必要であり、聾教育では例えば、絵日記を手がかりに５Ｗ１Ｈを用いて経験を咀嚼するような扱いを大切にしている。

（3）受け身にしないかかわりを

経験をもとに話し言葉に習熟させ、言葉を使って考え行動できるようにする支援が重要である。しかし、聴覚情報が入りにくいため、語彙（理解、使用）が少なく、助詞や発音（表記）、語法上の誤りが生じやすい。誤りの指摘が多く不適切だと、子どもから学ぶ意欲を失わせてしまう。受け身にせず、根気強く、話し言葉の習熟を図るかかわりをもつことが大切である。

（4）新生児聴覚スクリーニングと保護者支援

誕生間もない新生児の段階で、聴覚障害に関して「リファー（要検査）」であることが告げられる時代になっている。新生児聴覚スクリーニング検査により、聴覚障害に対して最早期からの教育的な支援を可能としたが、同時に保護者への精神的ショックへの支援や配慮を忘れてはならない。障害を受容することは決して簡単なことではない。保護者とともに障害に向き合い、寄り添う支援が保育、幼児教育関係者に期待されている。

3 知的障害の理解と支援

1 知的障害とは

（1）知的障害の定義

知的障害は「知的機能と適応行動（概念的、社会的および実用的な適応スキルによって表される）の双方の明らかな制約によって特徴づけられる能力障害で、この能力障害は18歳までに生じる」と定義される。知的機能は知能検査により測定された知能指数（IQ）で表され、アメリカ精神医学会のDSM-4（1994）ではおおむね70以下を知的障害の範囲とし、表1-2-1のように区分した。

しかしながら知能指数は、検査時の子どもの体調や集中度、検査者の技術や解釈により変動すること、それぞれの知能検査で測ることのできる知能は限定的なものであることなど、測定と解釈には多くの課題があることが指摘され、新しい診断基準であるDSM-5（2013）、国際疾病分類（ICD-11（2018））などに基づく近年の国際的定義では、知的障害の程度を知能指数のみで分類するのではなく、学力・社会性・生活自立など適応行動（後述）の特性や養育環境などを含む支援の必要性を総合的に解釈する方向へと変わってきている。実際に福祉サービスにかかわる療育手帳判定でも、知能指数だけでなく厚生労働省が作成した日常生活能力水準と併せて評価をしている。

適応行動とは環境に適応し社会生活を営むために必要とされる行動で、概念、社会性、実用の３領域に分けられる。概念は記憶、読み書き、言

表1-2-1 知的障害程度と手帳判定

軽度	IQ50～55からおよそ70	療育手帳はおおよそＢ２（４度）に該当
中等度	IQ35～40から50～55	療育手帳はおおよそＢ１（３度）に該当
重度	IQ20～25から35～40	療育手帳はおおよそＡ２（２度）に該当
最重度	IQ20～25以下	療育手帳はおおよそＡ１（１度）に該当

・手帳判定に関する厚生労働省のIQ基準では、軽度（51～70）、中等度（36～50）、重度（21～35）、最重度（20以下）となっている。
・（　）内は東京都の場合における療育手帳の判定基準。

※DSM-4・厚生労働省資料を参考に筆者作成

語、実用的な知識、新規場面における判断など主に記憶・学習面に必要な適応領域、社会性は他者への関心、共感、対人コミュニケーション、規則を守ること、社会的判断など主に対人関係上の適応領域、実用は身辺自立、金銭管理、交通機関の利用、余暇活動、自己管理など主に日常生活面の適応領域である。一般に知的機能は高いほうが適応行動も良好な場合が多いが、重度の知的障害がありながら就労し自立している者がいる一方、高知能でありながら適応障害を起こし、ひきこもりになっている者がいるように、知的機能と適応行動は必ずしも一致するわけではない。

最後に知的障害は発達期とされる18歳までに生じる障害であり、高齢期に生じる認知症や脳損傷に起因する知能低下とは明確に区別される。

（２）知的障害の分類

原因が生じた時期により、出生前に原因が生じた「先天性」と出生時ないし出生後早期に原因が生じた「後天性」に分けられる。また、原因の特定の可否による分類があり、一定の疾患が明らかでその結果、脳に何らかの障害が生じたと考えられる「病理型」と特異な病理的原因を特定できない「生理型」に分かれ、さらに遺伝生物学的要因としての「内因」と環境的要因としての「外因」がそこに組み合わさる。内因病理型として、先天性代謝異常（ガラクトース血症、フェニールケトン尿症など）、染色体異常（ダウン症、ターナー症、クラインフェルター症など）、胎児期の感染（先天性風疹、妊娠中毒症など）、外因病理型として、出生前後の頭部損傷、低酸素症、脳炎後遺症などがある。生理型は疾患というより知能の個人差として現れ、障害程度は軽度が多い。知的障害の８割以上が生理型である。

アメリカ知的・発達障害協会（AAIDD）では、知的障害の危険因子として多因子的アプローチを採用しており、知的障害の原因を生物医学的、社会的、行動的、教育的な危険因子が単独で、あるいは重なり合って知的障害を引き起こす可能性を示している（表1-2-2）*。具体的には知的障害の程度が同じであっても、貧困や虐待など不適切な養育環境や合併症の有無など、ほかの危険因子が重複することで、その後の発達や適応行動に大きな個人差が生じる可能性があることを示唆している。

＊AAIDD、2010を参照。

表1-2-2 知的障害の危険因子

時期	生物医学的	社会的	行動的	教育的
出生前	1.染色体異常 2.単一遺伝子疾患 3.症候群 4.代謝疾患 5.脳発育不全 6.母親の疾患 7.親の年齢	1.貧困 2.母親の栄養不良 3.ドメスティックバイオレンス 4.出生前のケアの未実施	1.親の薬物使用 2.親の飲酒 3.親の喫煙 4.未成年の親	1.支援されていない親の認知能力障害 2.親になる準備の欠如
周産期	1.未熟 2.分娩外傷 3.新生児期の疾患	1.出産ケアの未実施	1.親による療育の拒否 2.親による子どもの育児放棄	1.退院時介入サービスへの医療的紹介の欠如
出生後	1.外傷性脳損傷 2.栄養不良 3.髄膜脳炎 4.発作性疾患 5.変性疾患	1.不適切な養育者 2.適切な刺激の欠如 3.家庭の貧困 4.家族の慢性疾患 5.施設収容	1.子どもの虐待とネグレクト 2.ドメスティックバイオレンス 3.不適切な安全対策 4.社会的剥奪 5.育てにくい気質の子どもの行動	1.不適切な育児 2.診断の遅れ 3.不十分な早期介入サービス 4.不十分な特別支援教育 5.不十分な家族支援

出典：米国知的・発達障害協会（AAIDD），2010.，太田俊己・金子健・原仁・湯汲英史・沼田千妤子共訳「知的障害―定義、分類および支援体系 第11版」日本発達障害連盟，pp.66-61，2012.

2 知的障害児の特性と幼児期における支援のポイント――療育の視点から

（1）生理型の軽度知的障害児について

軽度知的障害児の多くは生理型で、乳幼児期の言語・運動面の習得に若干遅れはあるものの、成長後は基本的な身辺自立や日常会話には問題はなく、一般に、比較的単純な実技的課題や生活技能は十分にこなせる。しかし記憶面の問題から、長く複雑な説明が理解できない、学習するのに時間を要するなどの問題がみられ、抽象的な概念操作である推理、判断、思考を要する課題が苦手で、学習した知識や技能が断片的になりやすく、関連づけて活用し、応用することが不得意とされる。運動発達に関しては、個人差はあるものの、「身体動作がぎこちない、手先が不器用」などの面がみられる者もおり、具体的にはスプーンや箸の使用、着替え、歯磨きなどの困難さにつながることもある。

軽度知的障害児は個別対応での指示は比較的理解できるものの、言語・注意・記憶面の弱さから、集団保育場面での言語指示に注意が向かず、うまく通らない場合も多い。従って「適切な声かけで注意を向けさせる」、「言語指示だけでなく絵カードなどの視覚的教材や実物を用いて理解を促す」、「わかりやすく短い言葉でゆっくり説明しながら、見本を示したり（モデリング）、時に手をとったりしながら（フィジカルガイダンス）、やらせてみて理解したかどうかを確認する」などの工夫が有効である。

また、わからないことの聞き返しや、言語理解・表現面の不適切さによる勘違いや言い間違いなども多く、それらに対し周囲が叱責や厳しい注意で臨んでしまうことで自信喪失や叱責への恐れが生じ、自分の意見を言わず「何でも「はい」とうなずく、黙り込む」などの黙従反応が形成されやすく、長期化すると緘黙症など二次的な情緒障害につながることもある。その防止には、やり直しを認めチャレンジしたことをほめる対応や、「わかりません、もう１回教えて！」が気軽に言いやすい関係性を保育者が築くことが重要である。ありがちな誤対応として、「この前もやったから、わかるよね？」がある。この保育者の発言は子どもにとって無言のプレッシャーになり、黙従反応を生みやすい。「この前やったところだからもう１回やってみよう。わからなければ、何度でも聞いてね」が正しい対応である。

知的障害以外に重複障害や合併症をもつことは少なく、後述する病理型のダウン症にみられるような形態的異常もみられないことから、幼児期には障害に気づかないことも多い。

（２）病理型の知的障害児について――ダウン症を中心に

病理型の知的障害は生理型に比べ、障害程度が重度になることが多く、疾患要因により多種類にわたる。ここでは病理型の代表として、実際の保育場面において対応する機会が多いと思われるダウン症に関し解説する。

ダウン症の９割以上は21番目の染色体が１本多く３本あること（21トリソミー）により生じる。また、割合は少ないが、21番染色体が他の染色体と融合した転座型や細胞にトリソミーが混在したモザイク型のダウン症もいる。扁平な後頭部、目じりや鼻根部などを特徴とする独特の顔貌、短い手足、低身長、筋肉はやわらかく筋緊張が低いなどの身体特徴がみられる。

身体発育の遅れや筋緊張の低下などから、乳児期には哺乳力が弱くなりがちで、嚥下がうまくいかないことも多い。首の座り、座位、始歩などの運動発達も半年から１年遅れ、首のすわりが５～７か月、座位が11～12か月、始歩が22～26か月（障害のない定型発達児ではそれぞれ２～３か月、６～７か月、15か月）とされる。また、成長後も協調運動の不全による手先の不器用さ、平衡性の低さ（バランスの悪さ）などの特徴がみられるが、動作模倣は得意で遊戯やダンスなどは好きである。

言語発達に関し個人差はあるが、一般に理解言語（聞き言葉）に比べ表出言語（しゃべり言葉）は顕著に遅れ、初語平均は２歳半頃である。構音障害があり発音が不明瞭で、吃音が認められる場合もある。一方、表情や身振りなどの非言語コミュニケーションの発達は良好であり、コミュニケーションの意欲は豊富である。認知発達面は、視覚情報処理（見てわかる）は比較的得意だが、数概念や聴覚的短期記憶（聞き取り）に困難な面がある。性格・行動傾向は「陽気、素直、社交的、人懐こい、愛嬌がある」等の面があり、対人関係は一般に良好である。一方で「頑固で融通が利かない、わがまま、なれなれしい」等のマイナス面もあり、過度なかかわりを求めたり、注意されるといじけてひきこもったり等、ストレス耐性の低さ（ストレスに弱い）もみられる。ただし、重度、最重度の場合はこれらの傾向はみられない。合併症がある場合も多く、先天性心臓疾患（約40～50％）、眼疾患（斜視、屈折異常）、難聴（30～75％）、頸椎の環軸椎（亜）脱臼（約20％）、呼吸器疾患、消化器疾患などがある。

保育上の配慮として、乳幼児期には合併症への対応を含め、生涯を通じての健康管理の基礎を家庭や医療機関と連携し形成することが大切である。言語・認知発達面の指導に関しては「視覚情報処理機能＞聴覚情報処理機能」であることから、見てわかるパズル、カード、遊具などの視覚的教材を用い、得意で意欲的な動作模倣を活かし、視覚的・動作的に教えることが有効である（見てわかる、使ってわかる）。運動面に関しては、転倒事故などに注意することや、適切な負荷量の運動を工夫すること（可能なら作業療法士等、運動の専門家と連携して）が望ましい。児童期になると、運動面・健康面はだいぶ安定してくるが、重篤な合併症がある場合は引き続き注意を要する。また、言語コミュニケーション面の発達に応じ、将来を見据えて言語指示中心のアプローチを適宜増やしていくことも必要である。対人関係が広がるなかで、ストレス耐性の低さにより、抑うつになる危険も生じるので、表情や行動の変化、周囲の児童との関係性に注意することや、軽度知的障害児と同じく、黙従反応が出ないような対応が望まれる。

4 肢体不自由の理解と支援

1 肢体不自由とは

（1）肢体不自由の特性

「肢体不自由」という言葉は、高木憲次（東京大学医学部整形外科名誉教授／日本肢体不自由児協会初代会長）による造語である。「肢体不自由」とは肢（上肢、下肢）、つまり手足のみが不自由ということではない。体（体幹）、つまり胴体に不自由があることも含まれている。不自由とは「意のままにならない」、すなわち機能的な障害があり、制御が困難な状況ということである。「意のままに動く」には、中枢神経（脳および脊髄）、末梢神経（運動神経、知覚神経）、筋肉、骨・関節のすべてが正しく機能する必要がある。そのどこに障害があっても、自由さは失われてしまう。

肢体不自由は、同じ疾患であっても、困難の程度や内容が個々によって異なってくる。例えば、「脳性麻痺」では、障害を受けた脳の部位や程度により、症状はさまざまで一人ひとり異なっている。下肢に軽い麻痺があり生活の一部に支援が必要な人もいれば、重度の運動機能障害と知的障害があり、日常生活の多くの面で介助と医療的ケアを必要としている人もいる。

（2）起因性疾患による類型

❶ 脳の障害

18歳以下の肢体不自由児における疾患別割合では、脳性麻痺を含めた脳性運動障害が約７割になる＊。

＊近年では超未熟児の脳性麻痺児が増えてきており、それに伴って重度の肢体不自由と知的障害を併せもち医療的ケアを必要とする子どもが増加している（第１部第４章第４節参照）。

・脳性麻痺：受胎から新生児（生後４週以内）までの間に生じた、脳の非進行性病変に基づく永続的な、しかし変化しうる運動および姿勢の異常である。知的障害、てんかん、呼吸障害、言語障害などの随伴障害を合併することが多い。

・水頭症：脳の中に脳脊髄液がたまり過ぎて、脳が圧迫される状態である。運動機能障害と知的障害が随伴する。

・脳血管障害：血流の障害や出血のために、運動機能障害、けいれん、意識障害を起こすもので、運動機能障害、言語障害、認知障害などの後遺症が残ることがある＊。

❷ 脊髄の障害

・二分脊椎症：先天性の中枢性疾患の一つで、脊椎がうまく形成されず、脊髄管背側の椎弓や突起が先天的に欠損している状態をさす。障害のあるレベルより下の部位の運動麻痺、感覚麻痺があり、排泄障害、水頭症を随伴していることが多い。

・脊髄損傷：主に外傷性障害により、脊髄を損傷した状態。手足が動かないだけでなく、感覚もなくなるが、その範囲は損傷の位置が高い（頭部に近い）ほど広くなる＊。

❸ 筋の障害

・筋萎縮症：神経原性と筋原性に二分される。神経原性には脊髄性進行性筋萎縮症のウエルドニッヒ・ホフマン病、筋萎縮性側索硬化症（ALS）などがあり、筋原性には筋ジストロフィー症、ミオパチーなどがある。

❹ 関節・骨の障害

・先天性多発性関節拘縮症：手足（四肢）の関節の、関節包や靭帯など関節のまわりの柔らかい組織が収縮したままになって伸びなくなり、関節の運動が制限される。

・骨形成不全症：遺伝子的に受け継がれていく全身の結合組織の働きが十分でないことにより、易骨折性を主な症状としている。単に骨が弱いだけでなく、低身長などさまざまな症状を併発する可能性がある。

❺ 四肢（手足）の数、形態の異常による障害

・事故、疾病などによる四肢の切断、先天性四肢奇形・欠損症などがある。

＊その他の疾患

脳性麻痺、水頭症、脳血管障害以外の疾患として、頭部外傷後遺症、脳炎後遺症、先天性代謝異常、脳変性疾患、染色体異常などがある。

＊頸髄損傷

頸髄損傷では、体温調整や排泄のコントロールが難しいこともある。

2 肢体不自由児の心理的特性

障害原因の異なる肢体不自由では、それぞれに心理的特性があり、それに応じた配慮が必要である。例えば、脳性麻痺に代表される脳性障害による肢体不自由児においては、一次障害としての種々の認知や神経心理学的な課題や障害をしばしば随伴し、それが二次的な心や行動の問題に影響する。それらは個々によって異なるが、影響は成人におよぶことがあるの

で、ライフサイクルを見据えた、適切な心理的な支援が必要である。同じ脳性麻痺でも、アテトーゼ型は学校卒業後に就労など、精神的なストレスを受けやすくなるとともに、加齢などの影響による不随意運動によって頸椎滑り症などの身体面の二次障害になる事例が多くみられる。そのために精神的な緊張を緩和するような支援が必要である。痙直型の脳性麻痺児では、「限局性学習症」「視知覚認知障害」の併存が多く、認知面のアンバランスさと知的な発達レベルが組み合わさって学習面や対人関係の困難、その場の状況を読むことが苦手など、学校や社会生活面などにおいて適応障害や神経疾患が生じてくる可能性がある。そのため、学習面の支援や配慮とともに、自己肯定される環境下で、社会スキルや自己決定力などの支援が望まれる。水頭症を伴う二分脊椎症では、認知障害、排泄の問題（例えば尿臭への意識）、性の問題などが起こりやすい。ドゥシャンヌ型筋ジストロフィーでは、疾患と予後（死）についての理解と受容に関する心理的なケアが必要である。骨形成不全症では、低身長やスタイル（見映え）、運動への制限などに関する心の問題を抱えやすい*。

*頭部外傷後遺症、脳炎後遺症、脊髄損傷、切断などの中途障害児では、思春期など発達の節目において障害の受容（悲哀の仕事）、傷痕（見映え）に対する心理的ケアが必要になることがある。

3　幼児期における支援のポイント

（1）遊びと遊具・用具

肢体不自由児は周りの大人からの「歩いてほしい」「話してほしい」という強い願いによって、幼児期からリハビリテーションに多くの時間を費やし、遊びの機会が少なくなることが多い。その結果、十分な探索行動ができず、自然や生活のなかにある事象に気づいたり、遊びのなかで何かを作り出したりする機会が得られないことが多いと思われる。さらに、「動きたいのに動けない」「やろうとしてもできない」という経験を繰り返してきた結果、遊びの意欲や興味をなくしてしまうこともある。そのため肢体不自由児は、言葉の発達や概念の基礎となる探索遊びができる環境と支援や合理的配慮を意図的に提供していく必要がある。また、遊ぶ相手が教師や介助員など大人とのかかわりが多くなりがちであるので、幼児同士のかかわりがもてるような配慮も必要である*。

*遊具や用具については、個々の障害の状態や手足の動き等の困難さに応じて、補装具、補助具、自助具等の支援技術（Assistive Technology：AT）の活用を図り、必要に応じて遊具や用具などを創意工夫する。

（2）姿勢

原始反射の残存、姿勢反応の未発達、筋緊張亢進、低緊張などによって、安定した姿勢保持が困難な場合、周囲の環境に対して感覚を働かせたり、他者とかかわることが難しくなる。そこで、幼児が五感を働かせやすく、合目的的な動きを可能にするために、リラックスでき、安定した姿勢保持の支援を行う必要がある＊。

＊同じ姿勢をとり続けることは健康面、認知面への悪影響を及ぼすことがあるので、一日の生活のなかで適切な姿勢変換の支援をすることも大切である。

（3）コミュニケーション

脳性麻痺など脳性障害のある子どもは受容言語（言葉を聞いて理解すること）より表出言語（言葉を話すこと）のほうが困難であることが多い。そのため、言葉を話すことにこだわらず、絵・写真カードやコミュニケーション機器など拡大代替コミュニケーション（Augmentative and Alternative Communication：AAC）の考え方を活用した支援や合理的配慮を用いて、意思表示しようとする意欲を喚起するとともに、より豊かな表現ができるような方法を工夫することが大切である。

（4）自己決定・選択

肢体不自由児は幼児期から親など周りの大人に行動を決定されることが多く、自己決定や選択の機会が得られないことが多いため、成長しても自分で決めたり、選んだりすることが苦手になることがある。そのため、幼児が自分で決めたり選んだりする機会を増やし、意思表出の支援をすることで、子どもの決定や選択が肯定的に受け止められるような経験を積み重ねることが大切である。

（5）概念の形成

脳性疾患等の幼児は、視覚的な情報処理や複合的な情報処理が苦手なことがある。また、体を自由に動かせないことによって、ボディ・イメージが未熟なこともある。その結果、物事の理解や言語、数量、方向、距離など基礎的な概念の形成に影響を及ぼす場合がある。そのため、身体の各部位に触れてボディ・イメージを明確にする遊び、上下・前後など方向を意識した遊び、具体物を触って重さや量の大小を体験する遊び、数の順番を意識する遊びなどを取り入れ、基礎的な概念の形成に努めることが必要である＊。

＊肢体不自由特別支援学校などの助言または援助を活用しつつ、家庭、地域および医療や福祉、保健等の業務を行う関係機関との連携を図り、長期的な視点で幼児への教育的支援を行うことが大切である。

病弱・身体虚弱の理解と支援

1 病弱・身体虚弱とは

病気による入院や治療のために生活規制をしなければならない子どもたちもさまざまな場所や方法で、就学前保育や義務教育等を受けていることを知っているだろうか。そのような子どもたちは病弱・身体虚弱の状態であるといわれる。この項ではそのような子どもたちが受けている病弱教育・保育についてみていく。この「病弱・身体虚弱」という言葉は、医学用語ではなく、一般的な言葉として、または行政用語として使われている。教育支援資料（文部科学省、2013年）には、病弱とは「心身の病気のために弱っている状態」、身体虚弱とは「病気ではないが身体が不調な状態が続く、病気にかかりやすい状態」と示されており、病状が重くとも急性のものは含まれない*。

＊就学基準
第２部第５章、第６章を参照。

みなさんのなかには、病院のなかの保育や教育というと、小児がんや難病の子どもが受けるものというイメージをもつ人も多いと思うが、小児慢性特定疾病として国に認定されているものだけでも16疾患群788疾病（令和３年11月時点）、そのほかにも子どもたちの病気の種類は多く、それらすべてが病弱教育・保育の対象となる可能性がある。

では、そのなかでもケースが多い代表的な疾患についてみていく。

（1）悪性新生物（小児がん）

悪性新生物とはいわゆる「がん」のことである。そして、小児がんとは一般的に15歳以下の子どもに発生するがんと定義されている。この小児がんは後天的な要因で起こる成人のがんとは違い、血液、筋肉、骨、神経等に発生する腫瘍（芽種）が多いのが特徴で、最近では治療技術も進み、疾患によっては80％以上の高い生存率を示すものもある。

小児がんのなかでも最も多いのが白血病で、小児がんの約３分の１を占めている。白血病は血液のがんであるが、血液そのものががんとなるのではなく、血液を作り出している脊椎ががんになり、異常な未熟白血球が多く作られることによって血液を作り出す機能に異常を来す病気である。化学療法や放射線療法によって治療するが、70～80％が治癒または寛解するといわれる反面、口内炎、吐き気、食欲不振や髪や眉毛等の体毛が抜けるなどの副作用もあり、身体的苦痛や精神面の苦痛を伴うことになる。

（2）糖尿病

膵臓で作られる体内の血糖値を下げる唯一のホルモンであるインスリンの不足のために起きる疾患である。小児期に発症するタイプの多くは1型糖尿病といわれ、その発症の原因はまだよくわかっていない。1型糖尿病では生命を維持するためにインスリンの注射を必要とする。インスリン注射や自己血糖値測定は痛みを伴うこともあり、精神面の支援も必要である。また、糖尿病という疾患に対する社会的な理解不足も大きく、発症した子どもに対して、甘いものを食べすぎたからといったような誤解からくる偏見やいじめに対しても十分配慮する必要がある。

（3）気管支喘息

気管支喘息とは気道に慢性的な炎症があり、その炎症部分に刺激が加えられることで喘鳴などの症状を伴いながら呼吸困難を引き起こす疾患である。小児期の喘息はダニやハウスダストなどの「アレルゲン」という原因物質が炎症を刺激するものと、天候や気温の変化、強いにおいや運動などが刺激因子となるものがある。

医療技術が発達し、入院して長期の療養生活をする子どもは減少し、通院治療を受けながら保育園や幼稚園に通う子どもが多くなっており、2020（令和2）年度の学校保健統計調査によると、幼稚園では在籍幼児の1.83％、小学校では在籍児童の3.37％が喘息であると報告されている。決して少ない人数ではなく、受診のための欠席や園内・校内活動における配慮や環境の整備等に気をつけるとともに、発作が起きた際の対応について事前に十分な理解と訓練等を行っておく必要がある。

（4）先天性心疾患

先天性心疾患は新生児期・幼児期に発見されることが多く、幼児期から適切な時期に外科的手術などの治療が行われる。ほかにも先天性の染色体異常（ダウン症候群など）の合併症として心疾患が見つかることもある。心室中隔欠損症、心房中隔欠損症、ファロー四徴症等が知られているが、多くの場合は幼児期の手術によって日常生活にほとんど支障がなくなる。しかし、感染性心内膜炎への予防や、学校生活管理指導表をもとにした活動の計画が必要となる。また、重篤な心臓病では心臓移植をする場合や、継続的な手術や治療が必要な場合もあることも忘れてはならない。

2　病弱・身体虚弱児の心理特性

今までみてきたような病気を抱えてしまったときに、子どもたちは身体的な苦痛を感じることはもちろん、漠然とした不安を抱えることとなる。特に就学前の子どもや小学校段階の子どもにとっては、家庭から離れ病院で過ごすことになったときの強い不安感は想像に難くないと思われる。谷口（2009）は入院中の子どもたちは次にあげる五つの不安を抱えていることをアンケート調査をもとに報告している[1)]。

(1) 将来への不安：入院生活や病状などの現在の状況よりも、自分の未来に及ぼす影響といった将来のことを心配している気持ち。
(2) 孤独感：家族や学校などの生活環境から一人切り離されて入院している状況で感じる孤独な気持ち。
(3) 治療への恐怖：検査や治療への嫌悪感・恐怖感。また、検査や治療が嫌だからこそ家族にもっとそばにいてほしいと願う気持ち。
(4) 入院生活不適応感：スタッフの対応や病棟規則などの入院生活に関するなじめなさや不安という気持ち。
(5) 取り残される焦り：学校の友達から離れて入院していることで、勉強や仲間間の話題に遅れてしまうのではないかという焦りの気持ち。

このような不安があっても子どもはその気持ちを直接伝えてくるとは限らないし、幼少期の子どもたちは言葉にならない形で伝えてくることが多くある。夜眠れなくなる・食欲がなくなるなどの身体的状況に変化がみられたり、不機嫌になったり、何に対しても拒絶的な態度をとったりする。そんな子どもたちにどのような態度で接し、支援していったらよいのだろうか。

1）谷口明子『長期入院児の心理と教育的援助—院内学級のフィールドワーク』東京大学出版会，2009.

3 幼児期における支援のポイント

幼児期に病気を抱えてしまう子どもたちは、今までみてきたように入院しているケースや、幼稚園・保育所などの就学前施設に通っているケース、在宅医療を受けており外出も困難なケースなど多様な生活を送っている。このような子どもたちと接し、支援する際には次のようなことに留意する必要がある。

（1）子どもの実態把握と家族支援・協力

どのような病気にかかっているのかだけでなく、子どもの興味や関心、得意なことや苦手なことなどできるだけ多くの情報が必要となる。

病気になった子どもだけでなく、両親や兄弟も劇的にその生活が変化してしまう。精神的にも肉体的にも影響が大きくなることもあり、組織的に支援していくことが望ましい。

（2）病院との連携や以前の集団生活環境への復帰

子どもの病状、活動の制限、その他の配慮事項を知るためや、病院の施設利用に対する理解・協力のためには、医師や看護師等の病院スタッフとの十分な連携が必要である。

近年は病院での治療のための入院期間が短くなっている傾向があるとともに、医療の発達により疾患の回復率も高くなることで、以前通っていた保育所等の集団生活へ戻るケースが増えている。子どもたちがスムーズに復帰するための事前の連絡や準備、環境の整備等はとても大切である。

第3章

発達障害の理解と支援

発達障害児は、通常の学校や園で教育・保育を受ける対象となるが、特別支援学級や特別支援学校へ就学するケースもある。

そこで本章では、学習障害、注意欠如・多動症／注意欠如・多動性障害、自閉スペクトラム症／自閉症スペクトラム障害、発達性協調運動症／発達性協調運動障害の四つの発達障害を取り上げ、その理解と支援について、国内外の定義をふまえながら、その心理的な特性から幼児期における指導のポイントを概説する。

1 発達障害とは何か

1 発達障害の定義

国内における発達障害の行政的な定義として、代表的なものに発達障害者支援法がある。この法で発達障害とは、「自閉症、アスペルガー症候群その他の広汎性発達障害、学習障害、注意欠陥多動性障害その他これに類する脳機能の障害であってその症状が通常低年齢において発現するものとして政令で定めるものをいう」と示されている。しかしながら、診断名については、教育や福祉、医療などのさまざまな領域で統一されていない現状がある。

例えば自閉症やアスペルガー症候群、広汎性発達障害などは、自閉症の中核症状の連続体としてとらえる考え方から、現在は自閉スペクトラム症や自閉症スペクトラム障害などの診断名が用いられている。また、注意欠陥多動性障害は、「欠陥」という用語の見直しから、注意欠如・多動症や注意欠如多動性障害などの診断名が用いられている[1)]。これら診断の詳細は後述するが、ここで注意すべきは、法で特定された診断名以外にも「その他これに類する脳機能の障害」として言語障害や協調運動の障害などが含まれており、いずれも発達期における脳機能の障害という共通点がある。

2 発達障害のある子どもの支援

発達障害は、脳機能の障害であることから、見た目にはわからず障害があるとは気づかれにくい。そのため、本人の努力不足や親の育て方の問題などと誤解されることがある。発達障害児や診断がついていない「気になる」子どもは、定型発達といわれる同年齢の子どもたちとのかかわりのなかで、さまざまな困難を抱えている場合があり、次のような特性がみられることがある（表1-3-1）。

このような困難さは、集団での保育や学習活動に対する不適応の要因となり得るが、一方で集団に対する不適応の結果であることもある。

1）American Psychiatric Association : Diagnostic and statistical manual of mental disorders fifth edition. American Psychiatric Association, 2013.

表1-3-1　発達障害のある子どもにみられる特性

①自他の感情の理解や言葉による表現が上手にできない
適切に自分の感情を言葉で表現できず、癇癪やパニックを起こすことがある。また、客観的に物事をとらえたり、振り返ったりすることが難しい。
②刺激、情報の量の影響を強く受ける
触覚や聴覚、嗅覚など、さまざまな感覚情報を適切に処理することが苦手なため、集団の規模や場所、特定の相手などによっては混乱したり、興奮したりすることがある。
③認知の偏りが大きい
興味・関心の強いものは驚くほど覚えるのが早いのに、読み書きの習得が遅れるなど、できることやわかることと、そうでないことの差が大きい。
④姿勢の保持や動きの調整が難しい
じっとしていることが苦手で、座っていても姿勢が崩れやすく、常に身体のどこかを動かしている。動きのぎこちなさがあり、力や声の大きさなどの調整が苦手な子どもが多い。

3　幼児期の支援

保育現場において最も注意すべき点は、診断の有無によって子どもにラベルを貼ってしまうことである。乳幼児期は月齢によっても発達課題や個人差（個人内差や個人間差）が大きく、環境や遺伝的な要因にも強い影響を受けることから、発達像そのものが成長とともに変化していく。また、明確な診断がついていない子どもや複数の診断を併せ有する子どもだけでなく、家庭状況などの影響が行動問題の背景にあるケースもある。つまり、子どもの不適応のすべてを発達障害で説明することは困難である。

子どもに対する見方が変わると、かかわり方や支援も変わっていく。例えば「困った子」ではなく、「困っている子」としてその子の困難さをとらえ直せば、気になる行動を直そうとする視点から、その子のできることに着目し、育てるという視点に変化していくだろう。

ゆえに、子どもの行動には必ず何らかの理由があることを念頭におき、個々の発達的な特性に寄り添いながら、就学へつなげていくことが望まれる。特に、通常学級へ就学する場合は、特別支援学級や特別支援学校よりも大きな集団のなかでの学習や活動が障壁となることがあるため、早い段階から先を見据えて保育を改善していくことが求められる。

2 学習障害の理解と支援

1 学習障害の定義

＊認知機能

理解、判断、論理などの知的機能のこと。心理学的には、記憶、言語、判断、計算、遂行などが含まれる。

学習障害（Learning Disability、以下LD）とは、脳に何らかの機能不全があることにより認知機能＊に偏りが生じ、それがもとになって学校教育で必要とされる基本的能力の獲得に困難を示す障害である。この障害は、女性よりも男性に多く、学齢期における有病率は5～15%であるとされる。学業成績の不振という点では、LDとアンダー・アチーバー（学習経験の不足によって学業成績が不振を示す）は同じであるが、原因が異なる。教育者・保育者は、LDが本人の努力の程度、親のしつけや教育方法が原因ではなく、障害のある者の努力のみではどうにもならないということについて留意しておく必要がある。

LDの定義は、教育的定義（Learning Disabilities）と医学的定義（Learning Disorders）の二つの考え方がある。

わが国では、文部科学省「学習障害児に対する指導について（報告）」（1999年）によって、以下のとおりLDの教育的定義が示されている。

> 学習障害とは、基本的には全般的な知的発達に遅れはないが、聞く、話す、読む、書く、計算する又は推論する能力のうち特定のものの習得と使用に著しい困難を示す様々な状態を指すものである。
>
> 学習障害は、その原因として、中枢神経系に何らかの機能障害があると推定されるが、視覚障害、聴覚障害、知的障害、情緒障害などの障害や、環境的な要因が直接の原因となるものではない。

一方、医学的定義として、医学的診断名を決める際に用いられるアメリカ精神医学会のDSM-Ⅳ-TR（精神疾患の診断・統計マニュアル第Ⅳ版）のなかに「LD」の名称とその定義が見られる。現在ではDSM-Ⅳ-TRが改定され、最新版DSM-5（精神疾患の診断・統計マニュアル第5版）が示されている。DSM-5では、LDの診断名が変更され、SLD（限局性学習症／限局性学習障害）という名称が用いられている。DSM-5のSLDの定義は次のとおりである。

A. 学習や学業的技能の使用に困難があり、その困難を対象とした介入が提供されているにもかかわらず、以下の症状の少なくとも1つが存在し、少なくとも6カ月間持続していることで明らかになる。

⑴ 不的確または速度が遅く、努力を要する読字（例：単語を間違ってまたはゆっくりとためらいがちに音読する、しばしば言葉を当てずっぽうに言う、言葉を発音することの困難さをもつ）。

⑵ 読んでいるものの意味を理解することの困難さ（例：文章を正確に読む場合があるが、読んでいるもののつながり、関係、意味するもの、またはより深い意味を理解していないかもしれない）。

⑶ 綴字の困難さ（例：母音や子音を付け加えたり、入れ忘れたり、置き換えたりするかもしれない）。

⑷ 書字表出の困難さ（例：文章の中で複数の文法または句読点の間違いをする、段落のまとめ方が下手、思考の書字表出に明確さがない）。

⑸ 数字の概念、数値、または計算を習得することの困難さ（例：数字、その大小、および関係の理解に乏しい、1桁の足し算を行うのに同級生がやるように数学的事実を思い浮かべるのではなく指を折って数える、算術計算の途中で迷ってしまい方法を変更するかもしれない）。

⑹ 数学的推論の困難さ（例：定量的問題を解くために、数学的概念、数学的事実、または数学的方法を適用することが非常に困難である）。

B. 欠陥のある学業的技能は、その人の暦年齢に期待されるよりも、著明にかつ定量的に低く、学業または職業遂行能力、または日常生活活動に意味のある障害を引き起こしており、個別施行の標準化された到達尺度および総合的な臨床評価で確認されている。17歳以上の人においては、確認された学習困難の経歴は標準化された評価の代わりにしてよいかもしれない。

C. 学習困難は学齢期に始まるが、欠陥のある学業的技能に対する要求が、その人の限られた能力を超えるまでは完全には明らかにはならないかもしれない（例：時間制限のある試験、厳しい締め切り期限内に長く複雑な報告書を読んだり書いたりすること、過度に重い学業的負荷）。

D. 学習困難は知的能力障害群、非矯正視力または聴力、他の精神または神経疾患、心理社会的逆境、学業的指導に用いる言語の習熟度不足、または不適切な教育的指導によってはうまく説明されない。

出典：日本精神神経学会（日本語版用語監修）、髙橋三郎・大野　裕（監訳）『DSM-5　精神疾患の診断・統計マニュアル』医学書院、pp.65-66．より作成

文部科学省の教育的定義によると、LDは、聞く、話す、読む、書く、計算するまたは推論する能力のうち、いずれかまたは複数の習得・使用の

困難を示すとされているのに対し、DSM-5の医学的定義によるとSLDは、読字障害（ディスレクシア）、書字表出障害（ディスグラフィア）、算数障害（ディスカリキュア）のいずれかまたは複数の習得・使用の困難とされ、「読み」「書き」「計算」の3領域に限定されている。このように教育的定義と医学的定義には違いがあるが、中枢神経系に不全があり、学習することに特異的な困難さを示すという点は共通している。

LDが疑われる場合、アンダー・アチーバーとの区別やほかの発達障害との重複診断も難しいことから、教育者や保育者による判断だけではなく、医学的な評価が重要になる。医療機関を受診した後、学校での学習の状態、生育・養育歴、既往症や家族歴、脳波検査、頭部のCT、MRI、そして知能検査*や認知能力検査*などを行い総合的に判断される。

＊知能検査
知能を測定するための検査。知能は、特定の能力ではなく、目的的に行動し、合理的に行動し、自分の環境を能率的に処理する総合的な能力のことであり、知能指数（IQ）によって測定される。代表的な知能検査としてウェクスラー式知能検査（WPPSI：幼児用、WISC：児童版、WAIS：成人用）などがあげられる。

＊認知能力検査
代表的な認知能力検査としてDN-CAS、KABC-Ⅱがある。

2 LDのある子どもの支援

不適切なかかわりによって精神疾患などの二次障害を引き起こさないためにも、LDは、早期発見、早期療育が大切であるが、幼児期に判断することは難しいといわれており、一般的に教科学習に入る小学校就学後に発見されることが多い。例えば、小学校に入り教科学習が始まると、国語の授業で文字を書く際に鏡文字になる、あるいは文章を読む際に行を読み飛ばす、算数の授業で計算をする際に数字から数の大きさを判断できないなどつまずきが目立つようになり、教師や保護者によって発見される。一方、LDは暴れるなど明らかな問題行動を示さないことも多く、ただ勉強ができない子、勉強をやらない子として見落とされてしまい、なかには小学校高学年以降まで発見されないケースもある。このようなケースになると、LDのある子どものなかには、いくら努力をしても成果を得られず、結果として、人から認めてもらえない経験を積み重ねてしまう子どもも現れる。その認めてもらえない経験の積み重ねが心理的なトラウマを生じさせ、自己肯定感や学習意欲の低下、考え方の歪みにつながってしまうことも多い。LDのある子どもたちが、見落とされて心理的なつまずきを示すケースが多くみられる背景には、LDの特徴がアンダー・アチーバーと区別がつきにくく、教育者や保育者、保護者など周囲の人たちの理解を得られにくいことがある。結果として、トラウマを生じさせる不適切な対応につながってしまう。

LDのある子どもへの学習支援は、子どもの気持ちに配慮しながら、別の方法で代替したり、ほかの能力で補完したりしながら行われる。例えば、読むことが困難な子どもであれば、音読する代わりに読み上げ機能を利用したり、書くことが困難な子どもであれば、黒板の文字をノートに写させる代わりに、穴埋め形式のプリントを使用したりするなどである。また、特定の学習内容の習得が難しいため、基礎的な内容の習得に的を絞った学習内容の変更・調整を行う。例えば、算数の計算問題では、基礎問題に的を絞って行わせたり、別の時間に繰り返し基礎問題を解く時間を設定したりする。その他、LD特有の認知機能の偏りがあることが認知能力検査などでわかっていれば、得意な認知能力が活きるようにコミュニケーションのとり方や教材提示の仕方を工夫する。例えば、継次処理[*]が苦手で同時処理[*]が得意な子どもであれば、図画工作の制作のときに言葉で説明したり、黒板に文字を書いたりして作品の制作手順を示したりするよりも、完成作品を見せて短い言葉を用いて説明したほうが効果的である。

以上のように、教育者や保育者がLDのある子どもに適切な支援を行うためには、LDへの正しい理解と知識が求められる。しかし、さらに重要なことは、困っている子ども一人ひとりの気持ちに寄り添い、解決策を子どもと一緒に考える姿勢や態度、新しい解決策を生み出せる想像力、子どもが学習につまずきくじけそうなときに乗り越えるきっかけになったり、支えになったりする考え方を与えてあげられる人間力である。また、園や学校での支援体制をつくったり啓発したりすることができる実行力やコミュニケーション力も重要である。LDのある子どもの困りごとに寄り添う教育者や保育者の姿勢や考え方が、将来、自らLDを乗り越える考え方を育てる。LDを理解してLDのある子どもを理解できないということがないよう、教育者や保育者は日頃から自らの内省をもとに人間理解力を鍛えておくことが何よりも重要なことである。

＊継次処理
順序立てたり、時間の流れにそって考えたりする力のことである。聴覚的な処理に深くかかわっている。

＊同時処理
情報を一つの集合としてとらえ、関係性を見つける力のことである。視覚的な処理に深くかかわっている。

注意欠如・多動症／注意欠如・多動性障害の理解と支援

1 注意欠如・多動症／注意欠如・多動性障害の定義

注意欠如・多動症／注意欠如・多動性障害（Attention-Deficit/Hyperactivity Disorder、以下ADHD）とは、不注意、多動性、衝動性が少なくとも一部は12歳以前からみられ、学校や家庭などで不適応を起こす発達障害である。原因には、脳の神経伝達物質の伝達不全等が想定され、特にこの障害の特性の一つである多動性には、神経伝達物質の伝達に影響を与えるメチルフェニデート（商品名、コンサータ）等の薬物療法が効果的であることも多い。ADHDの有病率は３～５％であるといわれており、女性よりも男性に多くみられる。特に多動性—衝動性優勢型のADHDは、圧倒的に男性に多くみられる。

ADHDは、アメリカ精神医学会のDSM-5（精神疾患の診断・統計マニュアル第５版）で定義されている。ADHDの診断では、最近６か月の行動状態により不注意優勢型、多動性—衝動性優勢型、混合型の三つのうちどのサブタイプに分類させるかが特定される。このように「最近６か月」という規定になっているのは、ADHDは発達とともに障害の状況が変化することが多いからである。よくみられる状態の変化としては、幼児期、児童期は多動性を主訴とするが、思春期に向かうにつれ不注意や衝動性が目立ってくる。そして青年期以降になると多動性は落ち着き、不注意や衝動性が残る。

DSM-5では、ADHDの障害特性について「不注意」と「多動性および衝動性」に分けて記載されている。「不注意」については次のように示されている。

(a) 学業、仕事、または他の活動中に、しばしば綿密に注意することができない。または不注意な間違いをする（例：細部を見過ごしたり、見逃してしまう、作業が不正確である）。

(b) 課題または遊びの活動中に、しばしば注意を持続することが困難である（例：講義、会話、または長時間の読書に集中し続けることが難しい）。

(c) 直接話しかけられたときに、しばしば聞いていないように見える（例：明らかな注意を逸らすものがない状況でさえ、心がどこか他所にあるように見える）。
(d) しばしば指示に従えず、学業、用事、職場での義務をやり遂げることができない（例：課題を始めるがすぐに集中できなくなる、また容易に脱線する）。
(e) 課題や活動を順序立てることがしばしば困難である（例：一連の課題を遂行することが難しい、資料や持ち物を整理しておくことが難しい、作業が乱雑でまとまりがない、時間の管理が苦手、締め切りを守れない）。
(f) 精神的努力の持続を要する課題（例：学業や宿題、青年期後期および成人では報告書の作成、書類に漏れなく記入すること、長い文書を見直すこと）に従事することをしばしば避ける、嫌う、またはいやいや行う。
(g) 課題や活動に必要なもの（例：学校教材、鉛筆、本、道具、財布、鍵、書類、眼鏡、携帯電話）をしばしばなくしてしまう。
(h) しばしば外的な刺激（青年期後期および成人では無関係な考えも含まれる）によってすぐに気が散ってしまう。
(i) しばしば日々の活動（例：用事を足すこと、お使いをすること、青年期後期および成人では、電話を折り返しかけること、お金の支払い、会合の約束を守ること）で忘れっぽい。

ADHDの「多動性および衝動性」については次のように示されている。

(a) しばしば手足をそわそわ動かしたりトントン叩いたりする、またはいすの上でもじもじする。
(b) 席についていることが求められる場面でしばしば席を離れる（例：教室、職場、その他の作業場所で、またはそこにとどまることを要求される他の場面で、自分の場所を離れる）。
(c) 不適切な状況でしばしば走り回ったり高い所へ登ったりする（注：青年または成人では、落ち着かない感じのみに限られるかもしれない）。
(d) 静かに遊んだり余暇活動につくことがしばしばできない。
(e) しばしば“じっとしていない”、またはまるで“エンジンで動かされているように”行動する（例：レストランや会議に長時間とどまることができないかまたは不快に感じる；他の人達には落ち着かないとか、一緒にいることが困難と感じられるかもしれない）。
(f) しばしばしゃべりすぎる。
(g) しばしば質問が終わる前に出し抜いて答え始めてしまう（例：他の人達の言葉の続きを言ってしまう；会話で自分の番を待つことができない）。
(h) しばしば自分の順番を待つことができない（例：列に並んでいるとき）。

(i) しばしば他人を妨害し、邪魔する（例：会話、ゲーム、または活動に干渉する；相手に聞かずにまたは許可を得ずに他人の物を使い始めるかもしれない；青年または成人では、他人のしていることに口出ししたり、横取りしたりすることがあるかもしれない）。

出典：日本精神神経学会（日本語版用語監修）、髙橋三郎・大野　裕（監訳）『DSM-5 精神疾患の診断・統計マニュアル』医学書院、pp.58-59. より作成

2 ADHDのある子どもの支援

2～3歳の子どもは行動の特徴として多動性や衝動性、不注意を示すことが普通である。また、小学校就学前の子どもは、発達の個人差や気持ちによる行動の変化もかなり大きい。そのため、幼児期の段階で、ADHDがあるかどうかを見分けることはかなり難しい。教育者や保育者に求められることは、ADHDであるかどうかを判断することではなく、子どもの不適応行動に対し適切にかかわり、子どもを育てることである。ADHDの障害特性は、ほかの精神疾患や知的障害などが原因で起こる行動特性とも見分けが難しいため、医師のみが診断可能である。なので、教育者や保育者は、子どもに対し勝手に「ADHDがある」と決めつけて保護者に伝えるようなことは決してしてはいけないという点については留意しておく必要がある。

教育者や保育者のかかわりとして大切なことは、一見ADHDの障害特性と思えるような行動を示す子どもであっても、「ADHDがある」と決めつけてかかわるのではなく、どのような場面で、どのような不適応行動が出るのかを子どもの気持ちや前後の文脈を含めて観察し、不適応行動に対して冷静に判断し対応することである。つまり、「ADHDがあるからできなくても仕方がない」と、すべて障害特性として片づけるのではなく、障害があってもなくても、不適応行動に対して、さまざまな工夫を試しながら、効果的な支援を見つけようと努力し続ける姿勢をもつことである。ときには、思うように効果的な支援が見つからないかもしれない。しかし、それでも前を向いて進もうとする教育者や保育者の姿勢は、困難に対しあきらめない子どもを育てる。言い換えれば、教育者や保育者の困難を乗り越えようとする姿勢や考え方が、子どもを建設的な考え方のできるレジリ

エンス*の高い人間に育てる。

ADHDのある子どもは、児童期、思春期になると、いじめの被害者や加害者になるなど対人関係の問題を抱えたり、学習に困難を示したりしやすい。そのストレスからうつ病などの感情障害を患ったり、反抗挑発症／反抗挑戦性障害*、素行症／素行障害*へと進んでしまったりすることも多い。このような悪循環に陥らないためにも、早期発見早期対応、そして問題を抱えたときに相談できる人をもつことはとても重要である。

ADHDと判断し障害というレッテルを貼り特別視することは避けなければならないが、教育者や保育者がADHDの特性や支援方法を理解しておくことは、指導や支援をするうえでとても有意義なことである。ADHDの行動特性を有していたり、ADHDへの支援を試してみて効果的であったりすれば、それらをもとに記録し、次の担任につなげることで、早期発見早期対応につながったり、困難を乗り越える手立てを積み上げたりすることができる。つまり、ADHDのような不適応行動のある子どもには、子どもの実態把握や支援をつないでいく一貫した教育保育を行い、長い目で子どもを育てることが大切である。ADHDの子どもへの教育保育は、どんなときに難しさがあるのか自覚でき、どうやったら乗り越えられるか手立てを知っていたり、新しく考えを生み出そうとしたりすることができる人間を育てるという視点をふまえてかかわることがポイントである。子どもの不適応行動をなくすことを急ぐあまり、子どもの気持ちに気づかず、知らず知らずのうちに傷つけ、自ら考えるという意欲を削いだり、自己肯定感を下げたりすることがないように注意したいものである。

ADHDのある子は失敗してしまったり、誤解されてしまったりする機会も多く、自己肯定感が下がりやすい。悩んだときに、相談する人が近くにおらず孤独になってしまったり、人の優しさに助けられる機会がなかったりすれば、より低い自己肯定感と人間不信が生まれ、社会不適応行動が増えてしまう。すなわち、挫折しそうなときに相談に乗ったり助言をくれたりしてもらえる教育者や保育者がいる環境のなかで、人に好かれる人間性を育てることもADHDの子どもへの教育保育の重要なポイントである。笑顔であいさつすることや感謝の気持ちを伝える、あるいは思いやりをもって人のために行動するなど基本的なソーシャルスキルを身につけることも人間性獲得の第一歩であり、彼らの未来につながる支援である。

＊レジリエンス
逆境や困難に負けない強い力、回復力のこと。

＊反抗挑発症／反抗挑戦性障害
DSM-5で示されており、怒りっぽく、口論好き、挑発的行動、執念深さといった情緒・行動上の様式が少なくとも6か月間は持続するといった障害。

＊素行症／素行障害
DSM-5で示されており、他者の基本的な権利を侵害する行動を繰り返し起こし、社会で決められたルールを守らず、反社会的な行動を起こし続けてしまう精神疾患。

幼児期の発達と実行機能との関連について

普段、会話をしたり、料理をしたり、計算をしたりするなど日常生活のさまざまな行動は、私たちの脳が活動することによって行われています。そのなかでも、脳の前部（前頭葉）を中心とした領域で行われる脳の活動は、特に重要な役割を果たしています。これらの脳活動によって行われる一連の処理は、心理学ではワーキングメモリと呼ばれています。ワーキングメモリとは、頭のなかで一時的に記憶を保持しながら処理を行うような機能のことです。例えば、料理をするとき、私たちはレシピに従って、その内容を一時的に頭に記憶し、レシピに書いてある手順に従って記憶を切り替えながら調理を行います。私たちが料理を作ったり片づけたりできるのは、ワーキングメモリがあるからです。このワーキングメモリは、いくつかの要素から構成されていると考えられていますが、なかでも、最も重要な処理を担っている要素が中央実行系であり、この中央実行系を中心として行われる処理機能は実行機能と呼ばれます。実行機能は、記憶を更新したり、ルールを切り替えたり、不必要な記憶を抑制したりする機能です。これらの機能に問題が生じると、優先順位をつけることができなかったり、感情や動機、覚醒水準をうまくコントロールできなかったり、心のなかで思っていることを抑えることができず外言としてすぐに口に出てしまったりするなどの行動が現れたりします。

ワーキングメモリや実行機能は、幼児期、特に 4 歳児前後に急速な発達がみられます。そしてこのワーキングメモリや実行機能の発達は、幼児期にみられる「心の理論」の獲得にも深く関係しています。「心の理論」とは、自己と他者を区別し、それぞれが心をもつ存在だと認識する能力のことです。別の言い方をすれば、他者の心の状態、目的、意図、知識、信念、志向、疑念などを推測する心の機能ともいえます。このような、相手の気持ちを理解するという「心の理論」の獲得は社会的なコミュニケーションにおいてとても重要な意味をもちます。「心の理論」は、2 歳から 3 歳頃になると少しずつ発達しはじめます。この時期の子どもは、親の言うことをなんでも拒否したり、叱られても謝ることができなかったりします。この時期、子どもは「心の理論」の発達に伴って、自分とは異なる親の気持ちを意識することができる自我の芽生えの時期に入ります。しかし自我が芽生え、自分の欲求や意思が出てきても、言葉の力が未熟なため、それを言葉にしてうまく相手に伝えることができません。そのため、自分のしたいことを親に止められたりすると、反抗というかたちで反応しようとします。これが「イ

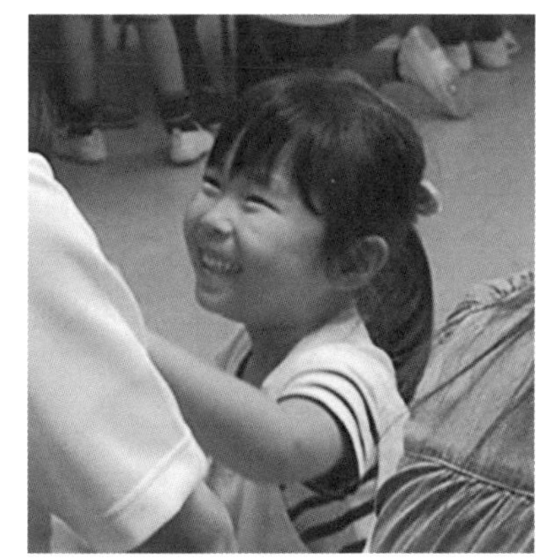

ヤイヤ期」です。「心の理論」が未発達な3歳児以下の子どもは、「お友達が嫌がるから叩いちゃだめだよ」と保育者が言っても相手の気持ちを理解することは難しいです。このような子どもの場合、「叩くのはいけないことだよ」と行動そのものを注意するほうが効果的です。しかし「心の理論」が発達し始める4歳ごろの幼児になると、次第に「お友達が嫌がるから叩いちゃだめだよ」ということを、友達の気持ちとともに理解することができるようになるため、相手の気持ちを考えることができるようにかかわることが大切です。

また、ワーキングメモリや実行機能の発達は、「〜だけれども〜する」という4歳児にみられる特徴的な思考パターンの獲得にも深くかかわります。例えば、「おもちゃで遊びたいけれども片づけをする」、あるいは「話をしたいけれども黙っている」など心理的葛藤を引き起こすような考え方の獲得には、ワーキングメモリや実行機能が深くかかわっています。「おもちゃで遊びたいけれども、片づけをする」という思考をするには、「おもちゃで遊びたいから遊ぶ」という感情を抑制することが求められます。この自己制御機能に実行機能がかかわります。この幼児期の自己制御能力は、社会的コミュニケーションのみならず、大人になってからの学業成績や収入、身体的、精神的健康レベルなどに関連するともいわれています。

このようにワーキングメモリや実行機能は、社会的コミュニケーションの基盤となる「心の理論」や自己制御能力や思考の獲得など、幼児期の心の発達に重要な役割を果たします。しかし、一方でこの機能に問題を抱える子どももいます。それが自閉症スペクトラム障害（ASD）などの発達障害を抱えている子どもたちです。例えば、ASDのある人は、一般的に行動や考え方にこだわりを示します。これは実行機能における記憶を更新したり、ルールを切り替えたり、不必要な記憶を抑制したりするといった機能の調整が円滑にできず、柔軟性のなさにつながってしまっているのかもしれません。また、注意欠如・多動症（ADHD）のある人は、関係のない刺激が気になってしまい思うように力を発揮できないといったことがあります。これは実行機能の抑制機能に問題を抱えているのかもしれません。

私たちが、保育や教育の現場で子どもたちとかかわる際には、ワーキングメモリや実行機能のようなより中核的な認知機能に問題を抱える子どもも存在するということを念頭において子どもに寄り添いながらかかわることが大切です。

（野内友規）

自閉スペクトラム症／自閉症スペクトラム障害の理解と支援

1 自閉スペクトラム症／自閉症スペクトラム障害の定義

自閉スペクトラム症／自閉症スペクトラム障害（Autism Spectrum Disorder、以下ASD）とは、人とのコミュニケーションの困難さと行動や興味への強いこだわりという二つの特徴を併せもった障害である。原因には、「心の理論＊」や「中枢性統合＊」等を司る脳のニューロンネットワークの異常が想定されている。中枢性統合が低く、何の制約も受けず刺激に敏感に細部に注目できるため、この障害を有する人のなかには、絵画や音楽など一部の能力に秀でたサヴァンと呼ばれる人たちも存在する。ASDは、LDやADHDと同様、女性よりも男性に多くみられ、5歳児における有病率は3％以上であるとされる。

＊心の理論
他者の心の状態、目的、意図、知識、信念、志向、疑念などを推測する心の機能のこと。

＊中枢性統合
全体として把握できる能力のこと。

スペクトラム（Spectrum）は、「あいまいな境界をもちながら連続していること」を意味する。つまり、ASDは、障害が「ある」か「ない」か、という二分的なものではなく、障害のある人とない人がつながっておりグレーゾーン（境界域の人）が存在する。

ASDの定義は、アメリカ精神医学会のDSM-5（精神疾患の診断・統計マニュアル第5版）で示されている。DSM-5では、「対人的相互反応による持続的な欠陥」と「行動、興味、または活動の限定された反復的な様式」について次のとおり示されている。

A. 複数の状況で社会的コミュニケーションおよび対人的相互反応における持続的な欠陥があり、現時点または病歴によって、以下により明らかになる（以下の例は一例であり、網羅したものではない：本文参照）。

(1) 相互の対人的–情緒的関係の欠落で、例えば、対人的に異常な近づき方や通常の会話のやりとりのできないことといったものから、興味、情動、または感情を共有することの少なさ、社会的相互反応を開始したり応じたりすることができないことに及ぶ。

(2) 対人的相互反応で非言語的コミュニケーション行動を用いることの欠陥、例えば、まとまりのわるい言語的、非言語的コミュニケーションから、視線を合わせることと身振りの異常、または身振りの理解やその使用の欠陥、顔の表情や非言語的コミュニケーションの完全な欠陥に及ぶ。

⑶　人間関係を発展させ、維持し、それを理解することの欠陥で、例えば、さまざまな社会的状況に合った行動に調整することの困難さから、想像上の遊びを他者と一緒にしたり友人を作ることの困難さ、または仲間に対する興味の欠如に及ぶ。

B.　行動、興味、または活動の限定された反復的な様式で、現在または病歴によって、以下の少なくとも２つにより明らかになる（以下の例は一例であり、網羅したものではない：本文参照）。

⑴　常同的または反復的な身体の運動、物の使用、または会話（例：おもちゃを一列に並べたり物を叩いたりするなどの単調な常同運動、反響言語、独特な言い回し）。

⑵　同一性への固執、習慣への頑ななこだわり、または言語的、非言語的な儀式的行動様式（例：小さな変化に対する極度の苦痛、移行することの困難さ、柔軟性に欠ける思考様式、儀式のようなあいさつの習慣、毎日同じ道順をたどったり、同じ食物を食べたりすることへの要求）。

⑶　強度または対象において異常なほど、きわめて限定され執着する興味（例：一般的ではない対象への強い愛着または没頭、過度に限局したまたは固執した興味）。

⑷　感覚刺激に対する過敏さまたは鈍感さ、または環境の感覚的側面に対する並外れた興味（例：痛みや体温に無関心のように見える、特定の音または触感に逆の反応をする、対象を過度に嗅いだり触れたりする、光または動きを見ることに熱中する）。

C.　症状は発達早期に存在していなければならない（しかし社会的要求が能力の限界を超えるまでは症状は完全に明らかにならないかもしれないし、その後の生活で学んだ対応の仕方によって隠されている場合もある）。

D.　その症状は、社会的、職業的、またはほかの重要な領域における現在の機能に臨床的に意味のある障害を引き起こしている。

E.　これらの障害は、知的能力障害（知的発達症）または全般的発達遅延ではうまく説明されない。知的能力障害と自閉スペクトラム症はしばしば同時に起こり、自閉スペクトラム症と知的能力障害の併存の診断を下すためには、社会的コミュニケーションが全般的な発達の水準から期待されるものより下回ってなければならない。

出典：日本精神神経学会（日本語版用語監修）、髙橋三郎・大野　裕（監訳）『DSM-５　精神疾患の診断・統計マニュアル』医学書院、pp.49-50. より作成

2 ASDのある子どもの支援

ASDのある子どもの支援は、他者との関係の形成の困難、コミュニケーション言語の使用の困難、行動や興味の強いこだわりという障害特性から派生する生活上・学習上の問題に対する対応が中心になる。そのためにも、正確なアセスメント（実態把握）を行うことは支援の重要なポイントである。ASDは、スペクトラム障害であるため、ASDの診断がされていないにもかかわらず障害特性をもっている子どもも多く存在する。このことから、ASDの診断の有無にとらわれず、行動の特性をもとにそれに見合った支援を行うことが、教育者や保育者には求められる。

他者との関係形成が困難な子どもやコミュニケーション言語の使用の困難な子どもは、抽象的な言い回しでは相手の意図を理解できなかったり、相手の表情を読み取れず場違いな発言をしてしまったり、思うような言葉が適切に出なかったりして、場の空気を読むことができず相手の気分を害してしまうこともある。このような場合の支援は、教育者や保育者がASDのある子どもに対し、具体的な言葉で伝えたり、相手側の子どもに対してもASDの子どもの気持ちや意思を代弁して伝えたりする等、誤解のないようにかかわり自然とASDの子どもへの理解が進むように対応する必要がある。「大好きな先生が理解しようとしている人だから自分も理解したい、大切にしようとしている人だから自分も大切にしたい」という気持ちを、教育者や保育者の姿勢や態度で、すべての子どもたちに自然に育て環境を整えていくことが大切である。つまり周囲の子どもたちの人間理解力を育てることもASDの子どもの支援になる。

行動や興味の強いこだわりに代表されるように、心理的な思考や感情の固さを強くもっている子どもは、突然の環境の変化や予測できない事態への対応が苦手である。教育者や保育者は、このような特性を理解し、学校や園の生活では、活動の初めに予定を確認したり、あるいは活動の流れをルーティーン化したり、直前での予定変更は極力避けたりするなど、ASDの障害特性に応じた配慮を行うことが大切である。また、ASDのある子どもは予定がわからないことへの不安も人一倍強く、パニックにつながりやすい。生活のなかで、パニックが起こるようであれば、教育者や保育者はその兆候は何であるかについて考え、事前に共感的に接するなど予防的な対応を行う必要がある。もし、パニックが起こってしまっても、何とかしようと焦って過度に話しかけるような行動は避けたい。パニックになったときは、目や耳等から入る刺激を極力減らし落ち着けるように、別室やスペースを確保しておくことも大切である。

ASDの子どもは、一見すると理解し難い行動をとるようにみえるかもしれない。しかし、適切な支援を行い子どもを育てるために、そのような理解し難い行動であっても理解しようとする姿勢が教育者や保育者には求められる。ASDに対する知識を備えていることは、ASDの子どもの理解を助けるツールとなる。例えば、目の前で手をひらひらさせたり、頭を壁に打ち付けたりといった常同行動は、ストレスが溜まったときに出るということを知っていれば、驚かずに対応できる。すべての窓を必ず閉めるという儀式的な行為が、変化に弱いASDの子どもが安心するための行動だと知っていれば、冷静に対応できる。障害を理解することは子ども理解の一側面であるということを忘れずに、学び続ける姿勢が教育者や保育者には求められている。

ASDは、早期に医療につなげ療育を受けることで精神疾患などの二次障害を防ぐことが期待できる。特に1歳6か月と3歳児に行う乳幼児健康診査は、ASD発見のきっかけになることが多い。子どもは、3歳ごろになると連合遊びやごっこ遊びが見られはじめる。それに対しASDのある子どもは、ブロック遊びなど目の前に見える具体物を操作するような一人遊びは得意だが、ほかの子どもとコミュニケーションをとる連合遊びや目の前に見えないことを想像して行うごっこ遊びや見立て遊びには困難を示すことが多い。また、定型発達の子どもは、3～4歳ごろになると使用できる語彙数は1500～3000になる。ASDのある子どもは、この言葉の使用に困難さを抱える。言葉の使用の困難さは子どもによってさまざまであり、発話がなかったりする子どももいれば、辞書を読んでいるように一方的に知識を話し続けてしまう子どももいる。我々、教育者や保育者は、ASDの診断を行うことはできない。しかし、医療につなげるためにもASDのある子どもの発達の特性について正しく理解し、子どもの様子を注意深く観察して、気になったことを記録しておくことは、大変重要なことである。

ASDの幼児や児童に対する専門的な療育としては、応用行動分析*、TEACCH*、感覚統合療法*等、中学生以降では認知行動療法*の有効性が示されている。

＊応用行動分析（ABA：Applied Behavior Analysis）
第2部第8章を参照。

＊TEACCH（Treatment and Education of Autistic and Related Communication Handicapped Children）
アメリカのノースカロライナ州立大学で行われているASDやその家族を包括的に支援する周囲の物理的環境、およびコミュニケーション環境を生涯にわたって設計し続けるプログラムのこと。

＊感覚統合療法
子どもの神経学的プロセスに応じて、感覚刺激を与え、適応反応を引き出す方法のことである。詳細は、第3部第11章（p.157）参照。

＊認知行動療法（CBT：Cognitive Behavior Therapy）
考え方や行動の癖を把握し、自分の認知・行動パターンを変えていくことで生活や仕事上のストレスを減らしていく方法。

発達性協調運動症／発達性協調運動障害の理解と支援

1 発達性協調運動症／発達性協調運動障害の定義

発達障害児や「気になる子」の多くには、運動遊びの場面に限らず、さまざまな生活場面においても、全身の動きである粗大運動や、手指の動きである微細運動、またはその両方にぎこちなさを感じる子どもたちがいる(表1-3-2)。

このような身体的不器用さの背景の一つには協調運動*の困難さがあり、身体的不器用さを示す疾患に、発達性協調運動症／発達性協調運動障害（以下、DCD）*がある。DSM-5では「運動技能の拙さ」「運動技能の拙さによる影響」「小さい時期からの困難」「ほかの障害がない」という四つの診断基準から、神経発達症群に位置づけられている[1]。

小児期におけるDCDの発生頻度は、5～6％と報告されており、そのなかでも50～70％は青年期・成人期になっても残存するとされている。男女比は、2：1～7：1と比較的男児に多い。

ほかの疾患との併存は、LD、ADHD、ASD、特異的言語障害などが報告されているが、幼児期の身体的不器用さについては、安易にDCDと決めつけず、保育環境なども含めた多様な要因に着目し、多面的・多角的な視点から注意深く観察する必要があるだろう。

＊協調運動
手と足、目と手など、複数の機能の動きを一つにまとめあげる運動。

＊DCD (Development coordination disorder)
不器用な子ども症候群（clumsy child syndrome）と呼ばれることもある。

2 DCDのある子どもの支援

子どもの身体的不器用さは、身体感覚*の発達のつまずきから、求められる動きと表出する動きに大きな違いを生じさせる事がある。図1-3-1は、動物の模倣場面だが、保育者の曲げた上肢に対して、子どもの上肢は伸び切っている。このような動きのズレは、怠惰や悪ふざけとして注意や叱責の対象となることがある。また、本人は保育者と同じ動きをイメージしているため、「違う」と修正を求められると余計に混乱する。

＊身体感覚
第３部第11章参照。

1）American Psychiatric Association : Diagnostic and statistical manual of mental disorders fifth edition. American Psychiatric Association, 2013.

身体的不器用さは、自分の身体を操作する一次的な困難さに留まらず、他者からの叱責や嘲笑などが重なることで、友達関係が希薄になったり、失敗を避けるために活動を拒否したりといった、二次的な問題が生じることがある。また言葉で教え込もうとすると、自分の身体の動かし方がわからず、余計にぎこちなくなることがある。ゆえに、その子の運動スキルの発達段階に応じて多様な動きのバリエーションを広げていくことが、幼児期の重要な発達課題となる。以下、DCDのある子どもの支援のポイントを示す（表1-3-3）。

図1-3-1　模倣場面での動きのズレ

表1-3-2　身体的不器用さの例

粗大運動	「姿勢の保持が難しい」「両足でジャンプができない」「走り方がぎこちない」「よく転ぶ」「ダンスが苦手」「鉄棒にぶら下がれない」「人や物によくぶつかる」「ボールを投げられない」「ボールを蹴れない」「自転車に乗る」など
微細運動	「はさみが上手に使えない」「食べこぼしが多い」「ボタンやファスナーがしめられない」「箸やペンの持ち方が上達しない」「描画や書字がはみ出す」「楽器の操作ができない」「構音・発話が不明瞭」「咀嚼・嚥下が下手」など

表1-3-3　支援のポイントについて

できることからはじめる	運動スキルを学習するためには、ある程度の繰り返しが必要になる。その際、難しい課題は失敗体験を積み重ねるリスクが大きい。そこで、安心してできる課題から、スモールステップで量や難易度を上げていく。
本人のペースを尊重する	課題に取り組む時間は、短くてよい。また、指導や支援を行う際には子どもを急かすようなことはせず、本人のペースを尊重する。余計な指示や言葉かけは、活動のノイズになることがあるので、見守ることも大切である。
教え込むのではなく、動きを引き出す	言葉で指示をしても、具体的なイメージがもてず、余計に混乱することがある。よって、できるまで教え込むという考え方ではなく、教材・教具から本人に合った望ましい動きや活動を引き出す視点が重要になる。
身体的ガイダンスを活用する	子どもがどこを見て、何を感じているかは、支援の重要なポイントとなる。身体の使い方がわからない場合や、位置、空間の調整ができていない場合などは、身体に触れることで、身体的なフィードバックを示すことが有効な場合がある。
チャレンジを認める	課題が成功した場合にのみ称賛するのではなく、チャレンジしている過程から称賛し、本人の成功体験が積み上がっていくためのかかわり方や信頼関係が求められる。

発達障害の子どもの服薬と支援

医療関係者の間でも障害児への薬物療法に関してはさまざまな意見があり、統一された見解はありません。ここでは発達障害児に対して薬物療法を行っている一医療者としての考え方を述べます。

まず、本書の読者の間で発達障害に「治癒」がないことは、共通の理解であると信じたいです。また、発達障害は何をもって治癒するかもわかりにくい分野です。巷には「発達障害がこれで治った」と宣伝するサプリメントや療育を含む治療法などが多いです。発達障害を含む精神疾患が根本的に治る「根治療法」があれば、我々医療者としても願ったり叶ったりですが、現状そのような治療法は一切ありません。もちろん、近代の科学の発展はめまぐるしく、私が学生の時には不治の病であった疾患が現在では治ることも珍しくありません。しかしながら、依然として根治療法のない疾患があるのも現実で、我々は常に謙虚にそれを受け止めなければなりません。

さて、治癒のない状態や疾患に対して、医療はどのように対応するのか？

この答えは「それぞれの困った症状の個々に対応すること」です。これを根治療法に対して「対症療法」といいます。対症療法の最も身近な例は「風邪薬」です。風邪で病院に行けば風邪薬を処方されますが、風邪は決して風邪薬で治癒しません。咳止め薬を止めて咳がぶり返すことは皆さんも経験したことがあるでしょう。

対症療法に対して使用される薬剤のことを「対症療法薬」といいます。このため、根治療法のない発達障害に対しても同様に対症療法となり、薬物療法としても対症療法薬が選択されます。対症療法薬の使い方や考え方の基本を身につけるために風邪薬の話を続けましょう。風邪で病院に行き、処方された風邪薬の種類に多いと感じることもあるでしょう。これは、医者がそれぞれの「症状」に合わせて処方しているから種類が多くなるのです。鼻風邪には鼻水止めが処方されるでしょう。咳がないにもかかわらず、咳止めを出されても意味はないし、出されないでしょう。ここで勘のよい人は、気づくかもしれません。対症療法薬の処方をうまく受けるには「自分の困った症状を医者に伝えること」です。これが薬を止めるときにも必要になる「医者と相談しながら」です。

もう一点、対症療法を受ける際に留意することがあります。それは「環境」です。私が研修医の時に経験した患者さんですが、風邪で受診し、咳止め薬を処方しても長く咳が止まりませんでした。もちろん、喘息や別の病気が隠れていた可能性もあったかもしれません。しかし、その患者さんの服がたばこ臭かったこともあり、話を聞いてみたところ家族がみな、ヘビースモーカーでした。転居はできなかったため、たばこの煙を少なくできる部屋で暮らさせたところ、咳は止まりました。薬物療法だけで症状が改善するのではなく、環境を改善させることも同時に行う重要性に気づかされました。

さて、本題の発達障害に対しての薬物療法ですが、先述のとおり対症療法であり、医者は「対症療法薬」を処方します。環境の改善が十分に行われていることは前提です。医者は常々「どの症状に」「誰が」困っているのかを聞き出し、対処すべき症状を決め（目標設定）、薬を処方し症状の消失、改善というゴールを目指します。風邪薬の話に落とし込めば、「咳」に困っているのか「鼻水」に困っているのかを聞き出し、医者と患者がともにその症状に対して薬を使い、風邪症状の消失、改善のゴールを目指します。発達障害に当てはめると、自閉症の「癇癪」に対して、癇癪を止めるような抗精神病薬を、「不眠」に対しては睡眠薬などを、ADHDの「多動」や「不注意」に対してはADHD治療薬を処方し、それぞれの症状が改善すればゴールでしょう。薬物療法を始める前の考え方はこのようにしておくとよいでしょう。

よく相談される「薬のやめ方」についても考え方を述べておきます。「薬を始めるとやめられなくなる」という都市伝説があるようですが、今から書くことは、薬の「やめ方」ではなく薬との“付き合い方”と捉えてもらいたいです。私は日常診療で薬をやめることを止めてはいません。風邪薬をやめて、風邪症状がぶり返して困るのは患者です。発達障害では、自閉症の癇癪を止めなくても医者は困りません。困るのは患者本人か家族です。ただ、医者としても患者家族が困っていることを見るのは忍びないです。このため、医者は「薬を飲んでおいたほうがよいのでは？」と提案し、処方します。患者も「医者が言うなら」と思い、処方された薬を飲み続け、家族は飲ませ続けることがほとんどでしょう。しかし、逆もあり、医者が必要と思い処方しても患者は一切飲んでいない、家族が飲ませていないことも多いです。私はどちらも「不適切」だと思っています。もちろん、薬をやめて症状がぶり返していなければ、やめてもよいのですが、往々にして薬をやめると症状がぶり返すことが多いです。このため、医者と相談しながらやめていくことが必要でしょう。この「医者と相談しながら」が薬のやめ方のコツです。前述のとおり、医者はその症状に対して薬を処方しています。その症状が改善したのであれば、薬をやめればよいのです。しかし、発達障害の場合「治癒」がないため、薬をやめてみて症状がぶり返すようならば、速やかに再開するしかありません。症状がぶり返しているにもかかわらず、意固地になってやめ続けるのは得策ではありません。最後に医者にとってありがたい言葉があります（発達障害に限ったことですが)。「先生、薬を間違って１週間飲まずにいて症状が変わらないんです」と言われると「これで１剤減らせる」と医者はホッとします。薬を止めて症状がぶり返すのであれば、また飲み始めればよいし、落ち着いているのであれば飲まないようにすればよいだけです。これが「医者と相談しながら」薬を減らすということです。往々にしてこれで薬をやめていけることが多いです。

（原　成輝）

知られざる感覚過敏の世界

発達障害の方々の手記や記録では、さまざまな感覚の過敏による生活や学習の困難さが報告されています。そこで本コラムでは、より詳しく感覚過敏の世界を理解するために、発達障害の当事者である東村八重さん（仮名）に取材をしました。

Q１：どんな感覚の困難さがありますか？
A１：他者が近づいてくること（触られなくても、距離が近いだけでストレスを感じます／触覚）、刺激が強い食べ物（炭酸や香辛料は痛い／味覚）、人工的な強い香り（香水は吐き気がするときがあります／嗅覚）などへの抵抗感は、大人になっても改善していません。

Q２：どんな園児でしたか？
A２：基本的に静かで隅っこにいることが多かったため、問題行動ということで注意を受けることは少なかったと思います。一方で、後から周りにびっくりされることがありました。例えば、虫かごが一杯になるまでとんぼを捕まえるなど、何かを集めだしたら容器が満タンになるまで集めないと気が済まない子どもでした。

性格はとても内弁慶で、園内では比較的静かでしたが、家では少しでも自分の要望が通らないことがあるとすぐ泣いて暴れて、物に当たることもありました。親にスキンシップを求めて甘えることができないため、物をねだることが甘えるためのコミュニケーション手段になっていたと思います。

Q３：どんなことで困っていましたか？
A３：大きな集団のなかで、自由に遊ぶことは苦手でしたが、少数の仲のよい友達とは、あまり困らずに遊べていたと思います。幼児期よりも、就学してからのほうが大変で、担任の先生に呼ばれて「特定の友達だけでなく、色々な友達と遊びなさい」と指導を受けた際に、どうしたらよいのかわからずとても困りました。

Q４：配慮や特別な支援は、受けていましたか？
A４：感覚面については、特にありません。私の場合、身体的に別な疾患があったので、そのことでいじめが起きないようには配慮をしてもらっていたと思います。

Q５：感覚過敏の子どもたちを担当する保育者に伝えたいことを教えてください。
A５：幼児期は、自分が過敏であることに気づいていません。私の場合は、親にスキンシップを求めることができなかったのですが、それができる妹との違いが他者と自分を比較するきっかけとなり「我慢できる子はすごい、羨ましい」「自分には我慢が足りない。でも、できない…」と自己肯定感が下がっていきました。

ですので、子どもたちが不快に感じている感覚を「本当は嫌なのに、それでも頑張っているんだね」「あなたが嫌な気持ちにならないよう、先生も気をつけるね」と肯定的に受け入れてくれることが、かかわりの第一歩だと考えています。

東村さんのコメントには、子どもの発達のつまずきに対して、保育者としてどう寄り添っていくかのヒントがたくさん詰まっています。自分が何に困っているかを言葉で表現することが苦手な子どもたちのさまざまなサインを、丁寧に受け止め理解していってあげたいですね。

（取材記録 綿引清勝）

第4章

多様な教育的ニーズの理解と支援

特殊教育から特別支援教育になり、学校教育現場における対象の子どもは、特別な教育的ニーズがある子どもに拡大された。それに伴って学校教育現場には、多様な教育的ニーズへの対応がより強く求められるようになった。

そこで本章では、言語障害、情緒障害のある子ども、障害はないが多様なニーズのある子ども、重症心身障害児の四つを取り上げ、多様な教育的ニーズをもつ子どもへの理解と支援のポイントについて取り上げる。

1 言語障害の理解と支援

1 言語障害の定義と分類

（1）言語障害とは

文部科学省は、「言語障害とは、発音が不明瞭であったり、話し言葉のリズムがスムーズでなかったりするため、話し言葉によるコミュニケーションが円滑に進まない状況」と定義している。つまり、言語障害とは、円滑なコミュニケーションに何らかの支障をきたした状態を指す。

生後半年に満たない乳児においても、聞いたことのない言語音の聞き分けが可能なことが知られている。この能力は母国語の言語体系を獲得する以前の生得的な能力であり、誕生からすでに「言葉」を獲得するための複雑な仕組みが働いていることを示している。しかし、このような言葉の獲得過程において何らかの制限が生じる場合がある。言語障害とはこのような言語獲得のための仕組みに何らかの障害が生じた場合に円滑なコミュニケーションが困難になることをいう。

（2）発話の障害分類

一般に、乳幼児期の言語障害は「発話（speech）の障害」である。「発話の障害」は、「聴覚の障害（難聴）」によっても生じるが、一般に「発話の障害」は、肺からの呼気が声帯の振動を受け発語発声器官の動きを巧みに調整することによって語音を産生する過程で生じる障害である。声帯でつくられた音源に異常を認めるものを「音声障害」、発語発声器官の動きや調音に異常があるものを「構音障害」と呼ぶ（図1-4-1）。

2 身体・心理的特性

（1）言語発達遅滞

言語発達遅滞は、簡潔に表現するならば知的障害に伴う言語発達の遅れであり、話し言葉のみならず言葉の理解や語彙の獲得、社会的なコミュニ

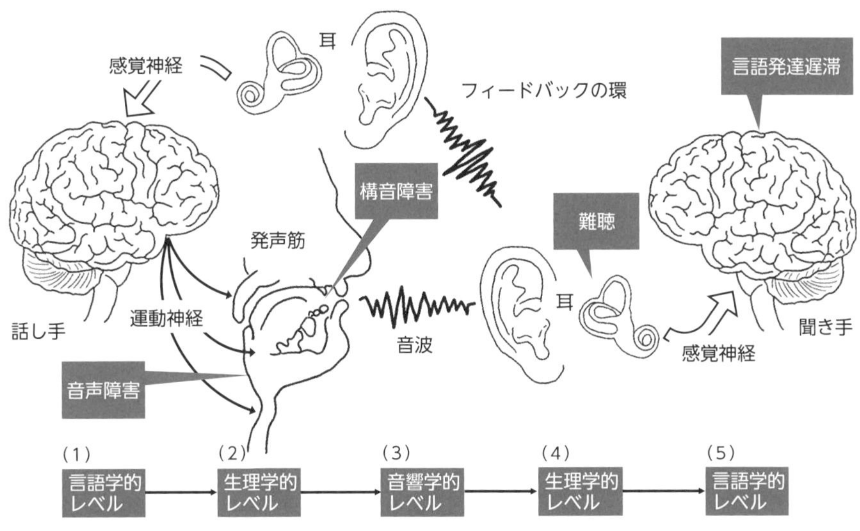

※切替一郎・藤村靖編『話しことばの科学：その物理学と生物学』東京大学出版，1994.

図1-4-1　ことばの鎖（話し言葉によるコミュニケーションの図式）

ケーション全般にも遅れを認める症候といえる。乳幼児期の言語発達遅滞は、聴覚障害や自閉症などさまざまな障害に併存する。しかしながら、言語発達遅滞は併存する知的発達障害の影響が言語発達の遅れの前景に認められなければならない。

実際に乳幼児期において、1歳6か月健診では知的発達などの精神発達を厳密に鑑別診断することは困難である。そのために平均的な1歳6か月児の運動発達（走ることができる）などの発達段階の遅れや、絵カードを用いた言葉の理解力が十分でない（道具の使い方がわかる）などの情報から言語発達遅滞を疑うことになる*。

＊3歳児健診では二語文の表出が可能か、また言語理解は可能かといった鑑別点から言語発達遅滞の鑑別を行うことになる。

（2）構音障害

構音障害は「発話の障害」の中核であり、広義には喉頭でつくられた音源を呼気とともに発語発声器官を巧みに調整する過程である共鳴、構音、発声、呼気に生じる障害である（図1-4-2）。また、乳幼児期では言葉の習得途上にあるために、難聴などにより生理学的レベルが十分に機能しないと、音響学的レベルで表現される言語音の聞き取りや、自分の声をモニタリングすることが難しくなり「言葉」の獲得に影響を与える。難聴の早期発見は重要である。

構音障害はその原因によって以下の機能性構音障害と器質性構音障害の

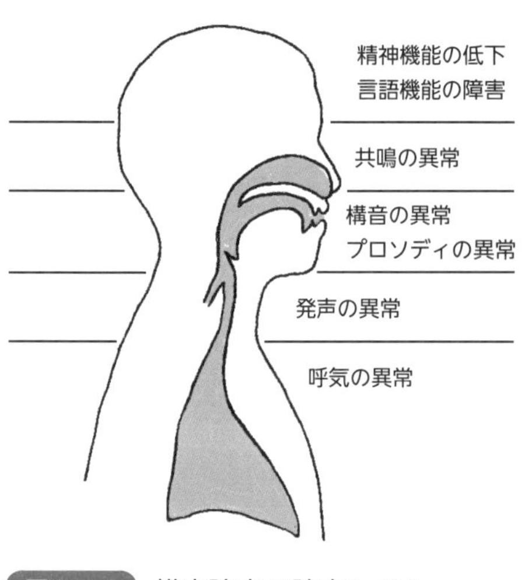

図1-4-2 構音障害の障害レベル

表1-4-1 機能性構音障害の構音の誤り

か行→た行への置換
が行→だ行への置換
さ行→た行、か行、が行への置換
ず→だ行、ざ行への置換
ちゃ、ちょ→た、と　への置換
ざ、ぞ→だ、ど　への置換
ら行の破裂音化、破擦音化
子音の省略など
側音化構音

二つに大別される。

❶ 機能性構音障害

機能性構音障害は、構音障害の原因となる明らかな異常や障害は認められないにもかかわらず、構音の障害を呈する場合をいう。乳幼児期における機能性構音障害とは、通常の言語音とは異なった発語を産生する仕方が習慣化してしまった場合をいう。

機能性構音障害にみられる構音の誤りを表1-4-1に示した。例えば、3歳ではラ行の音がうまく構音できなくても誤りとはいえない。パ行やパ行などの破裂音は、比較的早期の段階でみられる。舌の使用による構音点の位置が誤っている場合などは比較的短期間で正しい構音を獲得できる場合が少なくない*。

＊声門破裂音や側音化構音の誤りは、正しい構音の獲得に時間がかかる場合もある。

❷ 器質性構音障害

器質性構音障害は構音器官の形態や機能異常によって生じる構音障害をいう。

写真1-4-1は新生児にみられる口唇口蓋裂である。乳児期の器質性構音障害の中核は、口唇口蓋裂によるものが多い。口唇口蓋裂の手術は形成外科的な要素を含むために、手術治療は発達の節目節目に行われ、複数回に及ぶことも少なくない。医師による治療とともに言語聴覚士による構音訓練や鼻咽腔閉鎖機能の訓練なども必要となる。

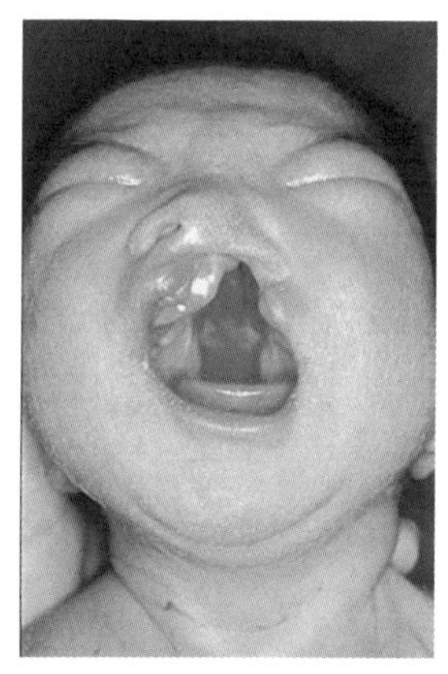

※中嶋敏子氏写真提供

写真1-4-1 新生児の口唇口蓋裂

（3）吃音

吃音（きつおん）*の多くは、およそ2歳から5歳の間に発吃するといわれており、「どもり」という言葉で知られている。吃音のほとんどが就学前までに現れる発達性の吃音である。

発吃の症状は、軽度では音や音節の引き延ばしや繰り返し、あるいはブロック化（中断）、中度では閉眼、開口、首や手足を動かす、足で床を蹴るなどの随伴症状の出現がみられる。小児期の吃音では、話し始めの時期に短期間出現したりする場合もみられ自然治癒も多い。遺伝的な要因を含む体質的要因や生活上の不適切な対応の積み重ねなどの環境要因が関係するとされるが、吃音の原因については不明な点が多い。

*吃音
男性の発吃率が女性より高いことが知られている。

3　幼児期の支援のポイント

（1）言語発達遅滞の支援

コミュニケーション行動、つまり他者とのなかで経験するやりとりを涵養することが支援の目標となる。他者に関心が向かないなど発達段階に遅れを感じさせる児に対しては、単に挨拶をする、お礼を言うなどの型どおりの関係性を築くことが重要ではなく、視野内に入る相手を見ることや対象物をとらえる機会（三項関係を構築する）を工夫し、繰り返しの経験がコミュニケーションの土台となる*。

*コミュニケーション行動のなかで、発達段階に遅れが著しい児の場合は、基本の意思表示となる「はい」「いいえ」に対応する個々の児に特有の首振りや「うん」などの表現を観察し、コミュニケーション機能としてどのように問いかけ、答えを求めるか、どのように児が周りに働きかけているのかをとらえて支援することが必要である。

（2）構音障害と吃音の支援

機能性構音障害は、改善する可能性が高い障害である。一般に、音韻意識が獲得されるにつれて自然と軽減消滅していくが、重度な場合は言語聴覚士による適切な評価診断が重要である。

器質性構音障害は、すでに専門医療機関などに通院している場合が多い。教育と医療が連携をとることは無論、保護者を含めたコミュニケーションのための環境づくりが重要となる。

重度の吃音は言語聴覚士などの専門家による評価診断を受けることが必要である。軽度ならば小学校の「ことばの教室」において指導を受けることが可能である。

2 情緒障害の理解と支援

1 情緒障害の定義と分類

（1）情緒障害とは

情緒障害とは、自分の意思では感情のコントロールができず、そのため学校生活や社会生活において不適応行動を継続して示す状態のことである。情緒障害は、感情コントロール不全による不適応行動を起こす状態像の総称であり、医学的な疾病や症候群としての診断名ではない。文部科学省「教育支援資料」（2013年）のなかでは「状況に合わない感情・気分が持続し、不適切な行動が引き起こされ、それらを自分の意思ではコントロールできないことが継続し、学校生活や社会生活に適応できなくなる状態」と定義されている。情緒障害のある子どもは、狭義には、「心因性の不適応行動を示す子ども」とされるが、広義には愛着形成の不全や発達障害に起因し、二次的に情緒の安定性を失った子どもなども含まれる。

（2）情緒障害の分類と行動特性

情緒障害は不安や心理的緊張、葛藤が引き起こす不適応行動であり、行動特性からは、非社会的不適応行動と反社会的不適応行動に分類できる。「非社会的不適応行動とは、不登校、緘黙、閉じこもり、孤立、無気力、自殺などその行動が社会性を欠いている行動」[1）] を指す。一方、「反社会的不適応行動は否定的であるが社会性があり、社会への抵抗や反抗をふくむものであり、いわゆる非行や乱暴、粗暴などで、いじめもそのなかに含まれる」[2）] 行動を指す。

（3）情緒障害のある子の状態

「教育支援資料」では、情緒障害のある子の状態として（1）食事の問題（拒食、過食、異色など）、（2）睡眠の問題（不眠、不規則な睡眠習慣など）、（3）排泄の問題（夜尿、失禁）、（4）性的問題（性への関心や対象の問題など）、（5）神経性習癖（チック、髪いじり、爪かみなど）、（6）対人

1）茂木俊彦『特別支援教育大辞典』旬報社，2010.
2）前掲1）

関係の問題（引っ込み思案、孤立、不人気、いじめなど）、(７)学業不振、(８)不登校、(９)反社会的傾向（虚言癖、粗暴行為、攻撃傾向）、(10)非行（怠学、窃盗、暴走行為など）、(11)情緒不安定（多動、興奮傾向、かんしゃく癖など）、(12)選択性かん黙、(13)無気力が挙げられている。

上記の特性は、重複することもある。情緒障害のある子どもの状態像はさまざまである。叱責を受けて感情が抑圧され、結果として無気力になってしまったり、一方では不適応行動が爆発的に起こってしまったりすることもある。また、感情がコントロールできないために、活動を最後までやり遂げることができず失敗体験を多く積んでしまう傾向がある。学齢期になると、孤立したり、学業不振、怠学等になったりすることも多い。

2　幼児期の支援のポイント

(１) 情緒障害教育を行ううえでの留意点

情緒障害のある子どもは、不適切な対応により心的外傷後ストレス障害（PTSD）等を抱えやすいため、早期（低年齢）からの対応や支援が大切である。子ども一人ひとりの実態を的確に把握し、子どもの困難さに寄り添う支援が教育者や保育者には求められる。例えば、選択性かん黙は、子ども自身が意図的に話をしないのではなく、場面によってできない状態であるが、言葉を話さないことに周囲が着目してしまい、状態を悪化させてしまうことも多い。ここでは不安や緊張を緩和するための手立てを検討することが大切である。

情緒障害児に効果的な教育保育を行ううえで、情緒の安定を図り、適切に意思の交換ができる関係を保たなければならないという点についても留意しておく必要がある。長期目標設定を行う場合、「情緒の安定を図り、円滑な対人関係を築くことができる」、「基礎的・基本的な学力を身に着けることができる」など、障害特性の背景にある生活習慣や不登校等による学習の空白などに配慮し、指導目標・内容・方法・学習環境を適切に検討する必要がある。また、発達障害による情緒障害と心因性による情緒障害では支援方法が異なるので、本人・保護者の要望から医療情報、これまで受けてきた教育支援情報を十分に聞き取りながら、本人にとって適切な環境を用意することが重要である。

障害はないが多様なニーズのある子どもの理解と支援

1 外国にルーツをもつ子どもの理解と支援

特殊教育から特別支援教育になり、学校教育現場における支援の対象は、障害のある子どものみならず、特別な教育的ニーズがあるすべての子どもに拡大された。そしてこの支援対象の拡大は、保育現場においても同様である。ここでは、障害はないが多様なニーズのある子どもとして代表的な、外国にルーツをもつ子どもと貧困家庭や虐待環境下にある子どもの理解と支援に分けて概観する。

（1）コミュニケーション面での支援が重要

近年、日本における在留外国人の数は増加の一途をたどり、法務省の「在留外国人統計（旧登録外国人統計）」によると、在留外国人（中長期在留者および特別永住者）の数は2021（令和元）年６月時点で282万人となっており、全人口の2.2％を占める状況である。在留外国人の国籍・地域は、中国、ベトナム、韓国、フィリピン、ブラジル、ネパールなど多様である。このような在留外国人の増加に伴って、外国にルーツをもつ子どもや子育て家庭の数も年々増加している。図1-4-3に示すように保育園や幼稚園に通う年齢（０～６歳）の子どもも2012（平成24）年からの７年間で1.4倍に増加している。

外国にルーツのある子どもやその保護者は、習慣や文化、宗教等の違いなどから日本の生活に困難を伴うことも多い。外国にルーツのある子どもに対しては、「孤独感、不安感を感じさせない気持ちの面での支援」「コミュニケーション面での支援」が特に重要である。外国にルーツのある子どもは、日本という異国の地にいるというだけでも孤独と不安でいっぱいである。孤独と不安を強く感じてしまえば、コミュニケーションをとろうという意欲を削いでしまいかねない。教育者や保育者は「孤独感、不安感」という気持ちの問題と「コミュニケーションをとる」ということは表裏一体としてとらえ支援を行っていかなければならない。「孤独感、不安感を感じさせない気持ちの面での配慮」と「コミュニケーション面での配

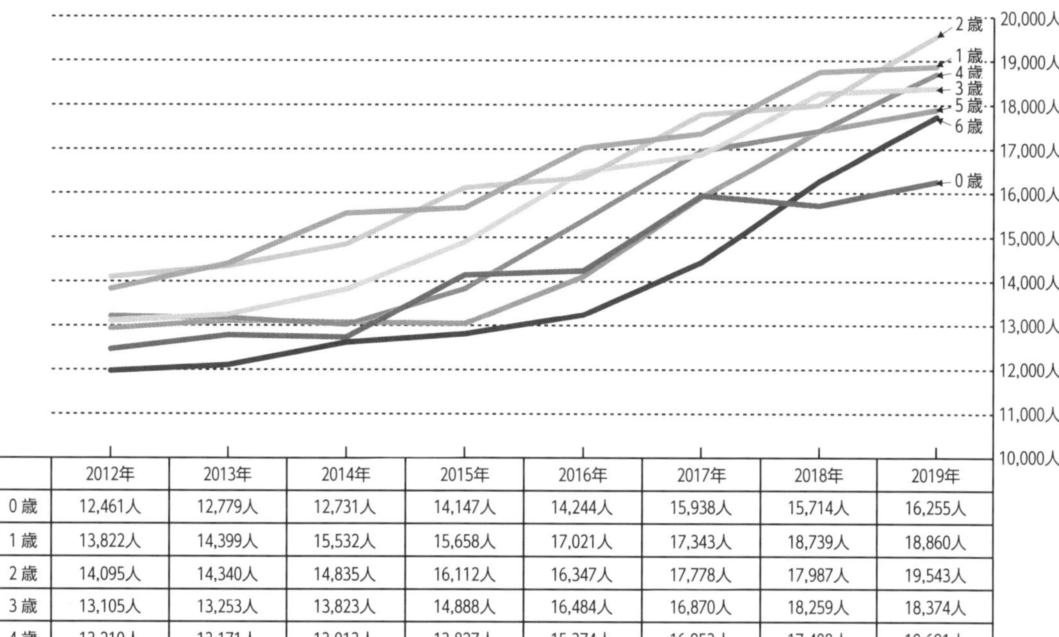

	2012年	2013年	2014年	2015年	2016年	2017年	2018年	2019年
0歳	12,461人	12,779人	12,731人	14,147人	14,244人	15,938人	15,714人	16,255人
1歳	13,822人	14,399人	15,532人	15,658人	17,021人	17,343人	18,739人	18,860人
2歳	14,095人	14,340人	14,835人	16,112人	16,347人	17,778人	17,987人	19,543人
3歳	13,105人	13,253人	13,823人	14,888人	16,484人	16,870人	18,259人	18,374人
4歳	13,210人	13,171人	13,013人	13,827人	15,374人	16,953人	17,408人	18,691人
5歳	12,933人	13,117人	13,074人	13,043人	14,113人	15,908人	17,411人	17,893人
6歳	11,969人	12,103人	12,615人	12,809人	13,243人	14,432人	16,269人	17,730人

※法務省「在留外国人統計」（2012年12月末～2019年６月末）をもとに筆者作成

図1-4-3　0～6歳の在留外国人の人口推移

慮」の双方に最も効果的な支援として、「遊び」がある。遊びの本質は、「溶解体験」であり、そこでは言葉がなくなり、周りの世界と溶け合いつながり合うことができる[1)]。教育者や保育者が、音楽やスポーツのような子どもにとっての共通言語を見つけ「遊び」に取り入れることで、子どもたちはより容易につながることができる。このように「遊び」は、言語を介さずとも周りとつながることを可能にする。母語の異なる子どもたちでも「遊び」を通して、お互いに「楽しい」気持ちを共有することで、孤独や不安の解消とともに「もっとかかわりたい」というコミュニケーションの基盤となる気持ちや意欲を育てることができる。子どもに意欲が育ってきたら、言語コミュニケーションを獲得できるような「遊び」環境を準備し、言語を学ばせるということも可能になる。また、ルールのある遊びは、工夫をすれば日本社会や園のルールを教えることにもつなげられる。

教育者や保育者は、子どもが気持ちをリフレッシュできたり、もっと人とかかわりたいと思えたり、知りたい意欲をかき立てたり、ルールを学ぶ

1）矢野智司『意味が躍動する生とは何か―遊ぶ子どもの人間学』世織書房，2006.

ことができたりする「楽しい遊び」のできる環境を整えることが、気持ちの面とコミュニケーションの面の何よりの支援になる。そのためにも、子ども同士の人間関係には特に注意して「遊び」を行うことが大切である。

（2）共通認識の大切さと「対話」

教育者や保育者と外国にルーツのある子どもの保護者の間には教育・保育の仕方など意見の食い違いが起こりやすい。この隙間を埋め、共通認識をどのように広げていくかということが、保護者支援のポイントとなる。

教育者・保育者が子どもに対しても保護者に対しても、日本の文化を押し付けるのでなく、両者の隙間を埋める努力をしていくことは大切なことである。文化の違い等から生じる認識の違いを埋めるためには「対話」が必要である。しかし、言葉の通じにくい状況で「対話」を行うことは容易ではない。あいさつや感謝の気持ちを日本語だけでなく子どもや保護者の母語で伝えようとしたり、笑顔で接したり、地域の資源について保護者がわからないことを一緒に考えたり、子どもや保護者の国の文化を理解する機会を設けるなど、「理解しようとしてもらえている」と子どもや保護者が思える感覚が「対話」ができる環境の基盤となる。つまり、子どもや保護者と「対話」のできる環境まで関係性を築くには、その土台として孤独感や不安感を取り除き「寄り添う姿勢」を教育者や保育者が示すことが大切なことである。教育者や保育者が子どもや保護者に寄り添い、困り感を引き出すことで、はじめてお互いの認識の差を埋め、協力して教育保育を行うことができる。

2 貧困家庭や虐待環境下にある子どもの理解と支援

（1）貧困家庭への子どもの支援

わが国の子どもの貧困率は2018（平成30）年時点で13.5％であり、7人に1人の子どもが貧困状態にある。父子世帯では22.9％、母子世帯では51.4％にものぼる。日本における「子どもの貧困」は、その国の貧困線以下の所得（簡単に言うと、その国の平均所得の半分以下の所得）で暮らす相対的貧困にある17歳以下の子どものことを指す＊。

＊このような子どもたちは、経済的困窮を背景に教育や保育、体験の機会に乏しく、地域や社会から孤立し、社会的に不利な立場におかれてしまう傾向がある。また貧困家庭で育った子どもは、虐待を受けやすく、非行に走りやすい。そして健康状態や友人関係、学歴や職業まで影響することが知られている。

貧困家庭に行う経済支援に加え、貧困家庭の子どもの支援は、主に生活支援、心のケア、学習支援の三つの観点で行う。貧困家庭への経済支援としては、児童扶養手当や母子父子寡婦福祉資金貸付金制度、義務教育段階での給食費や学用品費の費用を負担する就学援助制度、定期間家賃相当額を支給する住宅確保給付金の支給などがある。生活支援としては、地方自治体や特定非営利活動法人が行う生活支援事業、児童養護施設等の人員配置の充実や里親制度の啓発事業、子どもの食を担保する子ども食堂やフードバンク、就労機会や中長期的な就労訓練の提供などがある。心のケアや学習支援としては、スクールソーシャルワーカーやスクールカウンセラーによる教育相談、放課後等デイサービスや地方自治体等が行うひとり親家庭のための学習支援事業などがある。しかし、いずれも子どもの貧困の問題に対して支援が十分とはいえないのが現状である。

（２）教育者・保育者の役割

一方、厚生労働省によれば、わが国における2020（令和２）年度の児童虐待相談対応件数は20万5044件にのぼる。虐待は、身体的虐待、性的虐待、ネグレクト（育児放棄）、心理的虐待に分類される。身体的虐待とは、暴力や過度に揺さぶるなど物理的に傷害を与える行為である。性的虐待は、性交を強要したり、性交や性器を見せたりするなどの行為である。ネグレクトは、育児をせず放置する行為である。心理的虐待は、子どもの人格を否定するような暴言を吐いたり、きょうだい間差別をしたりするなどの行為である。虐待はPTSD（心的外傷後ストレス障害）を発症させ、その後の生活に不適応を引き起こす。

教育者や保育者としてできることは、子どもにとって学校や園という場所が心地よく、教育者や保育者に対しては安心して本音で話せ、友達とかかわることが楽しいという環境を提供することである。すなわち、子どもたちが健全に育つように安心安全な生活の場を提供することこそ、貧困家庭や虐待環境下にある子どもに対して行う最も重要な支援である。また、「貧困」や「虐待」という社会的困難や問題を抱えている保護者に対して、悩みや不安な気持ちに気づき、寄り添い、ときには専門機関につなげるなど必要に応じた個別の支援を行うことも重要である。他機関との連携を円滑に図ることができるソーシャルワークを行う力は教育者・保育者として備えておきたい能力である。

障害が重い子どもの理解と支援

1 重症心身障害児の定義と支援

重症心身障害児とは、主に医療・福祉の分野で用いられ、重度の知的障害と重度の肢体不自由を併せ有する状態のことを指している。児童福祉法第7条第2項では「知的障害のある児童、肢体不自由のある児童又は重度の知的障害及び重度の肢体不自由が重複している児童」と定義され、主に病弱特別支援学校や肢体不自由特別支援学校、児童福祉施設等に多い。

重症心身障害児の区分法は法的に示されていないが、代表的なものに大島一良氏が考案した「大島分類」がある[1)]。この区分法では、障害児の知能指数を縦軸、運動障害の程度を横軸としており、重症心身障害児の定義は、大島分類のおおよそ1から4に相当すると考えられる（図1-4-4)。日本重症心身障害福祉協会によると、国内における重症心身障害児（者）数は約4万人（推定）[2)]で、その約7割が在宅療養であるとともに、94%は母親によるケアである[3)]。これは、約2万5000人の障害児・者が母親による在宅療養を受けているともいえる。

近年では、医療の進歩により気管切開、人工呼吸器の装着など超重症児・準超重症児も含めた最重度の障害児も含まれている。超重症児とは、これまでの重症児と比較した際に濃厚な医療や介護、病状の急変等の理由から診察報酬上、入院費の加算が設定されている子どもを指す。このような超重症児や準重症児の数は増加しており、在宅児も含めた教育が課題となっている。

					(IQ)
21	22	23	24	25	
20	13	14	15	16	70
19	12	7	8	9	50
18	11	6	3	4	35
17	10	5	2	1	20
走れる	歩ける	歩行障害	座れる	寝たきり	

図1-4-4 大島分類による区分

1）岡田喜篤監『新版 重症心身障害療育マニュアル』医歯薬出版株式会社，pp.2-19，2015.
2）日本重症児福祉協会「重症心身障害児施設に関連する説明資料および要望事項」2008.
3）小橋明子・小橋拓真編著『障がい児保育』中山書店，pp.91-96，2019.

2 医療的ケア児について

障害が重い子どもたちのなかで、日常生活および社会生活を営むために医療的ケアを必要とする子どものことを医療的ケア児という。医療的ケアとは、栄養（経管栄養等）、呼吸（吸引、人工呼吸器の管理）、排泄（導尿等）などの日常生活を営むために必要な医療行為のことをいう。

医療的ケア児の状態像は、「運動障害、知的障害ともに重度な医療的ケア児」「運動障害も医療的ケアも重度だが知的障害は軽度な医療的ケア児」「運動障害、知的障害がないあるいは軽度な医療的ケア児（動く医療的ケア児）」と多様であり重症心身障害と重なる部分も多いが、知的障害を伴わないケースも含まれるという点に違いがある。障害が重い子どもたちの現状として医療技術の進歩により、在宅の医療的ケア児は増加傾向にある（図1-4-5）[4)]。医療的ケアは、学校に勤務する看護師のほか、特別支援学校、小中学校の教員等も認定特定行為業務従事者として認定された場合に、一部の実施が可能となっている。しかしながら、教育・保育現場においては、より専門的な支援や医療的なサポートが求められており、そのための教員・保育士、看護師等の人材不足が大きな課題となっている。

2021（令和３）年６月18日「医療的ケア児及びその家族に対する支援に関する法律」（医療的ケア児支援法）が公布、同年９月18日から施行された。法律の基本理念は主に次の５点から構成されている。

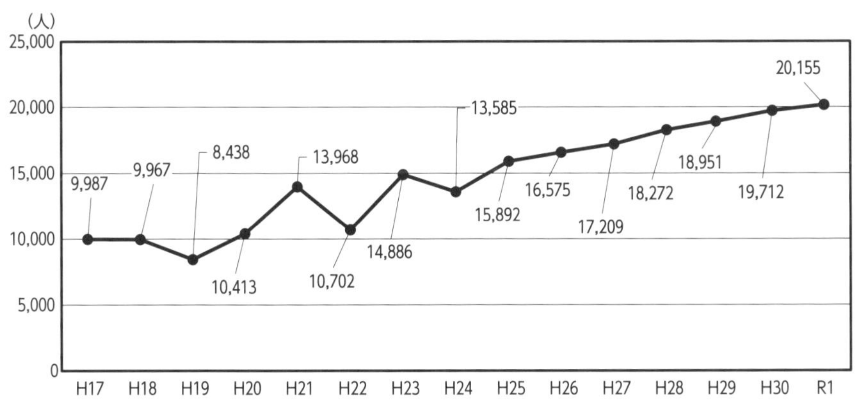

※厚生労働科学研究費補助金障害者政策総合研究事業「医療的ケア児に対する実態調査と医療・福祉・保健・教育等の連携に関する研究（田村班）」2021．より一部改変

図1-4-5 在宅の医療的ケア児の推計値（０～19歳）

4）厚生労働科学研究費補助金障害者政策総合研究事業「医療的ケア児に対する実態調査と医療・福祉・保健・教育等の連携に関する研究（田村班）」2021.

① 医療的ケア児およびその家族の日常生活・社会生活を社会全体で支える。
② 医療的ケア児がほかの子どもとともに教育を受けられるよう最大限配慮し、関係機関および民間団体相互の緊密な連携のもとに切れ目ない支援を行う。
③ 医療的ケア児が18歳を過ぎ、学校等を卒業した後も適切な保健医療福祉サービスを受けながら生活を営むことができるよう配慮する。
④ 医療的ケア児および保護者の意思を最大限に尊重する。
⑤ 居住する地域にかかわらず、等しく適切な支援を受けられるよう施策を講ずる。

このような法律ができた背景として、人工呼吸器管理を必要とする医療的ケア児に訪問教育が多いことや保護者の付き添いが登校の条件となる場合がある等、教育体制整備に地域差が生じている点があった。この実態は、障害を理由とする差別の解消の推進に関する法律における「障害児に対する差別」や「合理的配慮の不提供」に該当する可能性も指摘される。

医療的ケア児に対する支援では、将来の自立と社会参加のために必要な力を培うという視点に立ち、医療的ケアの種類や頻度のみに着目した画一的な対応でなく、多様な学びの場での就学を念頭に一人ひとりの教育的ニーズに応じた指導が必要となる[5)]。

3 重度重複障害について

教育の分野では、障害が重い子どもの定義として、重度重複障害という用語が用いられている。「重度重複障害児」とは、複数の種類の障害を併せ有する児童または生徒とされており、しかもその程度が重い障害児を一般に指す用語のことで、記述した重症心身障害児や医療的ケア児も含まれる。具体的には、学校教育法施行令第22条の２に規定されている「視覚障害、聴覚障害、知的障害、肢体不自由、病弱障害」の２種類以上の障害を併せ有する者のほかに「重度の知的障害と重度の肢体不自由を併せ有する者」と「重度の知的障害と重度の行動障害を併せ有する者」の三つの側面から規定されている[6)]。

5）文部科学省「「学校における医療的ケアの実施に関する検討会議最終まとめ」資料」2019.
6）特殊教育の改善に関する調査研究会「重度・重複障害児に対する学校教育の在り方について（報告）」1975.

以上のことから、発達的側面のみならず行動的側面からも常時介護を必要とし、肢体不自由や内臓疾患等を伴う重症心身障害児から自傷、他害といった重度の行動障害がある児童生徒まで多様な実態を含んでいる。

重度重複障害児は、健康管理や健康維持における配慮が求められることが大半である。これは病状が変化しやすいだけでなく、意思の表出の弱さから不定愁訴を本人が伝えることが困難なことも含まれる。また、超重症児においてはさらにその病態は複雑になる。重複障害者等に関する教育課程の取扱いは、主に以下の内容が示されており、多様な就学先と教育課程が設定されている。

① 知的障害である児童生徒の教育を行うにあたり、各教科および外国語活動の目標や内容に関する事項の一部を取り扱わないことができる。
② 障害の状態により特に必要がある場合、各教科、道徳科、外国語、特別活動の目標や内容に関する事項の一部または各教科、外国語活動、総合的な学習の時間に替えて、主として自立活動の指導を行うことができる。
③ 訪問教育を行う場合は、特別支援学校教育要領・学習指導要領（平成29年告示）で示されている重複障害者等に関する教育課程を取り扱うことができる。

障害が重い子どもの在宅療養の中心は家族であり、家族の生活が常に子どものケアに向き長期にわたると、介護疲労等の身体面の危機や社会とのつながりがなく孤立状態に陥ることによる社会面、精神面への影響、就労制限や離職に伴う経済面の課題が生じる。そこで養育者のリフレッシュの時間を確保するためのレスパイトケア*やきょうだい児*や小１の壁*の問題も家族支援など、乳幼児期から教育・福祉・医療等のネットワークが構築できるよう、特別支援教育コーディネーターを軸に連携を図っていくことが望まれる。

＊レスパイトケア
介護にあたる養育者が一時的に介護から解放されるよう、代理の機関や公的サービス等が一時的に介護等をすることで、養育者と本人がリフレッシュできる期間をつくるさまざまな支援サービスのこと。

＊きょうだい児
病気や障害のある兄弟姉妹がいる子どものこと。近年は、きょうだい児の生きづらさに対する支援も広がってきている。

＊小１の壁
主に共働き家庭において、子どもが保育所から小学校等へ就学する際に直面する社会的な問題のこと。就学に伴い長時間の保育ができなくなることで、仕事と子育ての両立が難しくなる。

コラム 4

合併症や障害があっても、生きることは奇跡

わが家の三男は、重症心身障害児です。心不全で生まれ、脳に必要な酸素が行き届かなくなり、脳に重大なダメージを受けたことによる重度の脳性四肢麻痺で、生後から寝たきりの生活です。座ること、歩くこと、食べること、排泄することなど、生活のすべてにおいて誰かの支援なしでは生きられません。

また、人工呼吸器の使用や胃ろうからの栄養注入など、医療的ケアも多く、呼吸をすることも、栄養をとることも困難な状態にあり、常に医学的な管理下におかなければならず、医療と深いつながりをもって生活をしています。

この子の一日あとに死にたいと思う親の気持ち

息子が生まれてすぐ「重度の障害が残り、重症心身障害児である」と主治医から説明を受けたときに、私は「この子を残して死ねない」「この子の１日後に死にたい」と強く思いました。誰しもわが子の死など望まないし、わが子のお葬式なんて見たくない…。でも「この子の最後を看取れたら安心して死ねる」と思ってしまう複雑な気持ちです。

入院中は、聞いたこともない病名やお薬の名前を覚えることに精一杯で、たくさんの医療器械に囲まれている息子の姿を見るたびに「こんな風に産んでごめんね」と涙する毎日でした。主治医に「10歳まで生きられない」と言われたときには、「10歳までしか生きられないなら、退院して、おうちで過ごして、たくさん楽しいことを教えてあげたい」という思いから退院を目指しましたが、在宅でどんな生活になるのだろうと不安ばかりが募ります。未来がみえずに、とても不安で孤独な毎日でした。

つながり合おう子育て応援団

一人で抱え込み、「誰にも頼らず私が頑張らないといけない、私は孤独だ」と思い込んでいた私に力をくれたのは、「私が守ってあげないと！」と思っていた息子でした。

毎日懸命に生き、命があることの喜びや幸せをあらためて教えてもらいました。「この子の１日後に死にたい」ではなく「私がいなくても、この子らしく生きていける場所やサポート体制が必要だ」と考えるようになりました。

重症心身障害児の保護者として感じることは、どんなに重い障害があっても、生きることは奇跡だということ。できない理由を探すのではなく、できる方法を一緒に考えてもらいたい。「支援」も大切ですが、一緒に悩み、一緒に歩いてくれる「子育ての応援団」が周りにたくさんいてくれたら、とても心強いです。

（笠間真紀）

第 2 部

就学と連続性のある多様な学びの場

第 5 章

連続性のある多様な学びの場と特別支援教育

特別支援教育の理解・推進に伴い、障害の有無にかかわらずさまざまな教育的ニーズに応じて、多様な学びの場が選択できる時代になった。

そこで本章では、連続性のある多様な学びの場の概要と関連する教育課程等について理解を深める。また、自立活動や教科等を合わせた指導等にもふれ、就学に向けた支援のあり方を考える。

連続性のある多様な学びの場と教育課程

1 通常の学校における学びの場

(1) 通常の学級での指導

通常の幼稚園や保育所に通園している子どもの大半が、小学校は通常の学級に就学する。就学後の調査として文部科学省が2012（平成24）年に実施した「通常の学級に在籍する発達障害の可能性のある特別な教育的支援を必要とする児童生徒に関する調査」によると、LD、ADHDなどの知的な遅れがないものの学習面または行動上の問題が気になる子どもは、

障害のある子どもに対し、多様な学びの場において、少人数の学級編制、特別の教育課程等による適切な指導および支援を実施。

	特別支援学校	小・中学校等 特別支援学級	小・中学校等 通級による指導
概要	障害の程度が比較的重い子どもを対象として、専門性の高い教育を実施	障害の種別ごとの学級を編制し、子ども一人ひとりに応じた教育を実施	大部分の授業を在籍する通常の学級で受けながら、一部の時間で障害に応じた特別な指導を実施
対象障害種と人数（平成29年度）	視覚障害（約5,300人） 聴覚障害（約8,300人） 知的障害（約128,900人） 肢体不自由（約31,800人） 病弱・身体虚弱（約19,400人） ※重複障害の場合はダブルカウントしている **合計：約141,900人（平成19年度の約1.3倍）**	知的障害（約113,000人） 肢体不自由（約4,500人） 病弱・身体虚弱（約3,500人） 弱視（約500人） 難聴（約1,700人） 言語障害（約1,700人） 自閉症・情緒障害（約110,500人） **合計：約235,500人（平成19年度の約2.1倍）**	言語障害（約37,600人） 自閉症（約19,600人） 情緒障害（約14,600人） 弱視（約200人） 難聴（約2,200人） 学習障害（約16,500人） 注意欠陥多動性障害（約18,100人） 肢体不自由（約120人） 病弱・身体虚弱（約30人） **合計：約109,000人** ※公立小・中 **（平成19年度の約2.4倍）**
幼児児童生徒数（平成29年度）	幼稚部：約 1,400人 小学部：約41,100人 中学部：約30,700人 高等部：約68,700人 **全児童生徒の0.7%**	小学校：約167,300人 中学校：約 68,200人 **全児童生徒の2.4%**	小学校：約97,000人 中学校：約12,000人 **全児童生徒の1.1%** 高等学校は平成30年度から開始
学級編制定数措置（公立）	【小・中】1学級6人 【高】　1学級8人 ※重複障害の場合、1学級3人	1学級8人	【小・中】13人に一人の教員を措置 ※平成29年度から基礎定数化 【高】加配措置
教育課程	各教科等に加え、**「自立活動」**の指導を実施。障害の状態等に応じた弾力的な教育課程が編成可。 ※知的障害者を教育する特別支援学校では、他の障害種と異なる教育課程を編成。	基本的には、小学校・中学校の学習指導要領に沿って編成するが、実態に応じて、特別支援学校の学習指導要領を参考とした特別の教育課程が編成可。	通常の学級の教育課程に加え、またはその一部に替えた特別の教育課程を編成。 【小・中】週1～8コマを標準 【高】年間7単位以内
教育課程	それぞれの児童生徒について**個別の教育支援計画**（家庭、地域、医療、福祉、保健等の業務を行う関係機関との連携を図り、長期的な視点で教育的支援を行うための計画）と**個別の指導計画**（一人ひとりの教育的ニーズに応じた指導目標、内容、方法等をまとめた計画）を作成。		

出典：文部科学省「（参考）通級による指導の現状」2019.

図2-5-1 幼児児童生徒の在籍状況について

6.5％と報告されている。この結果からは、乳幼児期の早い段階から就学を見据え、子どもたちの小さなつまずきを見落とさないように個々の発達を保障していく必要があるといえるだろう。

教育課程については、小・中学校等の学習指導要領によって各教科（国語、算数、理科、社会等）の目標や内容が設定されている。学級集団は、小学校１年生の学級編成が35人で、2021（令和３）年度以降は２～６年も40人学級が段階的に移行しながら35人学級で編成されており、多様な教育的ニーズがある子どもたちにとって、最も集団の規模が大きい重要な学びの場である。インクルーシブ教育システムの実現に向け、通常の学級に在籍する子どもたちが障害のある子どもたちの特性や困難さを理解し、互いに支え合う豊かな関係が構築できるよう、交流および共同学習の充実が求められている。

（２）通級による指導

通級による指導*とは、小・中学校等の通常の学級に在籍する児童生徒のうち、比較的障害が軽度の子どもが学習の大半を在籍する通常の学級で受けながら、一部の時間で障害の程度に応じた特別な指導（自立活動等）を特別な場（通級指導教室等）で行うことや、通級の教員が対象児の教室に入りその場で指導をしたり、アセスメントをしたりする指導方法のことをいう。2007（平成19）年度からは約2.4倍と増加傾向にあり（図2-5-1）、高等学校においても2018（平成30）年度から実施されるようになった。

通級による指導の実施形態は、「自校通級」「他校通級」「巡回指導」の三つに大別される。通級による指導の特徴として、学校教育法施行規則第140条および第141条に基づき、特に必要がある場合には、特別の教育課程によることができると規定されており、後述する「自立活動」の内容を参考に、特別の教育課程を編成することができる。注意すべき点として、小・中学校の新学習指導要領（平成29年告示）では、これまでの「教科の補充」という文言がなくなり、自立活動のなかで必要に応じた教科の補充を行うことはできるが、自立活動を中心とした指導が求められている。特別支援学級や特別支援学校との大きな違いとして、知的障害は対象外となっており、発達障害が含まれる。

＊通級による指導
第２部第６章参照。

表2-5-1 特別支援学校の就学対象となる障害の程度

区分	障害の程度
視覚障害	両眼の視力がおおむね0.3未満のものまたは視力以外の視機能障害が高度のもののうち、拡大鏡等の使用によっても通常の文字、図形等の視覚による認識が不可能または著しく困難な程度のもの
聴覚障害	両耳の聴力レベルがおおむね60デシベル以上のもののうち、補聴器等の使用によっても通常の話声を解することが不可能または著しく困難な程度のもの
知的障害	1 知的発達の遅滞があり、他人との意思疎通が困難で日常生活を営むのに頻繁に援助を必要とする程度のもの 2 知的発達の遅滞の程度が1に掲げる程度に達しないもののうち、社会生活への適応が著しく困難なもの
肢体不自由	1 肢体不自由の状態が補装具の使用によっても歩行、筆記等日常生活における基本的な動作が不可能または困難な程度のもの 2 肢体不自由の状態が1に掲げる程度に達しないもののうち、常時の医学的観察指導を必要とする程度のもの
病弱・身体虚弱	1 慢性の呼吸器疾患、腎臓疾患および神経疾患、悪性新生物その他の疾患の状態が継続して医療または生活規制を必要とする程度のもの 2 身体虚弱の状態が継続して生活規制を必要とする程度のもの

（3）特別支援学級での指導

特別支援学級*とは、小・中学校に設置されている障害がある子どもで編成された学級のことで、学区外から通学する児童生徒もいる。

基本的には、通級による指導と同様に通常の学校の学習指導要領の内容に加えて、特に必要がある場合は、自立活動を取り入れて特別な教育課程を編成することができる。さらに各教科の目標や内容を下学年のものに替えたり、特別支援学校の学習指導要領を適用したりと、子どもの発達段階や実態に応じてより柔軟な教育課程を編成することができる。また、校内の通常学級との交流および共同学習を通じて、教科の授業や学級活動、学校行事、給食など、さまざまな学習場面を一緒に過ごすことがある*。

＊特別支援学級
第2部第6章参照。特別支援級が設定されている学校は、設置校と呼ばれる。すべての小・中学校に設置されているわけではなく、高等学校にも設置されてはいない。

＊通級による指導との大きな違いとして、特別支援学級には、知的障害が対象として含まれる。

2 特別支援学校における学びの場

（1）特別支援学校とは

これまでの特殊教育において障害のある子どもたちは、盲学校、聾学校、養護学校（知的障害、肢体不自由、病弱・身体虚弱）のいずれかに通うものとされてきたが、学校教育法の改正に伴い、名称が特別支援学校に一本化された＊。

特別支援学校は、学校教育法第72条において「小学校、中学校又は高等学校に準ずる教育を施す」ことと「障害による学習上又は生活上の困難を克服し自立を図るために必要な知識技能を授ける」ことの二つが目標として規定されている。よって、知的障害を除いた視覚障害、聴覚障害、肢体不自由、病弱・身体虚弱の特別支援学校については、通常の小・中学校等に準じた教育内容（準ずる教育課程）を設定することができる。さらに、いずれの特別支援学校においても通常の小・中学校等に設けられている各教科等の指導に加えて、自立活動が設定されている。幼稚部についても同様で、幼稚園教育要領に準ずるものとして保育内容の５領域に、幼児の障害に対応する側面から、その学習上または生活上の困難の改善・克服に関する「自立活動」を加えた６領域による保育が展開される。

学級編成は、小・中学部が１学級６人、高等部の普通科が１学級８人（職業学科は10人）、重複障害は１学級３人が標準とされている。対象は、原則的に学校教育法施行令第22条の３において規定されている程度の障害を有する視覚障害、聴覚障害、知的障害、肢体不自由または病弱の幼児児童生徒（表2-5-1）やこれら複数の障害を併せ有する重複障害の幼児児童生徒である。また、発達障害を併せ有する幼児児童生徒が在籍している場合もある。

＊現在でも、すべての学校が特別支援学校の名称を用いているわけではなく、「養護学校」や特別をつけずに「支援学校」の名称を用いている都道府県もある。

（２）視覚障害特別支援学校

視覚障害特別支援学校は、感覚障害への早期教育が有効とされることから幼稚部、小学部、中学部、高等部、専攻科が設置されている。教育課程は、各教科等に準ずる教育課程に加え、知的障害特別支援学校の教育課程や自立活動を主とした教育課程などが編成される。

視覚障害児の教育では、点字教科書や拡大教科書、模型・標本等の具体物、音声教材等が利用される。特に、概念やイメージをもつことが難しい場合には、操作的な学習体験を多く取り入れることで、イメージを言語化し、体験と言語が結びつくように指導していく。

自立活動においては、点字の基礎から白杖を使った歩行学習や視覚補助教材の活用、ICT機器の利活用などが行われる。

（3）聴覚障害特別支援学校

聴覚障害特別支援学校は、視覚障害特別支援学校と同様に、感覚障害に対する早期教育の有効性から幼稚部、小学部、中学部、高等部、専攻科が設置されている。教育課程も同様で、各教科等に準ずる教育課程に加え、知的障害特別支援学校の教育課程や自立活動を主とした教育課程などが編成される。

聴覚障害児の教育において幼稚部では、補聴器を活用することで、遊びを通した体験的な活動から言葉の力を育てていく。小学部以降も文字カードや絵、写真、デジタル教材などの視覚情報を活用し、基礎学力の定着を図っていく。その際、視覚と聴覚の両方の感覚を活用する＊。

＊例えば、視覚を活用した学習には、視覚的対話法である日本手話や日本語対応手話、指文字などがある。また聴覚を活用した学習には、聴覚口話法があり、これらに筆談なども加えた総合的な方法として、トータルコミュニケーション（TC）が利用される。

自立活動においては、上述したコミュニケーションに関する内容が多く設定されており、言語の受容と表出（音声会話の練習）や言語形成と活用（日本語文法の習得）などが行われる。

（4）知的障害特別支援学校

幼稚部＊、小学部、中学部に加え、高等部は普通科のほかに一般就労を見据えて軽度の知的障害児を対象とした職業学科（流通・サービス・福祉等）や中度の知的障害児を対象とした職能学科等が設置されている。

＊幼稚部

特別支援学校（知的障害）の幼稚部は、国公私立合わせて21学級設定されている（2018（平成30）年6月時点）。

知的障害の教育課程については、各教科等の指導に加え、自立活動が編成される。また、特に必要がある場合は、各教科等を合わせた指導を行うことができる。ほかの障害種と大きく違う点として、子どもの発達段階や経験などをふまえ、実生活に結びついた内容が中心となっているため、各教科の内容は学年ではなく段階別に示されおり、小学部が3段階、中学部は2段階、高等部は2段階＊と、実態に応じて各学部を越えて目標や内容を設定することも可能とされている。重複障害として障害が重い場合は、自立活動を主とした教育課程を編成することができる。

＊2段階

高等部の専門学科において開設される教科は1段階。

自立活動においては、場に応じたコミュニケーションや姿勢・運動に関する基本的な技能、諸感覚の活用・理解など、個の教育的ニーズに応じてその内容は多岐にわたる。

（5）肢体不自由特別支援学校

小学部、中学部、高等部が設置されている。スクールバスでの通学保障に加えて、通学が困難な児童生徒には、教員が出向く訪問教育も行われている。教育課程は、各教科等に準ずる教育課程に加え、障害の程度や状態によって知的障害特別支援学校の教育課程や自立活動を主とした教育課程などが適用される。

肢体不自由児の教育では、自発的に意思を表現する手段を保障することが重要となる。そこで言語の表出に困難がある場合は、文字盤やシンボルやコミュニケーションボード、音声出力会話補助装置（VOCA）、意思伝達装置などの拡大・代替コミュニケーションが活用される。また、ICT機器の利活用として、タブレット端末が用いられることもある。その際、歩行や姿勢保持が難しい場合には、姿勢を安定させるための特別な椅子や机、歩行を補助するための補装具などを用いることで、個々に学習しやすい環境を整える。

自立活動においては、身体の機能訓練（身体の動きの改善、目と手の協応）やコミュニケーション（意思を伝える練習）などが主たる活動となる。摂食に困難がある児童生徒も在籍しているため、摂食指導や形態別調理もあり、医療的ケアとして看護師が配置されるなど、医療とも連携している。

（6）病弱・身体虚弱特別支援学校

小学部、中学部、高等部が設定されており、病院に併設または隣接された特別支援学校や分校、病院内に設置された院内学級がある。病状等により通学が困難な場合は、肢体不自由特別支援学校と同様に訪問教育も行われている。

教育課程は、各教科等に準ずる教育課程に加え、知的障害特別支援学校の教育課程や自立活動を主とした教育課程などが適用される。病弱児の教育は、学習時間、運動、実習および実技等でさまざまな制限がかかる。そのため、学習内容や教材等も個別に選定し、健康状態に応じて柔軟に指導する必要がある。

自立活動においては、「学習空白」から生じる遅れの補完、直接的な体験や集団とのかかわりの確保、ICT機器を活用した体験および交流活動、病気の状態の理解と自己管理能力の育成などがある。また、これらは医療的ケアなどを含むこともあり、医療関係者とも連携を密に行われる。

自立活動と各教科等を合わせた指導

1 自立活動とは

障害児や気になる子は、その障害や特性によって、日常生活や保育場面においてさまざまなつまずきや困難が生じることから、同年齢の子どもたちと同じ教育・保育だけでは十分とはいえない。そこで、個々の障害による学習上または生活上の困難を改善・克服するための指導として自立活動*が必要となる。

＊自立活動
特別支援学校の教育課程において特別に設けられた指導領域のこと。

表2-5-2 自立活動の項目について

区分	項目
健康の保持	ア　生活のリズムや生活習慣の形成に関すること イ　病気の状態の理解と生活管理に関すること ウ　身体各部の状態の理解と養護に関すること エ　障害の特性の理解と生活環境の調整に関すること オ　健康状態の維持・改善に関すること
心理的な安定	ア　情緒の安定に関すること イ　状況の理解と変化への対応に関すること ウ　障害による学習上または生活上の困難を改善・克服する意欲に関すること
人間関係の形成	ア　他者とのかかわりの基礎に関すること イ　他者の意図や感情の理解に関すること ウ　自己の理解と行動の調整に関すること エ　集団への参加に関すること
環境の把握	ア　他者とのかかわりの基礎に関すること イ　他者の意図や感情の理解に関すること ウ　自己の理解と行動の調整に関すること エ　集団への参加に関すること
身体の動き	ア　保有する感覚の活用に関すること イ　感覚や認知の特性についての理解と対応に関すること ウ　感覚の補助および代行手段の活用に関すること エ　感覚を総合的に活用した周囲の状況についての把握と状況に応じた行動に関すること オ　認知や行動の手掛かりとなる概念の形成に関すること
コミュニケーション	ア　コミュニケーションの基礎的能力に関すること イ　言語の受容と表出に関すること ウ　言語の形成と活用に関すること エ　コミュニケーション手段の選択と活用に関すること オ　状況に応じたコミュニケーションに関すること

授業時間を特設して行う指導を中心とする一方で、「各教科等の指導においても、自立活動の指導と密接な関連を図って行われなければならない」とされており、指導目標や内容を幼児児童生徒の実態に応じて決めていく。この「自立活動」の内容は「人間としての基本的な行動を遂行するために必要な要素」と「障害による学習上又は生活上の困難を改善・克服するために必要な要素」の二つから構成されており、それらを代表する27項目は、六つの区分に分類されている（表2-5-2）。

2　各教科等を合わせた指導とは

知的障害のある子どもたちの教育課程については、学校教育法施行規則第130条第２項において、「特別支援学校の小学部、中学部又は高等部においては、知的障害者である児童若しくは生徒又は複数の種類の障害を併せ有する児童若しくは生徒を教育する場合において特に必要があるときは、各教科、特別の教科である道徳（中略）、外国語活動、特別活動及び自立活動の全部又は一部について、合わせて授業を行うことができる」とある（図2-5-2）。

各学校において各教科等を合わせた指導を実施するにあたり、児童生徒の知的障害の状態、生活年齢、学習経験等に即し、具体的な生活を見据えて指導していくことが重要となる。

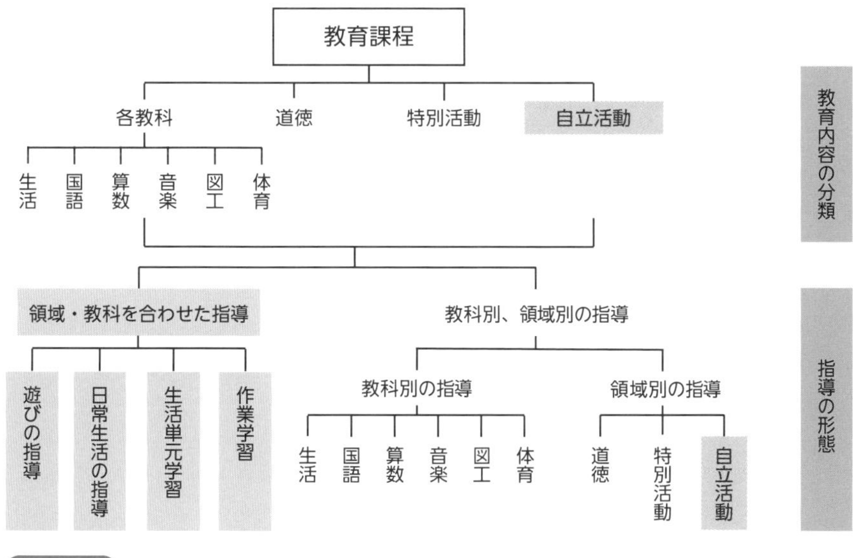

図2-5-2　教育課程編成の構造

(1) 遊びの指導について

遊びの指導は、主に小学部段階において遊びを学習の中心に据えて取り組み、主体的な活動から仲間とのかかわりを通して、心身の発達を促していく。内容は自由遊びから題材や集団の構成など意図的に計画された遊びまで、連続的に設定される。

(2) 日常生活の指導について

日常生活の指導は、日常における諸活動について障害の状態や発達段階を考慮しながら、計画的に指導する。内容は衣服の着脱、洗面、手洗い、排泄、食事等の基本的生活習慣や挨拶、ルールやマナー、礼儀作法等の習慣的に必要とされる社会的スキルなどがある。

(3) 生活単元学習について

生活単元学習は、児童生徒が生活上の目標を達成したり、課題を解決したりするために、一連の活動を組織的・体系的に指導する。主な内容として、行事単元や季節単元などがある。

(4) 作業学習について

作業学習は、作業的活動学習の中心におきながら、児童生徒の働く意欲を培い、将来の職業生活や社会自立に必要な事柄を総合的に学習させるものである。主な内容として、農耕、園芸、紙工、木工、食品加工、事務作業等がある。

3 就学先決定の仕組み

1 特別支援学校認定就学者制度について

これまで障害のある子どもたちは、特別支援学校への就学を原則とし、例外的に認定就学者として小中学校へ就学することが可能とされてきたが、2013（平成25）年の学校教育法施行令の改正により、認定特別支援学校就学者として市区町村教育委員会の判断により、通常の学校にも就学することが可能となった。

認定特別支援学校就学者とは、同法令において、視覚障害者等のうち「当該市町村の教育委員会が、その者の障害の状態、その者の教育上必要な支援の内容、地域における教育の体制の整備の状況その他の事情を勘案して、その住所の存する都道府県の設置する特別支援学校に就学させることが適当であると認める者」以外の者とされており、個々の児童生徒の障害の状態等をふまえた総合的な判断から就学先が決定される仕組みとなっている。この制度では、就学先決定後も柔軟に就学先を見直していく方針

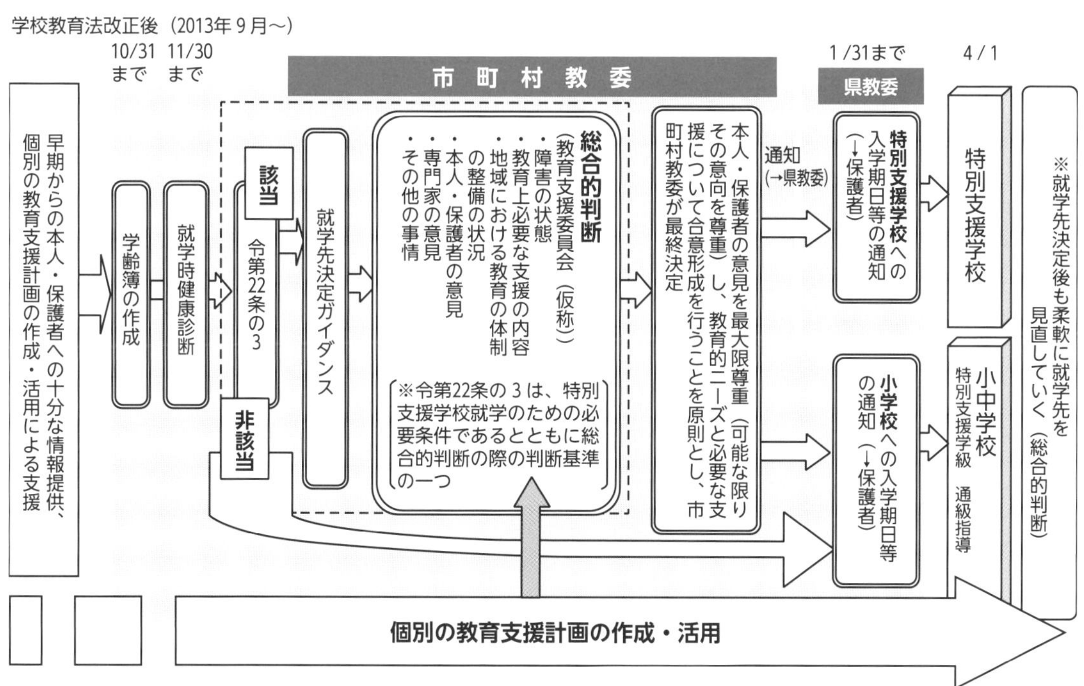

出典：文部科学省「参考資料：特別支援教育の概要」2013.

図2-5-3 障害のある児童生徒の就学先決定について

が示されている。

2 就学に向けて

特別支援学校幼稚部教育要領（平成29年告示）においては、「小学部における教育又は小学校教育が円滑に行われるよう、小学部又は小学校の教師との意見交換や合同の研究の機会などを設け、「幼児期の終わりまでに育ってほしい姿」を共有するなど連携を図り、幼稚部における教育と小学部における教育又は小学校教育との円滑な接続を図るよう努めるものとする」とある。ここでは、保育における全体的な計画を作成するものとされており、幼児の障害の状態や特性、発達段階等に応じて効果的な指導を行うため、個別の指導計画を作成するとともに、教育課程を工夫することが明記されている。

連続性のある多様な学びの場が整えられ、個のニーズに応じて学びの場を選択できる時代になった*。例えば「○○ができないから、○○に就学する」といった環境との摩擦からネガティブな選択をするのではなく、個のニーズに応じて「○○を学ぶために○○へ就学する」というようなポジティブな選択を保護者や本人ができるよう、家庭等を支援していくことが保育者には求められる。その際、同じ場でともに学ぶことを追求するだけでなく、自立と社会参加に向けて多様で柔軟な指導や仕組みが重要となる。特に幼児期は、就学を見据えて保幼小の連携を密にし、子どもたちにとって最善の学びの場を支えていきたいものである。

＊連続性のある多様な学びの場
第１部第１章図1-1-3参照。

第 6 章

通級による指導と特別支援学級

現在、わが国で推進されているインクルーシブ教育システムでは、多様な学びの場が設定されている。

そこで本章では、多様な学びの場として設定されている特別支援学校以外の場について取り上げる。具体的には、通常の学校に設置されている通級、特別支援学級、交流・共同学習について学習する。

1 通級による指導の実際

1 通級による指導の制度的位置づけと指導形態

通級による指導とは、通常の学級に在籍する障害のある子どもが、一部の授業について、障害に応じた特別の指導を「通級指導教室」など特別な場で受ける指導形態のことである。学校教育法施行規則第140条の中で、通級による指導の対象は①言語障害、②情緒障害、③自閉症、④弱視、⑤難聴、⑥学習障害、⑦注意欠陥多動性障害に加え、第８項には「その他障害のある者」の規定として、肢体不自由や病弱および身体虚弱などの障害特性がある場合には特別の教育課程により教育を行うことが適当とされている。一方、通級による指導（特別な教育課程）の編成主体は各学校となり、校長が責任者となる。

＊自立活動
第２部第５章参照。

通級では、特別支援学校学習指導要領にある「自立活動＊」（健康の保持、心理的な安定、人間関係の形成、環境の把握、身体の動き、コミュニケーション）に基づいて、具体的な指導内容が決定され実施される。

＊通級は自治体によっては、特別支援学校内や教育センター内にも設けられている。

実施形態＊は、以下の三つの形態がある。

(1)「自校通級」：在籍する学校で指導を受ける
(2)「他校通級」：ほかの学校に通って指導を受ける
(3)「巡回指導」：通級担当教員が該当する児童生徒の学校へ訪問して指導を行う

通級では、学級担任と通級担当教員との連携を十分に図ることが大切である。特に他校通級や巡回指導の場合は、学級担任と通級担当教員が直接接触する機会が限られるため、積極的に子どもに関する情報の共有を行う必要がある。学級担任と通級担当教員のみでは、連携を図ることが難しいため、特別支援教育コーディネーターが各学校に配置されている。特別支援教育コーディネーターは、学校内の関係者や外部の関係機関との連絡調整役、保護者に対する相談窓口、担任への支援、校内委員会の運営や推進役といった役割を担っている。

2 通級による指導の対象となる子どもたちと教育課程

通級による指導の対象となる子どもたちの障害は、次のような基準となっている（表2-6-1）。

教育課程*の特徴として、授業時数は、小・中学校は年間35単位時間から280単位時間以内の範囲となり、週あたり1単位時間から8単位時間程度となる。学習障害や注意欠陥多動性障害のある児童・生徒は月1単位時間程度でも指導上の効果が期待できることもあるため、年間10単位時間（月1単位時間程度）を下限として設定している。2018（平成30）年度から、高等学校においても通級による指導が実施され、年間7単位（全課程の修了を認めるに必要な単位数のうちに加えることができる）を超えない範囲に設定されている。

通級による指導は、特別な教育課程によるものであり、小学校学習指導要領総則には、自立活動の内容を参考とし、具体的な目標や内容を定め、

＊教育課程
学校教育で、教育内容を学習段階に応じて系統的に配列した教育計画のこと。

表2-6-1　通級による指導の対象となる障害

障害種	障害の程度
言語障害	口蓋裂や構音器官のまひ等器質的および機能的な構音障害や吃音等があるもの
自閉症・情緒障害	・他者と社会的な関係を形成することが難しく、相手の気持ちが読み取れないなどコミュニケーションの問題や行動上の問題、学習能力のアンバランスさを合わせ有するもの ・心理的な要因による選択性かん黙等があるもの
弱視	拡大鏡等の使用によっても通常の文字、図形等の視覚による認識が困難な状態にあるもの
難聴	補聴器等の使用によっても通常の会話における聞き取りが部分的にできにくい状態のあるもの
学習障害	全般的な知的発達に遅れはないが、聞く、話す、読む、書く、計算するまたは推論する能力のうち特定のものの習得と活用に著しい困難を示す状態にあるもの
注意欠陥多動性障害	年齢または発達に不釣り合いな注意力、または衝動性・多動性が認められ、社会的な活動や学業の機能に支障をきたすもの
肢体不自由	通常の学級での学習におおむね参加でき、一部特別な指導を必要とする程度のもの
病弱および身体虚弱	通常の学級での学習におおむね参加でき、一部特別な指導を必要とする程度のもの

指導を行うものと明記されている。必要がある場合には、各教科の補完指導を行うことも障害の状態に応じて可能であるとされているが、未学習や誤学習への補修という位置づけではなく、あくまで自立活動の一環として位置づけられている。子どもが通級で学ぶ際には、個別の指導計画や学習の年間指導計画を作成し段階的な指導を行うことによって、個別・小集団の指導の効果を最大限に活かすことが大切である。

3 通級による指導事例（合理的配慮を含む）

通級による指導の事例を以下に示す。

事　例

小学校の通常の学級に在籍しており、週１回１単位時間Ｃ小学校の通級による指導を活用している小学２年生の男児Ａである。保護者の主訴としては、一定時間集中ができず、指示が通らないことがあり、学習の停滞が生じているとのことである。

就学時のアセスメント（検査等を含む実態把握）によると、知的発達に遅れはないが、学力面において遅れがみられ、今後、指導法を含めた環境の調整が必要であるとのことである。

この事例では、アセスメント結果に基づいて、男児Ａ、保護者、学級担任、通級担当教員、特別支援教育コーディネーターで話し合い、合意形成を図った後、通級による指導における目標と通常学級で行った主な合理的配慮を決定した。指導または支援の柱は、男児Ａの困難に対する通級における自立活動と合理的配慮を行いながら通常の学級における各教科の学習を保障することである。

p.89の表で示した支援から、男児Ａは、通常の学級においても、一定時間（45分）学習内容から逸脱することなく取り組むことができるようになり、わからないときは「すみません。わかりません。もう一度お願いします」と積極的に学級担任に聞く様子がみられるようになった。隣の座席の子どもと助け合ったりする様子もみられ、友達とかかわる様子が学校生活全般において多くみられるようになった。

男児Aの課題主訴を含む	アセスメント結果	通級における学習（○）と通常の学級で行った合理的配慮（☆）
一定時間集中できない	周囲の動く物や掲示物に注意が向く→視覚的注意の問題	○活動する際、集中できる時間を意識し少しずつ時間を延ばす練習をした。また、集中が切れた際には、背伸びをして1分間休憩をしたのち、再度活動に取り組むスキルを練習した。どうしても集中が切れてしまうときは、限界であることを教員に伝えるスキルを練習した。 ☆机上にある学習に必要ないものを整理した。 ☆座席を最前列中央に配置した。 ☆教室前面の掲示物（特に絵）を減らした。
指示が通らない	言葉による指示は入らないが、動画や絵など視覚的教材には興味を示す→聴覚による理解の難しさ	○話している言葉の意味がわからないときには、先生に聞き返したり、隣の友達に聞いたりする練習をした。 ☆学級担任の言葉による説明のときは、短くわかりやすい表現をするようにした。 ☆体験活動や視覚教材を用いるようにした。 ☆言葉による説明が複雑なときは、プリントを作成し文章によって理解できるようにした。
学習が停滞している	学習環境が保障されていないため、結果として特に算数・国語の学習内容が抜け落ちてしまっている。	○小学校1年生の内容（前年度学習内容）を中心に学習を振り返り、どの内容が難しくて、どの内容ができるのかを男児A自身が明確にした。活動の際は、具体物の操作など、効果的な学習の手立てを探り、男児A自身が発見する活動を行った。 ☆国語の指導は、教科書を読み文意や場面説明できるように配慮したりしている。また、作文を通して経験を文章化させたり、教科書を注意深く見て丁寧に写させたりしている。算数の指導は、小学校1年生の内容を中心に具体物の操作などを交えながら実施している。

4　通級による指導の留意点

前述の事例の通り、学習上または生活上の困難を改善・克服するための指導として自立活動の指導の視点が基本となる。自立活動の指導は個に応じたオーダーメイドの指導であるため、子どもの実態を的確に把握することが大切である。通級における指導をより効果的に行うためには、特別支援教育コーディネーター、学級担任、通級担当教員が連携を図り、学習の内容や進度、相互評価、当該児童生徒の実態、配慮事項等の共有を行うことが重要である。さらに通常の学級のなかで、合理的配慮を整備し、各教科における学習を保障することで、通級による指導はより意味のあるものとなる。

特別支援学級における指導の実際

1 特別支援学級の制度的位置づけと指導形態

特別支援学級とは「小学校、中学校等において障害のある児童生徒に対し学習上又は生活上の困難を克服するために設置される学級」[1)]であり、障害の種別ごとにおかれる少人数の学級（8人を標準（公立の特別支援学級））のことである。特別支援学級の種類は、知的障害、肢体不自由、病弱・身体虚弱、弱視、難聴、言語障害、自閉症・情緒障害の学級である。

特別支援学級の設置基準については、学校教育法第81条2項にて規定さ

表2-6-2　特別支援学級の対象となる障害

障害種	障害の程度
知的障害	知的発達の遅滞があり、他人との意思疎通に軽度の困難があり日常生活を営むのに一部援助が必要で、社会生活への適応が困難である程度
肢体不自由	補装具によっても歩行や筆記等日常生活における基本的な動作に軽度の困難がある程度
病弱および身体虚弱	・慢性の呼吸器疾患その他疾患の状態が持続的または間欠的に医療または生活の管理を必要とする程度 ・身体虚弱の状態が持続的に生活の管理を必要とする程度
弱視	拡大鏡等の使用によっても通常の文字、図形等の視覚による認識が困難な程度
難聴	補聴器等の使用によっても通常の話声を解することが困難な程度
言語障害	口蓋裂、構音器官のまひ等器質的または機能的な構音障害のある者、吃音等話し言葉におけるリズムの障害のある者、話す、聞く等言語機能の基礎的事項に発達の遅れがある者、その他これに準じる者（これらの障害が主として他の障害に起因するものではない者に限る）で、その程度が著しいもの
自閉症・情緒障害	・自閉症またはそれに類するもので、他人との意思疎通および対人関係の形成が困難である程度 ・主として心理的な要因による選択性かん黙等があるもので、社会生活への適応が困難である程度

1）文部科学省「特別支援教育について「2.特別支援教育の現状」」

れている。このなかで、特別支援学級の対象になる児童生徒は、知的障害者、肢体不自由者、身体虚弱者、弱視者、難聴者、その他障害のある者（特別支援学級において教育を行うことが適当な者）とするとされている。知的障害者の判断については、障害のある児童生徒の教育の経験のある教員等の観察・検査、専門医による診断等に基づき教育学、医学、心理学等の観点から総合的かつ慎重に行うこととされる。特別支援学級の種類と障害の程度については表2-6-2に示す。また、「公立義務教育諸学校の学級編成及び教職員定数の標準に関する法律」第３条では、特別支援学級の定員は、都道府県の教育委員会が定めることが規定されている。

2 特別支援学級の対象となる子どもたちと教育課程

通常の小学校や中学校に設置されている特別支援学級の教育課程は、基本的には、小学校学習指導要領や中学校学習指導要領が適用される。しかし知的障害特別支援学級など学習指導要領を適用することが難しい場合は、学校教育法施行規則第138条において、学校教育法施行規則第50条第１項規定*にかかわらず、特別な教育課程を編成してもよいことが認められている。特別な教育課程を編成する際には、必要に応じて特別支援学校の学習指導要領を参考にすることができる。

知的障害特別支援学級における特別な教育課程では、各教科の内容を下学年や特別支援学校の各教科の目標および内容に替えることができ、各教科等を合わせた授業として領域と教科を合わせた指導ができる。各教科等を合わせた指導*は、生活単元学習、日常生活の指導、作業学習、遊びの指導がある。

特別な教育課程における時数については、１単位時間を45分にこだわらないなど弾力的な取り扱いができ、教科用図書についても、児童生徒の実態に応じた適切な教科用図書を使用できる。その他、障害による学習上または生活上の困難の改善・克服を目的とする自立活動の指導を行うことができる。しかし、児童生徒の実態に応じて特別な教育課程が編成されるという点については、注意が必要である。児童生徒の実態に応じていない特別な教育課程の編成は行うことはできない。例えば、知的障害を有しない

＊学校教育法施行規則第50条第１項

「小学校の教育課程は、国語、社会、算数、理科、生活、音楽、図画工作、家庭、体育及び外国語の各教科（中略）、特別の教科である道徳、外国語活動、総合的な学習の時間並びに特別活動によって編成するものとする」と規定されている。

＊各教科を合わせた指導

第２部第５章p.80参照。

自閉スペクトラム症の児童生徒には、下学年や特別支援学校の各教科の目標及び内容に替えることはできない。

特別支援学級における教育内容は、通常の学級の各教科で行われる教育内容と自立活動、下の学年の各教科で行われる教育内容と自立活動、あるいは特別支援学校の各教科において行われる教育内容と自立活動の組み合わせなどがある。児童生徒の実態に応じて教育内容は決定されるが、自立活動の領域を取り入れる点が重要なポイントである。

3 特別支援学級による指導事例

特別支援学級による指導の事例について以下に示す。

事　例

知的障害特別支援学級（３名所属）に在籍する知的障害のある小学校５年生の男児Ｂである。男児Ｂは、教員や友達と会話することは可能であるが、抽象的な言葉の理解は難しい。食事や排泄、着替え等、学校生活で必要な活動は、自分で行うことができる。友達と一緒に遊ぶことを好むが、集団行動のルールを守らなかったり、相手の気持ちを考えずに言動を発してしまったりするためトラブルになることも多い。活動が困難であったり、注意を受けたりすると、その場で寝転んだり、教室から飛び出したりする様子もみられる。これまで失敗経験を多く積んできてしまっているため、自己肯定感が低い傾向にある。

この事例では、男児Ｂの自立を目指すことを目標に、各教科等を合わせた指導を取り入れるため、知的障害特別支援学校の教育課程を参考に特別な教育課程を編成した。男児Ｂは知的障害があるため、学習によって得た知識や技能がつながりにくく断片的になり、実際の生活に活かすことが難しい。そのため、各教科等を合わせた指導を取り入れ、体験的な活動を経験し、活動を具体化することにより学習効果が上がるようにした。指導の際、気をつけた点は、男児Ｂの実態とニーズに合わせて吟味し選定すること、実際の場面を想定しながら繰り返し学習すること、発達の最近接領域理論に基づきスモールステップによる段階的に指導を行うこと、抽象的な思考が苦手な特性をもち合わせているので具体的に指導すること、結果ではなく、頑張っているところなど感情面での頑張りを認めることである。

男児Ｂの実態に基づいて、学習評価（指導評価）→次時へ展開、学習指導要領との照らし合わせ→単元目標や評価基準の設定→単元や授業の計画→（学習評価）を繰り返した。子どもの実態把握と指導は表裏一体であるため、授業計画等は柔軟に変更調整を行った。また、男児Ｂの周囲の（学習）環境がポイントであるため評価の際には、子どもの評価のみを行うのではなく、授業者側の指導評価（子どもの環境整備の評価）に重点をおいて行った。

例えば、男児Ｂの場合、友達との人間関係において問題を示し、社会的自立のためにコミュニケーション能力を向上させることが必要であったため、「他者と円滑なコミュニケーションをとるために大切なことは何か」について「夢のコンビニエンスストア」というテーマで生活単元学習を行った。特別支援学校小学部・中学部学習指導要領の「知的障害者である児童に対する教育を行う小学部」の生活科や国語科、算数科、図画工作科、自立活動の内容を総合的に盛り込み、単元や授業の内容を決定した。具体的には、この単元の学習では、特別支援学校小学部・中学部学習指導要領の「３段階(１)初歩的な数の概念を理解し、簡単な計算をする。(算数科)」、「３段階(２)いろいろな材料や用具を工夫しながら、目的に合わせて使う。(図画工作科)」、「コミュニケーション(５)状況に応じたコミュニケーションに関すること。(自立活動)」等に基づき、店員役になり簡単な計算をしたり、段ボールでレジスターを制作したり、お客さん役の教員や友達とかかわったりする場面を単元の活動のなかで意図的に取り入れた。男児Ｂの制作物や店員としてのコミュニケーションなどの様子を写真やビデオ動画で記録に残し、校内の教員に観てもらい、一連の活動を認めてもらうことで、自己肯定感や達成感が味わえるようにした。

特別支援学級における指導では、教育者には児童生徒の実態を的確に把握する洞察力、子どもに育てるべき能力を予測できる子どもに対する長期的な見通し力、複合的な目標や学習内容を構成することができる柔軟な力が求められる。その土台となるのは子どもの人生をふまえて指導できる愛情と人間性の幅を広げようとする姿勢である。

3 交流・共同学習の実際

1 交流・共同学習の制度的位置づけと指導形態

交流および共同学習とは、幼稚園、小学校、中学校特別支援学校等が行う、相互に行き来する等をしながら、障害のある児童生徒と障害のない児童生徒がかかわり、共に活動する学習のことである。交流および共同学習は、障害のある児童生徒と障害のない児童生徒が同じ場で学ぶという点では、統合教育の一つの形態である。すべての児童生徒が、自分とは異なる他者と実際にかかわりながら、社会性を養い、豊かな人間性を育むことに主眼がおかれる*。

＊通級や特別支援学級等と同じく、インクルーシブ教育システムにおける多様な学びの場の一つとして位置づけられている。インクルーシブ教育システムが目指す共生社会を支える人間性を育むことができる教育のあり方を柔軟に探求していく姿勢が保育者や教育者に求められている。

指導形態としては、小中学校の通常の学級と特別支援学級の間で行われる形態、小中学校と特別支援学校の間で行われる形態等、多様である。特別支援学校に通っている子どもが、自分の住んでいる地域の小中学校に行き一緒に学習や行事に参加する交流形態は居住地校交流とよばれる。

近年、交流および共同学習について、積極的に推進していくことが、法令等でも義務づけられている。2004（平成16）年の障害者基本法の改正では、第14条（教育）第３項の中で、交流および共同学習について「国及び地方公共団体は、障害のある児童及び生徒と障害のない児童及び生徒との交流及び共同学習を積極的に進めることによって、その相互理解を促進しなければならない」と明記されている。その後、2012（平成24）年に行われた中央教育審議会初等中等教育分科会のなかでも、交流および共同学習を一層推進していくことが報告されている。

2 よりよい交流・共同学習を実現するために

（1）活動を充実させるために

園や学校の教員が密に連携を図り、意義ある交流および共同学習の実現へ向けて計画策定することは重要である。保育者や教育者が子どもの実態を的確にとらえ地域の資源を把握しながら、すべての子どもが主体的に参加できる活動を保障することが大切である。

交流および共同学習は、従来からさまざまな課題が指摘されてきた。子ども間の関係性構築の難しさや課題設定の難しさがその一つである。例えば、特別支援学校小学部の児童が通常の小学校の学級を訪問して交流学習を行う際、お互いに声をかけられず無言になってしまったり、小学校側の課題設定が難しすぎて、課題に取り組むことができなかったりすることがある。

上記の課題をふまえ、就学前から実施する交流および共同学習を意義あるものとするためにも、教育者や保育者間で入念に情報を共有することが重要である。日常の障害理解教育を土台としたうえで活動を行うことの意義を子どもたちに伝え、主体的な活動を促す必要がある。

(2) 保育における交流・共同学習

就学前から障害のない子と障害のある子等がともに活動を行う機会を用意し、豊かな人間性や社会性を育む活動を用意することが相互理解につながるとされる。保育における交流および共同学習は、遊びを通して実施されることが多い。遊びは、子どもの自発的な活動により成立するものであることから、計画を行う各担当者は子どもの活動を促すための準備を念入りに行う必要がある。例えば、幼稚園児と特別支援学校幼稚部の幼児が交流および共同学習を行う場合には、事前準備として、一人ひとりの子どもの興味・関心のある遊びを事前に確認したり、すべての子どもの性格や特性を的確に把握したりする等、安全面も含めた配慮を行うことが大切である。また、実際の活動を行う前段階として、幼児同士が対面する機会を事前に設けることも相互理解を深める。例えば、事前訪問では園や学校を見学し、コミュニケーションを図る場面を用意するなどである。実際の交流および共同学習では、一人ひとりを認めるための構成的グループエンカウンター*のような諸活動を取り入れた活動を遊びの活動を行う前に取り入れることも必要である。交流および共同学習を始める前の諸活動を大切にし、焦らずに念入りに活動を計画することが大切である。

＊構成的グループエンカウンター
集団での学習体験を通して自己の気づきから行動の変容や成長を促すための手法。

コラム 5

特別支援学校に入学する子どもとその保護者の思い

特別支援学校の入学式では、晴れやかに就学を迎える家族だけでなく、大きな悩みや不安を抱えた家族と出会うことがあります。

保護者の共通の思いとして、地域の学校へお子さんが笑顔で通学できることを心から願っています。一方で、「特別支援学校に入学したことを祖父母に伝えていない」「子どもが特別支援学校に通学していることを勤務先に知られたくない」とさまざまな苦悩を伝えてくる保護者がいました。このようなケースがあることを考えると、通常の幼稚園や保育所等に在園していた子どもたちが通常の学級以外の学びの場へ就学するまでの道のりは、決して簡単なものではなく、保護者の決断の重さを想像することができます。

そこで本コラムでは、幼児期の保護者支援について、五つの視点を整理します。

1　「障害」という言葉を使わないようにする
保護者の障害受容は、簡単なものではありません。むしろ、相当困難な道のりです。特に母親は「私がこの子を産んだ」という自責の念が強く出ることがあるので、より配慮が必要になります。

2　「家庭では困っていない」を尊重する
園ではうまくいかなくても、家庭ではうまくいっているということがあります。これは、家庭が歴史のなかで工夫してきた結果、本人が安定して生活できているサインかもしれません。このような場合は、「そんなはずはない」と家庭を批判するのではなく、家庭でのやり方や対応と園でのかかわり方の何が違うのかという視点から、保育を見直す必要があります。

3　医療・相談機関や発達検査等を簡単に勧めない
「医療・相談機関との連携」や「発達検査・心理検査の実施」は、「支援のヒントを得るためのもの」であって、「自分の指導が間違っていないための証明」ではありません。保護者へ伝える言葉は、慎重に吟味する必要があります。

4　家庭環境や状況に応じて、柔軟に対応する
家族内に障害児・者がいたり、介護があったりすると、その子だけに手をかけていられないことがあります。またひとり親家庭や経済的に厳しい家庭も、期待するような支援や協力が得られないことがあります。このような場合、家庭の状況をふまえた提案が重要になってきます。

5　徹底的な傾聴と一緒に進んでいく覚悟を大切に
保護者へ理解を促す以前に、保護者を理解することが前提となります。そのためには、自分が保育者として保護者の信頼に足る存在かを見つめ直す態度が必要です。焦らず、尊敬の念をもって長期的に歩んでいく姿勢が求められます。

特別支援学校へ就学するまでの６年間、保護者の心のなかには「なぜうちの子はできないのか」「友達とのトラブルが絶えない」等、子育てに関するさまざまな葛藤が生じます。保護者がこうした悩みや不安を孤独に抱えることがないよう、一つひとつの言葉に耳を傾け、その子にとっての最善を考えられる保育者でありたいものです。

（髙橋昌樹・渡邉寛子）

第 7 章

特別支援教育コーディネーターと園内支援体制

幼稚園・保育所は、子どもたちにとって初めての集団生活の場である。集団生活のなかで多様な「困難さ」を抱えている子どもたちに気づき、早期に有効な支援を行うためのキーパーソンが「特別支援教育コーディネーター」である。

そこで本章では、「センター的機能」、「園内支援体制」といったキーワードをもとに、就学前における特別支援教育コーディネーターの役割と連携支援の大切さについて学びを深める。

特別支援教育コーディネーターの役割

1 特別支援教育コーディネーターとは

文部科学省初等中等教育局「特別支援教育の推進について（通知）」（2007年）のなかで、特別支援教育コーディネーターは「校内における児童生徒への適切な支援のために、校内委員会の企画運営、関係諸機関との連絡調整、保護者の相談窓口等の役割を担う教員」と示されている。幼稚園や保育所では児童生徒を乳幼児と置き換え、同様の職務をもつ教員、保育士となる。

2 特別支援教育コーディネーターの指名

特別支援教育コーディネーターは、各園の園長の指名により決まる。特別な資格が必要な職種ではなく、特別支援教育コーディネーターとしての諸活動が期待できると園長が考えた教員・保育士が指名される。1名に限らず複数指名も可能である[*]。

＊園長は指名した教員・保育士を特別支援教育コーディネーターとして園内の分掌に位置づけ、園内において活動しやすいように組織を整える責任がある。

全国の公立学校の特別支援教育コーディネーターの指名状況は、幼保連携型認定こども園88.3％、幼稚園96.4％、小学校・中学校100％、高等学校99.9％となっている。幼稚園や幼保連携型認定こども園の特別支援教育コーディネーターの設置率も年々増えている状況である。

3 特別支援教育コーディネーターの役割

学校における特別支援教育コーディネーターの具体的な役割は六つある。そのなかの一つである「交流および共同学習の推進」という役割は、特別支援学級や特別支援学校の児童・生徒が通常の学級で行う教育活動を指すため、「誰もがともに学ぶ環境」にある幼稚園や保育所では外して考えることができる。ここでは五つの特別支援教育コーディネーターの役割について説明する＊。

（1）園内の教員、保育士の相談窓口

園内の教員・保育士から支援を要する乳幼児に関する相談を受け、必要な支援の方法を助言する、よりよい支援を一緒に考える窓口となる役割がある。必要に応じて校内委員会（園内委員会）を開催し、園内での支援のために必要な情報共有を図る役割も担うことになる。教員や保育士が一人で指導・支援に悩み孤立しないように目を配り、積極的に声をかけていくことも大切である。

（2）保護者に対する園の相談窓口

特別な支援ニーズのある子どもの保護者からの要望や不安に応える役割がある。具体的には保護者からの相談や合理的配慮の内容を聞き取り、それらの情報を整理し、園内外の必要な部署と情報を共有しながら、園内の支援体制を整える準備や連絡調整を図る役割を担う。乳幼児の保護者にとって、同年齢集団のなかでわが子が周りの子どもたちと上手に関係を築けているか、同じ活動に参加して力が発揮できているか等、集団生活の経験が少ないだけに、小さなことにも不安を抱きやすい時期である。早期支援の開始は大切であるが、乳幼児の発達は同年齢であっても発達の速度に差があることを考慮し、家庭と連携して見守る支援も心がけたい。

また、特別支援教育コーディネーターの役割や活動内容を知らせるための「特別支援教育コーディネーター通信」のような配布物を定期的に出すことで、保護者が誰にどんなことを相談できるかを知らせている園もある。「相談してみようかな」と思う気持ちをもってもらうことが、保護者支援のスタートである。忙しい時間のなかで通信を出す作業は大変ではあるが、保護者にとっては貴重な「環境の整備」（支援を受けやすい条件を整えること）となるだろう。

（3）園内外における関係諸機関との連絡・調整

地域の関係機関の情報を集め、必要な関係諸機関をつなぎ、支援のためのネットワークを形成する役割である。その一例として、図2-7-1を示す。一人ひとりの事例に必要な関連機関を選択し、ネットワークを使って支援を充実させる工夫が求められる。そのためには、常に地域の支援マッ

＊2021（令和3）年に日本でオリンピックやパラリンピックが開催されたことで、障害者スポーツを通して、人々が障害に対する「新しいかかわり方」を考える兆しが感じられる。「誰も取り残さない」という基本理念に基づくSDGsの流れも特別支援教育の理解推進の背中を押している。このような機会を有効に利用し、障害のあるなしにかかわらず「共生することの意味」を広く知らせていく担い手としての役割を特別支援教育コーディネーターに期待するところも大きい。

プの情報（担当者の変更や新しい支援施設・関係機関等）をアップデートしておくことが望まれる。乳幼児の場合、特に保健所の保健師や就学前療育施設との連携支援が大切になる＊。

＊これまでの支援の経緯や現在実践されている支援について、担当者と情報交換の機会を意図的に設定することも求められる役割の一つといえる。

（4）障害のある乳幼児への保育・教育の充実

障害のある乳幼児にとって支援を有効につなぎ、園内の情報共有を図るためには「個別の教育支援計画」「個別の指導計画」を作成することが大切である。これらの計画書作成の推進役になるとともに、その評価を次につなげる役割がある。困難さの原因を予測しながら、何をどのように身につけさせていくかが明確で、具体的かつ計画的なステップが示された計画書になるよう助言できることが望ましい。特に就学を控えた年長児にとっては、小学校という新しい生活の場への円滑な移行と支援の連続性が求められる。担任とともに保護者の相談に参加し、今後も支援を継続する必要があると判断した場合は、就学相談または「就学支援シート」等を活用した､小学校に合理的配慮の申請をする準備を整えていくことも必要である。

（5）園内外の特別支援教育に関する理解推進

特別支援教育に関する研修会の企画・運営、地域への理解啓発や支援を推進する取り組みを行う役割である。園内の教職員の特別支援教育・インクルーシブ教育システムの構築に関する基礎的知識の伸長のための研修会の企画運営や、保護者や地域の人々に理解してもらいたい障害や障害に関する社会の取り組み等の時事情報も関連づけながらわかりやすく偏りのない研修の機会を設定していくことも大事な役割になっている。

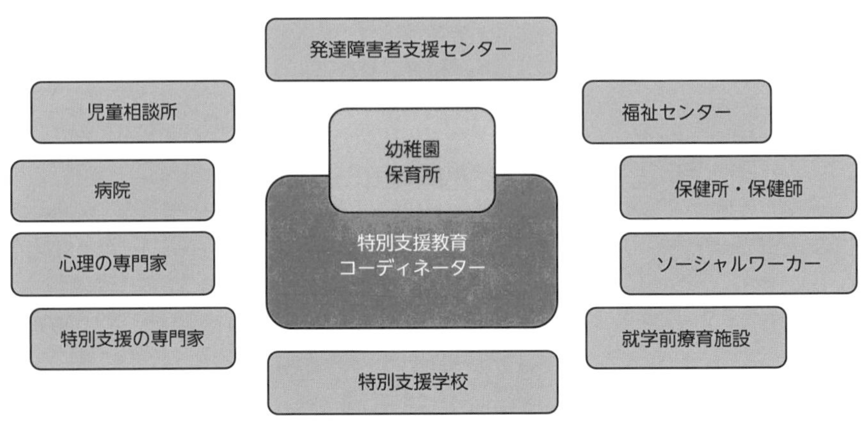

図2-7-1　乳幼児・保護者を取り巻く関係諸機関のマップ

特別支援教育コーディネーターとセンター的機能

1 特別支援学校のセンター的機能とは

特別支援学校の特別支援教育コーディネーターには、通常の学校とは異なる役割がある。これを「特別支援学校のセンター的機能」という。以下、センター的機能について説明する。

（1）センター的機能の推進

特別支援学校の特別支援教育コーディネーターは、地域の就学前施設、小中高等学校の支援を行うことが求められている。特別支援学校の教員がもっている障害児教育に関する専門的な指導・支援の手立てを活用して、通常の幼稚園・保育所、学校にいる子どもたちの支援を包括的に支え、助言する役割を果たしている。幼稚園や保育所は、積極的に地域の特別支援学校の特別支援教育コーディネーターに連絡をとり、園の子どもたちの支援に関する情報を得る機会をもつことを勧めたい。合同で事例検討会をするなかから、日々の指導・支援の見直しや、よりよい支援方法を知ることができたり、就学に関するアドバイスを受けたりすることが可能になる。活用できる資源である特別支援学校に園側から依頼することで、センター的機能を有効に活用することができる。「個別の教育支援計画」や「個別の指導計画」の書き方や活用の方法の具体的助言を受けることも、地域の幼稚園・保育所・学校にとっては大きな支援となる。最新の特別支援教育に関する情報を地域研修会という形で開催している特別支援学校も多い。地域の理解推進をともに進めるために、こうした研修会等の機会を活用する等、ネットワークの強化が望まれる。

（2）地域ネットワークの構築

特別支援学校は、支援エリアで使える資源（医療、福祉、関係諸機関、各種障害種の特別支援学校等）のネットワークを構築している。いわゆる多様な障害に関する知識バンクのような存在である。

「こういうときにはどこに相談したらよいのか」「今すぐできる支援のア

ドバイスがほしい」「どの医療機関につなげばいいか」等、日常的に基本的な障害等に関する助言が受けられるというメリットがある。新たな障害児が入園・入所する事前の環境の整備（教材教具、支援に関する基本的な環境調整、具体的な対応方法等）を一緒に考えて助言を得る等、さまざまな連携が考えられる。特別支援学校側も地域のセンター機能を果たすために、近年は特別支援教育コーディネーターの複数配置化が進み、よりネットワークの強化に努めている。

（3）交流および共同学習の推進

交流および共同学習は、地域によって居住地校交流、副籍等のさまざまな呼び名がある。本来であれば、通うべき地域の学校とさまざまな交流活動をすることを「交流」と呼び、学習の一部をともに学ぶことを「共同学習」という。交流には、間接交流（学校だよりや通信の交換等）と直接交流（実際に子ども同士で活動を一緒に行う）の2種類がある。子どもの実態や物理的環境によって、どちらの交流を選ぶことも可能である。障害のある子どもたちが将来、地域の人（子ども）として生活することを見通した支援を行うためにも、交流および共同学習は大切にされるべき取り組みである。

幼稚園・保育所では障害のあるなしにかかわらず「同じ場」で学ぶことが原則の教育形態であるが、就学と同時に必要に応じて専門的に学ぶ教育の場として「特別支援学校」や「特別支援学級」を選択する子どもたちがいる。したがって交流および共同学習の対象児は、障害に起因する困難さを改善克服するために特別の教育の場を選択した児童生徒で、交流および共同学習を行う場は主に通常の学級である（特別支援学校に通常の学級の児童生徒が訪問して活動を行う場合もある）。

視覚障害と聴覚障害を対象とした特別支援学校には「幼稚部」が設置されていることが多い。幼稚部に在籍している幼児は、週に何日か地域の幼稚園等に登園しているケースもある。ある意味ではこれも交流および共同学習と考えることができる。幼児期に障害に関する専門的な教育を受け、小学校からは通常の学級に就学する場合も少なくない。

多様性を認め合い、障害のあるなしにかかわらず共生を考える営みは、就学前教育では日常的であるが、教科書を使った学習という学校文化のなかではあえて「交流および共同学習」の設定が必要になるということである。

幼稚園・保育所における園内支援体制の構築

園長（校長）のリーダーシップのもと、全園（全校）的な教育支援体制を確立し、教育上特別の支援を必要とする乳幼児、児童生徒の実態把握や支援内容の検討等を行うため設置された特別支援教育に関する委員会を「校内委員会」（園内委員会等、幼稚園・保育所によって個別の名称があると予想される）という（以下、校内委員会）。

校内委員会は、新規に設置することもできるが、既存の幼稚園内・保育所内組織に校内委員会の機能をもたせる方法もある。各幼稚園、保育所の実態に合わせて設置することが大切である。

1 校内委員会の役割

校内委員会の役割は、以下のとおりである。この七つに加えて、幼稚園と保育所では就学に際して「学校への支援の連続性についての検討（就学支援シートの作成の必要性の検討）」「就学する学校の特別支援教育コーディネーターとの合同校内委員会の設定」等、よりきめ細やかな校内委員会の役割が求められる。

① 学習面・行動面で特別の教育的支援が必要な乳幼児、児童生徒の早期発見。
② 特別な教育的支援が必要な乳幼児、児童生徒の実態把握と学級担任の指導への支援方策の具体化。
③ 保護者や関連機関と連携し、特別の教育的支援を必要とする乳幼児、児童生徒に対する「個別の教育支援計画」の作成。
④ 幼稚園内、保育所内、校内関係者と連携し、特別の教育的支援を必要とする乳幼児、児童生徒に対する「個別の指導計画」の作成。
⑤ 特別の教育的支援が必要な乳幼児、児童生徒への指導と、その保護者との連携に関する全教職員、全保育士の共通理解の場（園内、校内研修含む）。
⑥ 専門家チームに判断を求めるかどうかの検討（教員は決して診断を行わないこと）。
⑦ 保護者相談の窓口および理解推進の中核。

2 支援レベルの違いと校内支援体制

校内委員会の役割をイメージ化したものが図2-7-2である。支援のレベルによって誰がどのように動けばよいかを表している。それぞれのケースが、学級内で対応できる支援か、校内委員会を招集する支援か、外部の支援を要請する支援なのか、校内委員会が特別支援教育コーディネーターを中心に話し合う。

忙しい毎日のなかで、校内委員会を随時開催することは困難なことが予想される。特別支援教育コーディネーターには、年間計画のなかに校内委員会の開催日を位置づけていくことを勧めたい。また、校内委員会だけに頼らず、支援レベル１、２の対象となるような乳幼児の支援情報を園内で共有し、支援の方策を話し合っていく習慣を心がけていきたい。

幼稚園・保育所は図2-7-2の支援レベル１、２の段階での支援をいかに充実させるかを考えて日々の実践が展開されているが、小・中学校では支援が必要であると判断すると、支援レベル３である外部の支援要請を活用することが多い。支援レベル３とは、通級による指導や特別支援教室等に

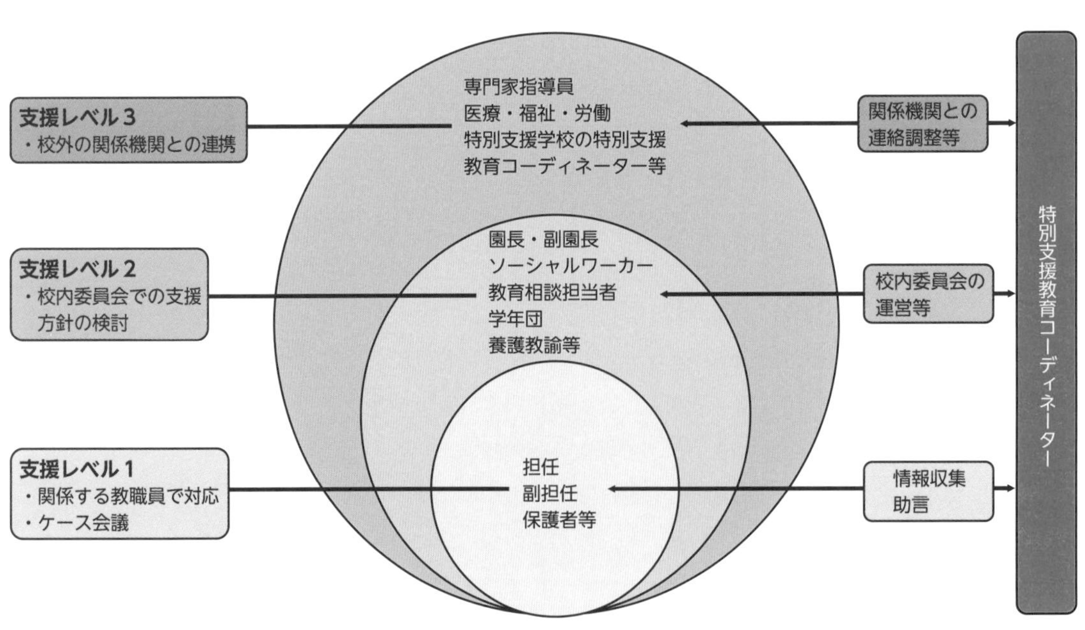

図2-7-2 支援レベルと支援体制のイメージ

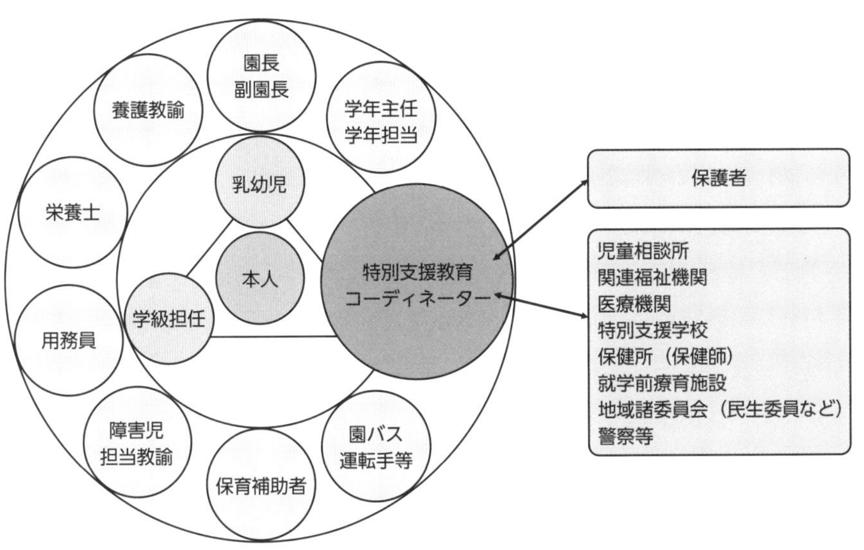

図2-7-3　校内外をつなぐ特別支援教育体制

よる「取り出し指導」を受けるという状況を指す。取り出しによる指導の効果は、在籍の教室に戻って発揮されなければならない。これからは学校教育の場でも支援レベル１（学級内支援）、支援レベル２（全校での人的支援等）のさらなる充実が求められる段階に入ってきている。

校内外をつなぐ特別支援教育のイメージとして、図2-7-3を示した。左側が園内（校内）支援体制のイメージである。近年、「チーム学校」という言葉がよく使われるが、特別支援教育においては、幼稚園・保育所においても特別支援教育コーディネーターが園内支援体制のキーパーソンになる。また、保護者や校外の関係諸機関との窓口になることも理解しよう。

コラム 6

特別支援教育コーディネーターの指名と求められる専門性

特別支援教育コーディネーターの指名をされたら

学校はもちろん、幼稚園や保育所でも特別支援教育コーディネーターだけを職務とする専任の先生方が配置される場合はほとんどありません。したがって、特別支援教育コーディネーターに指名されると学級担任やほかの多忙な職種を担いながら特別支援教育コーディネーターの仕事を行わなければなりません。指名されて不安を感じる先生がいるのも当然です。しかし、特別支援教育コーディネーターは園の子どもたちや保護者の支援を一人で担うわけではありません。園全体の調整役と考えて活動することが望まれる職種です。指名されたら、無理なく周りの人たちと協力してできることから支援を見直してみることを勧めます。まずは今ある情報や記録を整理し、足りない情報の収集と今後の支援方針を園内で共有することから取り組んでみましょう。

特別支援教育コーディネーターの専門性

幼稚園や保育所を訪問すると「私には特別支援教育の専門性がないので、特別支援教育コーディネーターの役割を果たすことに負担感があります」という話を聞くことがあります。特別支援教育コーディネーターには、教員や保育士、保護者のサポート等も含めたさまざまな役割がありますから、すべての知識・能力を兼ね備えることはなかなか困難ですし、完璧にこなすのは荷が重いと思うかもしれません。もちろんすべての知識・能力を兼ね備えることはなかなか困難です。障害のある乳幼児の発達や障害全般に関する一般的知識やアセスメント能力があれば、よりよいといえます。ただし、幼児期は誰もが支援が必要な時期です。時間の経過とともに支援があまり必要なくなる場合と、支援の必要性が顕著になる場合とに分かれてきます。健常児の発達の過程を理解していれば、障害に関する知識があまり豊かでなくても「あれ？　何か違う」と感じることがあるはずです。その視点で経過を分析的（原因は何だろう等）に観察していく姿勢が大事な気がします。したがって、障害やアセスメントに関する知識等がなければ特別支援教育コーディネーターの役割が果たせないわけではありません。関係機関との連絡・調整を行う交渉能力や情報を共有するための人間関係を調整するファシリテーション能力、さまざまな人たちの相談に対応するカウンセリングマインドなども、特別支援教育コーディネーターの専門性と考えてください。自分の得意とする分野を強みとして、乳幼児のよりよい支援の方向性を園全体で考えるキーパーソンになれることが、最も必要な専門性であると思います。

第8章

「個別の指導計画」・「個別の教育支援計画」の策定とアセスメント

「幼稚園教育要領」、「保育所保育指針」、「幼保連携型認定こども園教育・保育要領」では、障害のある子どもについて、できる限り個別の指導計画を策定することが明記されている。障害がなくても特別なニーズのある子どもに個別の指導計画を策定することは、指導上意義のあることである。

そこで本章では、個別の指導計画および個別の教育支援計画の策定方法とその際の留意点について学び、理解する。

1 気になる子の教育・保育とアセスメント

1 気になる子の早期発見・スクリーニング・アセスメント

発達の遅れや障害の疑いのある「気になる子」に対する、早期からの継続的・総合的な支援施策を展開することの重要性が現在求められている。それぞれの自治体によって多少の違いはあるが、その支援施策のなかで早期発見・スクリーニング・アセスメントが行われている。妊娠から出産、産後、そして就学に至るまで継続的・総合的に展開される「気になる子」への支援施策によって、ライフステージに応じた見通しをもった支援の連続性と、子どもと保護者の支援における関係機関のスムーズな連携が保障されている。これは「気になる子」をできるだけ早期に発見し、適切な支援につなげていくうえで極めて重要な役割を担っており、発見と支援をより早い段階から行うためにも、保育者によるこうした支援施策の基本的理解は重要である。

（1）早期発見

早期発見は子どもが成長するさまざまな段階においてその機会がある。

妊娠から出産にかけては、医療機関での妊婦健康診査などが先天的な障害を発見する機会となる。また、地域の保健センター等が行う出産後の新生児訪問指導や未熟児訪問指導などで、早期に障害が発見される場合もある。しかし、生まれてすぐの場合は目に見える大きな障害以外はまだわからず、発達の遅れなどは子どもの成長に合わせてわかることがある。

早期発見としてはそれ以外にも、家庭で気づかれる場合もある。言葉の遅れや目が合わない、人への関心が薄いなど、子育てのなかで親自身が子どもの様子が気になったり不安になったりすることもある。ただし、乳幼児期の子育てというのは割と閉ざされた狭い世界での営みであり、特に初めての子どもの場合にはすべてのことに対して「こういうものだろう」という思い込みもあるため、家庭での気づきは難しい側面もある。

さらには、保育所や幼稚園などでの気づきもある。発達の遅れなどは初めての集団生活となる保育所等で気になる点として気がつかれることも多い。担任保育者だけではなく園全体で子どもをみて、家庭背景なども含めて多角的にとらえることが大切である。そして必要に応じてかかりつけ医や保健センター等へつないでいく。

（2）スクリーニング

スクリーニングとは、潜在的な発達の遅れや障害の可能性を調べることであり、その主な役割を担っているのが乳幼児健康診査（健診）である。

母子保健法では1歳6か月児健診と3歳児健診について市町村の実施義務が規定されている。1歳6か月児健診では、保健師や看護師による予診の段階で運動・社会性・言語の分野からの聞き取りが行われ、気になる子には心理士による個別の育児相談や二次健診などを通して時間をかけてスクリーニングが行われる。3歳児健診では、視聴覚機能や簡単な会話の成立などの対人コミュニケーションの発達などを確認する。

健診は障害の診断ではなく、あくまでもスクリーニングである。ここで大切なことは、発達の遅れや障害の可能性をできる限り正確に、取りこぼしなくチェックし、気になったことを放置しないことである。また、親が子育ての不安を初めて外の世界に出せる場でもあるため、親の気持ちに寄り添った対応が求められる。

（3）アセスメント

スクリーニングで支援が必要と判断された場合には、必要に応じて経過観察を行う。そこで情報を収集・分析し、さらに詳しい実態把握を行い個別の指導計画につなげていく。それがアセスメントである。

スクリーニングや経過観察で把握・確認された、子どもの行動の特徴に含まれた発達の遅れや障害の可能性、成育歴・養育歴・家族歴、親のニーズや不安などの情報をもとに、医療機関や療育機関、あるいは保育所や幼稚園などにおいてアセスメントが行われる。医療機関ではアセスメントにもとづいて障害の確定（鑑別）診断がなされる。また、療育機関や保育所等では、アセスメントによって客観的な実態把握が可能となる。

ただし、乳幼児期の発達は可塑性（さまざまな刺激によって柔軟で弾力的に変化する力）が高く未分化であること、環境の影響が大きいことなどから、正確なアセスメントは難しい。そのため、適切なアセスメント方法やツールを用いることが重要となる。

2 さまざまなアセスメントの方法とそのツール

(1) フォーマルなアセスメントとそのツール

発達検査や知能検査といった心理検査によって、客観的に子どもの実態を把握することをフォーマルなアセスメントといい、青山はその特徴を図2-8-1のように整理している。

心理検査は知能指数（IQ）や発達指数（DQ）だけではなく、特に発達障害児に顕著な能力の偏りを調べることができるため、個別の指導計画につなげていくことができる。医療機関や療育機関で広く使われているツールである「新版K式発達検査2001」「田中ビネー知能検査V」のほか、ASD（自閉スペクトラム症／自閉症スペクトラム障害）に対する「ADI-R（Autism Diagnostic Interview-Revised）」「ADOS-2（Autism Diagnostic Observation Schedule Second Edition）」や、ADHD（注意欠如・多動症／注意欠如多動性障害）に対する「ADHD-RS（ADHD Rating Scale）」「Conners3」などがある。

また、一般的に心理検査を行うには一定のトレーニングが必要であるが、「遠城寺式乳幼児分析的発達診断検査」や「M-CHAT（修正版乳幼児自閉症チェックリスト）」は比較的簡便に行うことができるため、保育者がおおよその子どもの実態を把握したいときには有用である。さらに、保育現場での子どもの観察にもとづいて保育者がチェックし、ASDとADHD両方の障害状況を把握するツールとして開発された「CHEDY（Checklist for Developmental Disabilities in Young Children）」

長所	①尺度が標準化されており、信頼性・妥当性が確保されている。 ②マニュアルに従うことで正しく検査を実施することができる。 ③結果は数量化され、数値にもとづいた評価を行うことができる。
短所	①個人のもつ特徴や能力をうまく測定できないこともある。 ②検査による測定は、常に一定の誤差がある。 ③１回限りの検査で測定した結果の妥当性には限界がある。

出典：青山眞二『アセスメントで授業が変わる　特別支援学校・学級で生かす子ども理解と支援のアイデア』図書文化，p.100，2019．をもとに筆者作成

図2-8-1 フォーマルアセスメントの長所と短所

や、子どもの日常的な遊びの様子を観察しながら、感覚運動・言語・社会性の発達状態をチェックできる「MEPA-R（Movement Education and Therapy Program Assessment-Revised）」は､個別の指導計画につなげたり日々のインクルーシブな保育実践にも活かせるツールである。

（２）インフォーマルなアセスメント

日々の保育実践のなかで、保育者が自分なりの方法で子どもの実態を把握することをインフォーマルなアセスメントといい、青山は、その特徴を図2-8-2ように整理している。

子どもの実態を的確に把握するためには、保育現場における子どものさまざまな日常の様子から、子どもを多面的にとらえることが大切である。さらに家庭とも連携し、保育現場と家庭の両方の様子を知ることで、より的確な実態把握ができる。

インフォーマルなアセスメントのなかでも体系化された方法の一つに、応用行動分析学の三項随伴性の枠組みを用いた、「ABC分析」という行動観察記録の手法がある（表2-8-1）。記録を取る際には、主観的な思いや解釈を交えずに事実だけを書くのがポイントである。

長所	①特別なツールは必要なく、手軽で取り組みやすい。 ②子どもに不安や緊張を与えずに、情報を得ることができる。 ③生活や学習における具体的な情報として扱いやすい。
短所	①主観が入りやすい。 ②信頼性・妥当性が保証されていない。 ③人や環境によって、結果が変わりやすい。

出典：青山眞二『アセスメントで授業が変わる　特別支援学校・学級で生かす子ども理解と支援のアイデア』図書文化，p.68，2019.

図2-8-2　インフォーマルアセスメントの長所と短所

表2-8-1　ABC分析の一例

A（antecedents） いつ・どんなとき （状況）に	B（behavior） どのような行動を したか	C（consequences） その結果どのような 対応をしたか
朝、Aくんは自由遊びの時間にプレイルームのなかを歩き回りながら…	Bくんが積み上げていた積み木を、足で蹴って壊してしまった。	担任が「壊しちゃダメ」と叱ってから、Aくんに謝らせようとしたが、Aくんは自分から謝ろうとしなかった。

出典：安部博志『子どもの発達を支えるアセスメントツール』合同出版，p.10，2019.

個別の指導計画の策定および活用

1 個別の指導計画の位置づけ

保育所保育指針、幼稚園教育要領、および幼保連携型認定こども園教育・保育要領のいずれにも、障害のある子どもの保育については「個別の指導計画」を作成するように努めることが明記されている。

保育所保育指針 第１章　総則 ３　保育の計画及び評価 ⑵　指導計画の作成 キ　障害のある子どもの保育については、一人一人の子どもの発達過程や障害の状態を把握し、適切な環境の下で、障害のある子どもが他の子どもとの生活を通して共に成長できるよう、指導計画の中に位置付けること。また、子どもの状況に応じた保育を実施する観点から、家庭や関係機関と連携した支援のための計画を個別に作成するなど適切な対応を図ること。
幼稚園教育要領 第１章　総則 第５　特別な配慮を必要とする幼児への指導 １　障害のある幼児などへの指導 障害のある幼児などへの指導に当たっては、集団の中で生活することを通して全体的な発達を促していくことに配慮し、特別支援学校などの助言又は援助を活用しつつ、個々の幼児の障害の状態などに応じた指導内容や指導方法の工夫を組織的かつ計画的に行うものとする。また、家庭、地域及び医療や福祉、保健等の業務を行う関係機関との連携を図り、長期的な視点で幼児への教育的支援を行うために、個別の教育支援計画を作成し活用することに努めるとともに、個々の幼児の実態を的確に把握し、個別の指導計画を作成し活用することに努めるものとする。
幼保連携型認定こども園教育・保育要領 第１章　総則 第２　教育及び保育の内容並びに子育ての支援等に関する全体的な計画等 ３　特別な配慮を必要とする園児への指導 ⑴　障害のある園児などへの指導 障害のある園児などへの指導に当たっては、集団の中で生活することを通して全体的な発達を促していくことに配慮し、適切な環境の下で、障害のある園児が他の園児との生活を通して共に成長できるよう、特別支援学校などの助言又は援助を活用しつつ、個々の園児の障害の状態などに応じた指導内容や指導方法の工夫を組織的かつ計画的に行うものとする。また、家庭、地域及び医療や福祉、保健等の業務を行う関係機関との連携を図り、長期的な視点で園児への教育及び保育的支援を行うために、個別の教育及び保育支援計画を作成し活用することに努めるとともに、個々の園児の実態を的確に把握し、個別の指導計画を作成し活用することに努めるものとする。

※下線は筆者

2 個別の指導計画の策定方法（様式と内容）

個別の指導計画には決まった様式（フォーマット）はない。自治体によっては様式や記入例が示されている場合もあるが[1)]、ほとんどの場合は

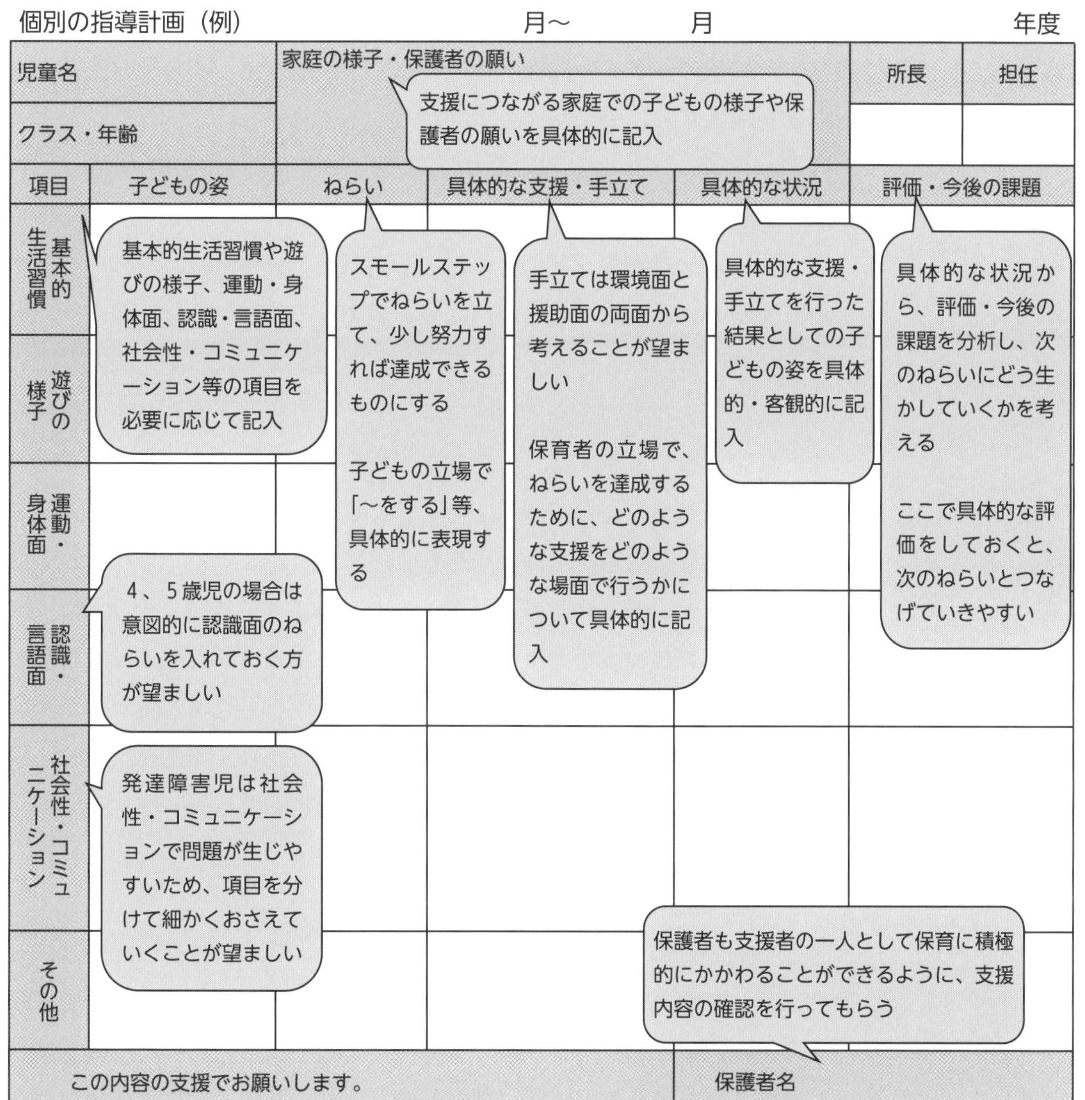
個別の指導計画（例）　　月～　　月　　年度

児童名		家庭の様子・保護者の願い			所長	担任
クラス・年齢						
項目	子どもの姿	ねらい	具体的な支援・手立て	具体的な状況	評価・今後の課題	
基本的生活習慣						
遊びの様子						
運動・身体面						
認識・言語面						
社会性・コミュニケーション						
その他						
この内容の支援でお願いします。				保護者名		

※大阪市こども青少年局保育・幼児教育センター「就学前教育カリキュラム」2019. をもとに筆者作成

図2-8-3　個別の指導計画の様式例

1）例えば、山口県では県のHPにおいて、「特別支援教育における『個別の指導計画』の記入例」が公開されている。https://www.pref.yamaguchi.lg.jp/cms/a503001/Planning-guidanc/example.html

園や担当者に任されているのが現状である。ここでは大阪市が示している様式例（図2-8-3）をもとに、その内容について確認していく。

（1）「項目」「子どもの姿」

項目および子どもの姿は、前節のアセスメントをもとに記入する。項目は必ずしも必要としないが、視点を分けて書き出した方がねらいや支援・手立てを考えやすい場合には、必要に応じて分類してもよい。子どもの姿は、適切なアセスメントによって把握された、項目ごとの実態や得意・不得意、その子の（あるいは保育者にとっての）困り感、その子の長所や強みなどを記入する。

（2）「ねらい」

子どもの姿に対して「どうなってほしいのか」を検討し、ねらいを立てていく。ねらいとしたいことがいくつも挙がってくるような場合には、何が一番の課題なのか、何を一番大事にしたいのかを考え、優先順位を決めていくとよい。ねらいを立てる際には、子どもの姿とあまりにかけ離れてしまわないように留意する。ハードルが高すぎてねらいをなかなか達成できないと、子どもも保育者も苦しくなってしまう。ねらいを達成していくまでにどのような段階があるのかを考え、スモールステップでねらいを立てていく。また、ねらいは評価可能な具体的なものにする。例えば、「園生活を楽しむ」といった抽象的であいまいなねらいは、人によって判断が左右されやすく評価が難しい。「保育室を出ていく回数が3回から2回になる」というように、可能なものは数や量で表したり、場面を具体的に設定したりすると、観点が焦点化されて評価しやすくなる。

（3）「具体的な支援・手立て」

子どもの姿とねらいに対して、「なぜできないのか・どうしたらできるようになるのか」を検討し、具体的な支援・手立てを考えていく。支援内容を考える際には、支援レベルの全体像をイメージし、どの程度の支援レベルにするかを考えるとよい（図2-8-4）。なお、その子の現時点でのねらいを達成するための支援レベルという視点だけでなく、その子の自立した日常生活や就学といった将来も見据えて、段階的に支援レベルを下げていく視点も大切である。また、支援は行動に対する直接的なアプローチだけ

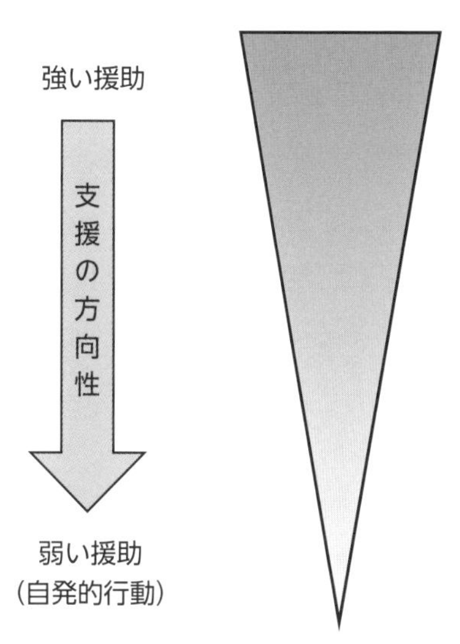

- 全面的な身体援助
- 部分的な身体援助
- 手を添える・方向づける
- 「○○しようね」（強めの言語指示）
- 「何するんだっけ？」（弱めの言語指示）
- 行動のサイン指示（非言語）
- 適切行動のモデル提示
- 自分で動ける手掛かりの導入
- 注意を喚起する
- うなずく・微笑む
- 黙って見守る

※安部博志『子どもの発達を支えるアセスメントツール』合同出版，2019．をもとに筆者作成

図2-8-4　支援レベルの強弱と具体例

ではなく、その行動のきっかけとなる要因や状況にアプローチすることが重要である。例えば、「友達に噛みつく」という行動に対して、「噛まないよ」とただ伝え続けるだけではその行動は必ずしも減ってはいかない。その「噛む」という行動の背景に「上手く自分の気持ちが伝えられない」という状況があるとすれば、自分の気持ちを伝える適切なコミュニケーション手段（絵カードなど）を提供することによって、その行動が改善されるかもしれない。さらに、アセスメントによって把握したその子の長所や強みを、積極的に支援・手立てに活用していくことも求められる。近年の脳科学の研究では、ASDのように、脳のある部位の活動がASDでない人に比べて低下しているような場合、それを補うようにほかの部位が発達している可能性も示唆されている。つまり、得意・不得意や強み・弱みの差があればあるほど、「その子の脳が喜ぶこと」を支援・手立てに活用していくことが有効だと考えられるのである。

（4）「具体的な状況」「評価・今後の課題」

具体的な支援・手立てにもとづいてその子への保育実践が展開されたのち、その結果を客観的に把握し、評価する。評価は、単にねらいが達成できたかどうかではなく、アセスメントによる実態把握（子どもの姿）は的確であったか、設定したねらいは適切であったか、具体的な支援・手立てとして考えた環境づくりや働きかけは適切で必要なものであったかなど、個別の指導計画そのものについて評価する。

なお、評価は「子どもの頑張り」に対しても必要である。保育者が、「昨日はうまくいかなかったのに、今日はこんなことができた」という結果と過程を心から喜び、子どもの「いま・ここ」の瞬間の頑張りに対して、「よく頑張ったね」「今日はこんなことができてすごいね」と子どもにきちんと伝えることが大切である。それが子どものより頑張る気持ちを育てることにつながるのである。

3 個別の指導計画策定上の配慮点とその活用

気になる子に対する個別の計画には、本節で整理してきた「個別の指導計画」のほか、「個別の支援計画」(生まれて障害があるとわかったときから生涯にわたり、各発達段階に応じて適切な支援を行うための計画であり、地域と家庭で連携して作成する)と「個別の教育支援計画」(就学前から学校卒業までの学齢期を中心とした支援計画であり、学校が中心となって、保護者や関係専門機関と連携して作成する)*がある。「個別の指導計画」は、「個別の教育支援計画」*における、保育所等や学校での支援目標として設定された部分を具体化させたものであるため、策定時には「個別の教育支援計画」とリンクさせることが必要である。なお、策定にあたっては、かかりつけ医や特別支援学校の教師、地域の特別支援教育コーディネーター、巡回相談の担当者など、園外の専門家にも積極的にアドバイスを受けるとよい。

*就学支援シート
就学前については、就学支援シートを用いている自治体もある。

*個別の教育支援計画作成の留意点は、章末のコラム7「「個別の教育支援計画」の作成例」を参照。

また、乳幼児期は年齢的に保護者の養育が中心の時期であるため、個別の指導計画の策定にあたっては、保護者の思いや願いをくみ取り、ねらいや支援・手立てに反映させることも大切である。指導計画そのものも確認してもらい、その内容を保護者も理解し、子どものどの面を育てようとしているのか、そのためにどのような支援・手立てが実際の保育のなかで行われるのかを納得してもらうことが大切である。保護者が子どもの一番の理解者として自信をもってもらえるようになることも、個別の指導計画を策定するうえで意識するとよい。

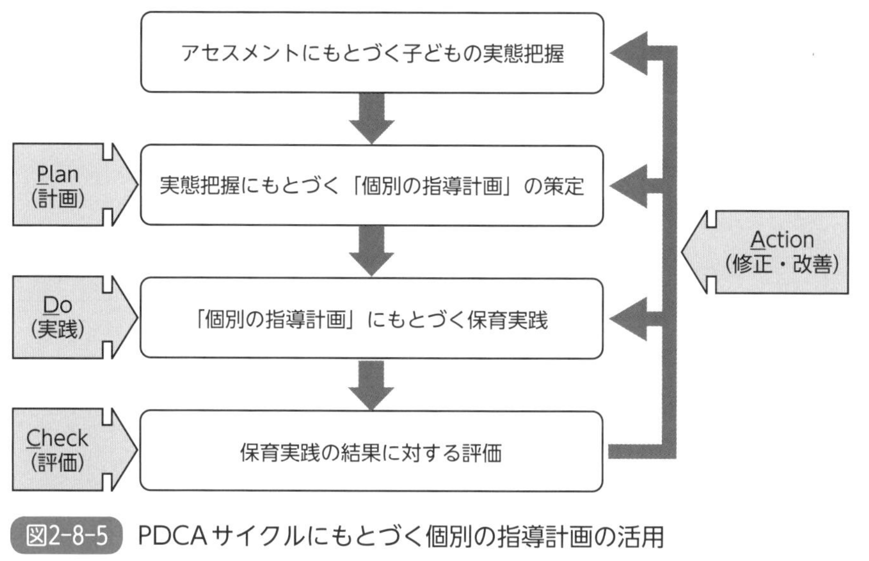

図2-8-5　PDCAサイクルにもとづく個別の指導計画の活用

そして個別の指導計画は、その活用の過程で柔軟に修正していくことが大切である。本章第１節１の(３)で指摘したように、乳幼児期の正確なアセスメントは難しい。図2-8-5に示したように、保育は子どもの実態把握が出発点であり、個別の指導計画はその実態把握にもとづくPlan（計画）である。したがって、実態把握（子どもの姿）が変わってくれば、当然、個別の指導計画におけるねらいや支援・手立ても変わってくる。さらに、乳幼児期の子どもはそもそも日々大きく変化していく存在である。定期的にアセスメントによる実態把握の見直しを行い、Plan（計画）を修正し、Do（実践）、Check（評価）、Action（修正・改善）のPDCAサイクルにもとづいて活用を進めることが求められる。

最後に、個別の指導計画は園全体で共有することが大切である。気になる子には担任保育者だけでなく、園や学校全体がチームとなってかかわることが求められている。それぞれの保育者の支援がバラバラでは、子どもにとって安心した園生活とならない。一人ひとりの保育者の支援のベクトルを統一し、その子へのかかわりの方向性を一つにしていくことにも、個別の指導計画は活用されるのである。

コラム 7

「個別の教育支援計画」の作成例

特別支援教育の重要なツールに「個別の教育支援計画」があります。そこで本コラムでは、「緊張が強くて人と話すことが苦手な子」を仮想モデルとして、個別の教育支援計画の作成方法を確認してみましょう。

1　学校生活への期待や成長への願い（こんな学校生活がしたい、こんな子ども（大人になってほしい）など）	
本人から	先生とたくさんお話しがしたい。
保護者から	さまざまな友達とも会話ができるようになってほしい。

支援を必要としている本人や家庭の願いを記述します。

2　現在のお子さんの様子（得意なこと・頑張っていること・不安なこと）
新しい環境に少しずつ慣れ、担任の先生には小さな声で要求を伝えることができるようになってきているが、友達にはまだ不安がある。

得意なことや困っていることを具体的に記述します。

3　支援の目標	
安心して会話ができる先生や友達を増やす。	
学校の指導・支援	家庭の支援
緊張が和らぐように、個別に優しく話しかける。	学校での様子や思いを本人から聞き取って、担任へ連絡帳で伝える。

支援の目標を具体化し、そのための学校や家庭での指導内容を記述します。

4　支援機関の支援	
在籍校	○年度　○年○組　担任名：○○ ○○ ○年度　○年○組　担任名：○○ ○○
	支援機関：○○発達支援センター　担当者：○○ ○○ 支援内容：言葉の指導 支援期間：（令和○年○月）～（現在）
	支援機関：○○医院　担当者：○○ ○○ 先生 支援内容：定期健診および薬の処方 支援期間：（令和○年○月）～（現在）

必要に応じて、医療や福祉などの関係機関等とつなぎます。

5　支援会議の記録		
日時 令和○年○月○日 ：～：	参加者：保護者、新担任、 特別支援教育コーディネーター	協議内容・引継ぎ事項等 生育歴や今後の指導内容の確認を行った。
日時 令和○年○月○日 ：～：	参加者：	協議内容・引継ぎ事項等
日時 令和○年○月○日 ：～：		

特別支援教育コーディネーターなどと連携し、支援会議を実施した期日や内容を記述します。

6　成長の様子

7　来年度への引継ぎ

1年間の成長の様子や次年度に向けて指導内容、支援ツールなどの引継ぎを保護者と確認し、合意形成を図ります。

以上の内容について了解し確認しました。

令和　年　月　日　　保護者氏名＿＿＿＿＿＿＿＿

※東京都教育委員会「学校生活支援シート（個別の教育支援計画）の基本的考え方」（2016）をもとに筆者作成
https://www.kyoiku.metro.tokyo.lg.jp/school/document/special_needs_education/files/current_plan/kobetsushien_2.pdf

第 9 章

関係機関や保護者との連携

特別支援教育を実施していくにあたっては、園や学校だけでなく、保護者や医療・福祉等の関係機関との連携が重要となる。

そこで本章では、ライフステージに応じた切れ目のない支援体制を構築していくうえで、就学に向けた連携支援の制度的な位置づけから、保護者支援や関係機関との連携等について、実際の教育・保育現場を想定しながら実践的な学びの獲得を目指す。

就学へ向けた関係機関や保護者との連携の必要性

1 就学へ向けた支援の土台づくり

＊小１プロブレム
幼稚園や保育所等を卒園後、小学校の環境に馴染めず、落ち着かない状態が続くこと。

近年、小１プロブレム＊を代表するような幼児期の教育・保育と小学校教育との接続が大きな課題となっており、文部科学省は、「幼児期の終わりまでに育てておきたい姿」を示している[1)]。しかしながら、子どもの発達に何らかのつまずきがある場合、通常の教育・保育のなかではその子にとって最善の環境や学びを保障することが難しい場合がある。また、家庭において不適切な養育環境が生じている可能性がある場合は、園や学校だけでは適切な対応に限界も出てくる。ゆえに、園や学校は限界を見極め、必要に応じて外部の専門機関に助けを求める判断ができることや、保護者の子育てを支えるために地域の関係機関と連携しながら役割分担をし、早期介入により子どもや保護者の成長を支えていくことも、重要な支援の視点だといえる。

幼児期は、連続性のある多様な学びの場において、最初の選択の時期であるとともに、就学のみならず、学校卒業後の就労も見据えた一連の支援の流れにおいて、支援の土台づくりの時期ともいえる（図2-9-1）。この時期に特別な配慮を要する幼児の支援で求められることは、家庭生活におけ

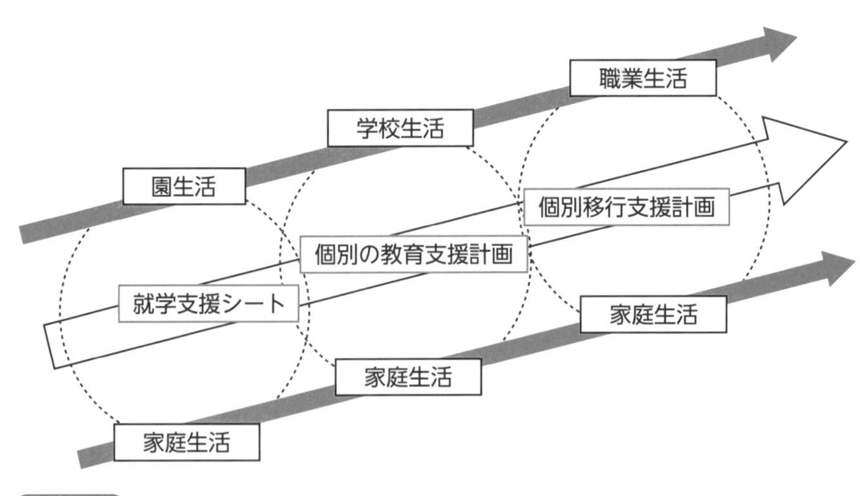

図2-9-1 ライフステージに応じた切れ目のない支援

1）文部科学省「幼児期の教育と小学校教育の円滑な接続の在り方について（報告）」2010.

る保護者の子育て支援に加え、地域の小学校や特別支援学校の特別支援教育コーディネーターと子どもの実態を共有し、適切な連携・引き継ぎをしていくことが挙げられる。そのためには、就学支援シートから個別の教育支援計画へ移行していくことに加え、個別の指導計画を早期から作成する必要がある。また、障害等の状況によって療育的な支援が求められる場合は、児童発達支援センター等と連携し、子どもの発達の保障だけでなく、保護者の支援も必要になる。虐待等のケースには、児童相談所等と連携するだけではなく、遊出等の事故や事件に関連する場合は、地域の警察や消防などとも協力体制を整える必要がある。

2　幼稚園教育要領や保育所保育指針における連携の位置づけ

特別な配慮を要する園児の指導について、幼稚園教育要領では、「特別支援学校などの助言又は援助を活用」「家庭、地域及び医療や福祉、保健等の業務を行う関係機関との連携」「個別の教育及び保育支援計画の作成や個別の指導計画の作成」「個々の園児の実態に応じ、指導内容や指導方法の工夫を組織的かつ計画的に行う」の4点が示されている。また、保育所保育指針においても幼稚園と同様に5領域が設定され、小学校就学へ向けた幼児教育の位置づけがなされており、第1章3「保育の計画及び評価」では「障害のある子どもが他の子どもとの生活を通して共に成長できるよう、指導計画に位置付ける」ことに加え、「家庭や関係機関との連携した支援のための計画を個別に作成する」とある。すなわち、幼児期の教育・保育では、個に応じた支援を工夫するとともに、家庭や関係機関と連携を図るために支援の計画を作成し、保育計画に位置づけることが求められているといえよう。

インクルーシブ教育システム*の実現に向けて、法令においても障害を理由とする差別の解消の推進に関する法律の改正（2021（令和3）年）に伴い、これまで合理的配慮の実施は努力義務であった私立の園や学校においても、合意形成を行い、合理的配慮を実施することが必須となり、これまで以上に外部の専門機関との連携が必要になる*。

*インクルーシブ教育システム
障害のある者とない者が、ともに効果的に学ぶ仕組み。

*近年では、医療的ケアが必要な障害児や重症心身障害児への支援の充実など、園や学校においても質の高い教育・保育の提供が求められており、医療機関や福祉機関等の連携を早期から密にすることで、子どもの支援体制を整える必要がある。

2 保護者支援・子育て支援

1 障害受容に向けた保護者支援

（1）保護者の障害受容

子どもが初めて集団の場に入るのが、保育所もしくは幼稚園であり、親にとっても今までの子育ての基準が大きく変わるきっかけになりやすい。このような初めての集団の場で、子どもの発達に何らかのつまずきがあった場合、親はどのようにわが子を受け止めていくのであろうか。支援者にとって、親が子どもの障害を受容していく過程を学ぶことは、各段階に必要となる支援方針を計画するうえで、非常に有効な手段となりうる。

親の障害受容については、Drotar, D et al.[1)] の段階説が有名である。これは、先天奇形をもつ子どもを出産した25人の親に対し面接を行い、その親の反応について示したものである（表2-9-1）。わが子を認識するまでには、①ショック、②否認、③悲しみと怒り、④適応、⑤再起の5段階があり、障害に対する受容の期間はさまざまであっても、このような

表2-9-1 親の障害受容の段階と反応について

段階	反応	親の様子
Ⅰ	ショック	突然の出来事にショックを受け、混乱している。
Ⅱ	否認	ショックを和らげるために何かの間違いだと、目の前の事実を認めることができない（心理的な防衛反応）。
Ⅲ	悲しみと怒り	なぜ、自分にそのような出来事が起きているか、悲しみや怒りが続き、抑うつ的な気分が生じてくる。
Ⅳ	適応	悲しみや怒り、抑うつ等の感情を経て、子どもが障害児であることの諦めと現実を受け止める気持ちが出てくる。
Ⅴ	再起	障害児である自分の子どもを家族の一員として受け止め、積極的に親としての責任を果たそうとする。

※Drotar（1975）をもとに筆者作成

1）Drotar, D., Baskiewicz, A., Irvin, N., Kennell, J., & Klaus, M. 1975. The adaptation of parents to the birth of an' infant with a congenital malformation :A hypothetical model. Pediatrics, 56(5), pp.710-717.

段階を経て、いずれは障害を受容できるものであると主張する立場を示したのである。

一方で、段階説に対し、ほぼ逆の見解を示したのがOlshansky[2)]の慢性的悲嘆[3)]である。これは、親が子どもの障害を知った後は絶え間なく悲しみ続けるものであり、自身の死、または子どもの死が訪れるまで続くと主張したのであった。また、この苦悩や悲しみは親の自然な反応でもあり、これらの状況に対し、専門家の理解が弱く、親に悲哀を乗り越えることを励まし続けること自体、自然な感情を表すことの妨げにつながる可能性があるとも述べた。つまり、障害について、必ずしも受容すべきものとしてとらえるのではなく、受容する過程のなかで親の感情が揺れ動くこと自体、自然なことであると主張したのであった。

そのほかに、これらの段階説や慢性的悲哀説を包括したものとして中田による螺旋形モデルがある。この考えは「親の内面には障害を肯定する気持ちと障害を否定する気持ちの両方の感情が常に存在する」ことを明確に示したものである。そして、これらの気持ちが交互に現れることを連続した過程（螺旋形）とし、段階説や慢性的悲哀説も「すべてが受容の過程を進んでいる点では本質的に違いないと理解すべき」であると述べた[4)]。

ここまでは、障害を受容することに対し、肯定と否定からの側面について述べたが、そもそも障害の受容は親の成長につながると述べているものもある。例えば、鑪は障害児の親の手記をもとに、親の障害に対する態度の変容として八つの段階説を論じた。その段階説の７段階では「努力を通して親自身の人間的な成長を子どもに感謝する段階」とし、第８段階でも「親自身の人間的成長、精神薄弱児を社会に啓蒙する」などと具体的に明記している[5)]。その他、牛尾は重症心身障害児・者をもつ母親に対し実施した面接から「母親が子どもの障害を受容し人間的に成長をしていく過程には、何回も新しい態度を形成していく」と考察し、併せて障害児を療育している母親のポジティブな側面について「人間的成長」と示した[6)]。

2）Olshansky, S. 1962 Chronic sorrow: A re-sponse to having a mentally defective child. Social Casework. 43, pp.190-193.
3）渡辺久子「障害児と家族過程―悲哀の仕事とライフサイクル」加藤正明・藤縄昭・小比木啓吾編『講座家族精神医学』弘文堂，pp.233-253，1982.
4）中田洋二郎「親の障害の認識と受容に関する考察―受容の段階説と慢性的悲哀」『早稲田心理学年報』27，pp.83-92，1995.
5）鑪幹八郎「精神薄弱児の親の子供受容に関する分析研究」『京都大学教育学部紀要』9，pp.145-172，186-187，1963.
6）牛尾禮子「重症心身障害児をもつ母親の人間的成長過程についての研究」『小児保健研究』57(1)，pp.63-70，1998.

（2）保護者支援の重要性

このように、障害の受容や否認には、多くの諸要因が関連して成り立ち、子どもの障害の受容は一時期で終わるものではなく、親の生涯を通して行われるものとなる。そのため、親の孤立や先の見通しの不透明さなどを軽減し、防ぐことが必要となる。一方で、このような状況にうまく適応できず、虐待につながる案件も多く存在する。特にこのような虐待案件では、子どもへの対応だけでなく、保護者への心理的ケアが求められることが多い。実際に発達障害児の母親は、高い水準で抑うつ状態になりやすいという報告も多く、抑うつ状態が続くことで、育児負担感が増大し、子どもへの批判的な感情表出が強くなりやすいともいわれている。そのためにも、親が専門的な支援機関や支援者とつながり、家族以外の協力者や理解者を得ることが何よりも大切となる。また、これら支援機関を通じて、同じ立場の親同士との交流の場をつくり参加することも、障害を受容していくうえで、支えとなりやすい。

つまり、家族を取り巻く環境の要因を整えることが、周囲から支えられているという安心感にもつながり、より一層、障害受容を促進させていくものとなる。そして、私たち専門職が受容の過程を整理し、その過程に沿って、親の心性に寄り添った援助を行い、指示的なアプローチを図り続けることで、より適切な保護者支援につながるであろう。

2 カウンセリングマインドによる子育て支援

グレーゾーンといわれている子どものなかには、言われたことや決まりきったことなどに対してはそれなりに取り組むことはできるものの、物事に対し自発的に取り組むことを苦手とし、受け身傾向になりやすいといった子どもが多く存在する。そのような特性をもつ子どものためにも、幼稚園教育要領および保育所保育指針に記載されているように子どもの主体性を尊重し、一人ひとりの発達に応じた指導が大切となる。つまり、支援者が主導となるかかわりではなく、子どもの個性を尊重したかかわりが求められる。

そのような状況のなか、近年、保育者の対応においてカウンセリング場面でカウンセラーがクライエントに対応する際の姿勢や態度を応用した保育場面での実践が注目されている。これらの取り組みはカウンセリングマインド*と呼ばれている。

このカウンセリングマインドは、コミュニケーションを行う際、相手の立場に立って理解しようとする姿勢や態度のことを示す。この姿勢や態度は、相手の考えや価値観を尊重し受け止めようとする意識から成り立つものである。これらの前提となるのが、ほとんどの個人に、成長への力、自立していく力、自己実現に向かう傾向が存在し、それが治療への唯一の動

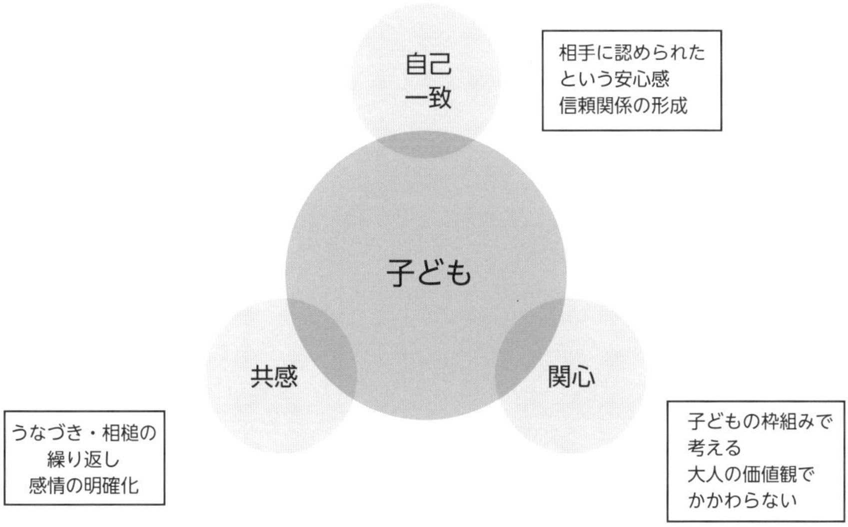

＊カウンセリングマインド
具体的な概念が存在するような専門用語ではなく和製英語。

図2-9-2　カウンセリングマインドにおける支援要素

機付けとなって働くとするロジャーズ理論である。そして、このような人間観がなければカウンセリングは成立しないとも唱え、カウンセラーの心情・態度には、「共感*」「受容*」「自己一致*」の三つが必要とされる。

この図2-9-2によるカウンセリングマインドの考え方によって、相手の考えや価値観を受け止め、尊重できるようになること、また自分のことを理解し認めてもらえたという承認要求の充足にもつながること、そして結果的に自分は大切な価値ある存在であるなどの自己肯定感を高めることができるのである。つまり、保育場面などの日常体験を通じて、子どもの気持ちに寄り添い子どもの心を開放させ、子どもが表現した気持ちに対し、決して大人の価値観や支援観を押し付けず、子どもの心の内を理解したうえで主体的な行動や意欲を引き出すプロセスが子どもの安心感を得ることにつながるのである。

このカウンセリングマインドの考え方を参考にすることで、子どもの自己肯定感を高めるだけでなく、他者肯定感も高めることができるだろう。

＊共感

クライエントの悲しみや怒り、苦しみや喜びなどの心情を理解し、クライエントとともに感じ合うこと。この共感的理解はクライエントの主体性の回復につながる。

＊受容

クライエントに何の条件もつけることなく、ありのままのクライエントを尊重し、温かく受け入れること。クライエントは受容されることで、ありのままの自分と向き合えるようになる。

＊自己一致

カウンセラーが意識していることと、クライエントに向けて表現されていることが密接に符合し、一致しているということ。

3 関係機関との連携

1 地域の専門機関との連携と課題

幼児期の教育・保育においては、保護者の理解と支援に加え、就学を見据えて一貫した相談および支援体制を構築していくことが求められる。例えば、文部科学省「障害のある児童生徒等に対する早期からの一貫した支援について（通知）」(2013年）では、市区町村の教育委員会が幼稚園・保育所・小学校等との連携を図るとともに、医療や福祉等の関係部局とも十分に連携し、乳幼児健診の結果を必要に応じて共有することと、都道府県の教育委員会が学校に対して専門家チームを派遣したり、巡回相談等を実施したりすることで、支援体制を整えることが示されている[1)]。これら複数の立場の専門職による連携から、円滑な就学相談につなげていくことが、ひいては、保護者にとっても地域のなかで身近な利用しやすいサービスを安心して相談できることにつながる。また、特別支援教育に関する種々の情報提供を受けることで、子どもの実態や日々の子育てをとらえ直しながら、その子にとって最も有用な学びの場を選択するにあたり、園や学校との合意形成が得られるようになっていく。

しかしながら、すべての園や学校で円滑な連携が図られているとは、残念ながら言い難い現状もある。文部科学省の調査によれば、通常の学級に在籍する幼児児童生徒で、学校等が個別の指導計画、個別の教育支援計画を作成する必要があると判断した幼児児童生徒のうち、実際に個別の指導計画が作成されている割合は83.3%、個別の教育支援計画が作成されている割合は73.1%である（図2-9-3）[2)]。これらの作成状況は増加傾向にあるが、まだまだ支援を必要とするすべての子どもには至っておらず、保育所に関しては、作成状況の調査が不透明な点も今後の課題といえる。

1）文部科学省初等中等教育局「障害のある児童生徒等に対する早期からの一貫した支援について（通知)」2013.
2）文部科学省「平成30年度特別支援教育に関する調査等の結果について（概要)」2018.

(2018（平成30）年5月1日現在)

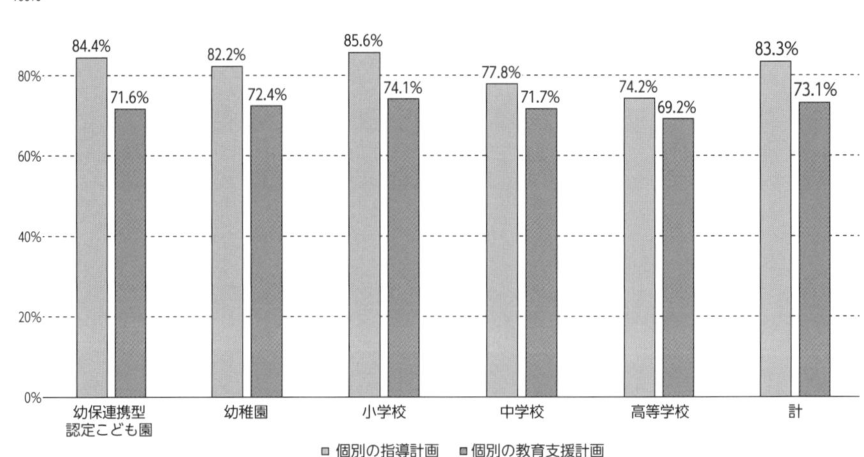

出典：文部科学省「平成30年度特別支援教育に関する調査等の結果について（概要）」2018.

図2-9-3 個別の指導計画と個別の教育支援計画の作成状況

2 地域の専門機関の概要と連携について

子どもの最善の利益のために支援体制を整えていくには、就学前の子どもがかかわる専門機関にはどのようなものがあるか、筆者が過去に勤務していた特別支援学校や巡回相談等で、実際に連携を図っていた関係機関を含め、主たるものを表2-9-2に示す[3)]。

（1）医療機関

医療機関との連携は、障害の早期発見、診断、治療、経過観察等、実にさまざまな機能を有している。幼稚園や保育所には、園医*が配置されており、教育・保育を充実させていくうえで、小児科医や児童精神科医との連携は必須となる。また、身体機能については整形外科医などとも連携をとる必要があり、実際の園生活や学校生活上の医療的な配慮事項等、子どもの発達の保障のみならず、安心・安全にも大きくかかわる。

＊園医
小学校、中学校等は、学校医が配置されている。

一方で家庭生活においては、その子の既往歴や発達の特性などの縦断的な情報をもっている「主治医（かかりつけ医）」がキーパーソンになることがあるため、必要に応じて主治医訪問等を介して、子どもの情報を集め

3）秋田喜代美・馬場耕一郎監，秋田喜代美・那須信樹編『保育士等キャリアアップ研修テキスト 7マネジメント』中央法規出版，pp.12-27，2018.

表2-9-2　幼児期に関連する専門機関の役割と各種専門職

専門機関等	関連する役割	関連する主な専門職等
医療機関	医療の提供、健康の保持（嘱託医、健康診査）	医師、歯科医師、看護師、臨床検査技師、理学療法士、作業療法士、言語聴覚士、視能訓練士、薬剤師、歯科衛生士等
市区町村の保健福祉部門	保育所への入所、公立保育所の管理・運営、乳幼児健康診査等、子育て支援、監査	社会福祉主事、小児科医、歯科医、保健師、栄養士、心理士、歯科衛生士等
保健所	感染症や食中毒への対応	医師、保健師、栄養士等
児童相談所	障害児の判定、児童虐待、養護や行動上の問題を抱えた児童・家族への対応	医師、児童心理司、児童福祉司、保育士等
児童家庭支援センター	子どもと家庭に関する相談、要支援児童やその家庭、里親等への支援	社会福祉士、心理士等
児童発達支援センター、児童発達支援事業所、障害児通所施設等	発達に心配のある子ども、障害のある子どもに対する療育	児童指導員、保育士等
小学校、特別支援学校、短期大学・大学、社会教育施設、教育委員会	教育、幼児教育と義務教育の接続、園内研修、教育相談等	小学校教諭、養護教諭、特別支援学校教諭、図書館司書（司書教諭）、特別支援教育コーディネーター、スクールカウンセラー、スクールソーシャルワーカー、学芸員、社会教育主事、指導主事等
警察署、消防署	防犯、交通安全、防火、防災、緊急搬送、虐待・DV対応、遊出対応等	警察官、消防士、救急救命士等
社会福祉協議会	地域福祉の推進	社会福祉士等

※秋田喜代美・馬場耕一郎監，秋田喜代美・那須信樹編『保育士等キャリアアップ研修テキスト　7マネジメント　第２版』中央法規出版，2020．を一部筆者改変

ることも有用である。保護者によっては、障害受容のプロセスでさまざまな医療機関で受診を繰り返すケースもあるため、信頼して子どもを診てもらえる医療機関と家庭をつなぐことは、乳幼児期の重要な課題である。

（２）市区町村の保健福祉部門、保健所、児童相談所

自治体によって組織や体制、名称は異なるが、保健福祉に関する部門が

設定されている。支援を要する子どもの加配申請などは、これらの保健福祉部門に相談することが支援のきっかけとなることもある。

乳幼児健康診査*には、医師や歯科医、保健師等がかかわることになる。医師や保健師等の専門職は、後述する児童相談所との連携においても重要となる。

＊乳幼児健康診査
母子保健法に基づいて行われる乳幼児に対する健康診査（健診）のこと。1歳6か月健診と3歳児健診は、市区町村に義務づけられているが、その他の乳幼児にも必要に応じて健診を行うことが推奨されており、3～4か月健診は、ほとんどの自治体で実施されている。

感染症や食中毒などが発生した場合は、主に保健所と連携をとる必要が出てくる。近年に代表される新型コロナウイルス感染症（COVID-19）のような大規模な感染症については、園や学校と保健所に加えて、家庭も含めた連携が重要になる。

児童相談所は、児童虐待の通告先であり、子どもの障害の判定や、児童虐待への対応、社会的養護の必要や行動上の問題がある児童およびその家族への対応などを行う。「児童虐待の発生予防・早期発見」「児童虐待発生時の迅速・的確な対応」「被虐待児童への自立支援」の三つの課題から、2022（令和４）年までに医師や保健師等の配置体制が強化されることとなっている[4)]。

（３）児童家庭支援センター

主に「子どもと家庭」に関する相談に応じるため、支援や保護のために関係機関（児童相談所等）と連携して対応する施設である。具体的には、児童虐待の発生予防や親子関係の再構築支援（家族支援）、心のダメージの回復を目指した専門的ケアなどが実施されている。

これらの相談支援に加えて、子育て短期支援事業（ショートステイ）の利用調整や市区町村が実施する乳幼児健診事業の運営支援、要保護児童対策地域協議会（子どもを守る地域ネットワーク）の機能強化、里親への支援等、社会的養護施設と地域とをつなぐソーシャルワークの拠点となっている。

（４）児童発達支援センター・児童発達支援事業所、障害児通所施設等

児童発達支援センターは、就学前の発達が気になる子や障害のある子どもに対して、療育を行う通所型の施設「発達支援（本人支援および移行支援）」、「家族支援」および「地域支援」を総合的に提供していくもので、地域の中核的な療育的支援を一手に担っている。具体的には、児童指導員

4）厚生労働省「令和元年度児童福祉法改正による児童相談所における保健師必置について」2021.

や保育士に加えて、理学療法士、作業療法士、言語聴覚士、視能訓練士などの機能訓練を実施できる専門職が配置されており、「福祉型児童発達支援」「医療型児童発達支援」のサービスが提供される＊。

＊児童発達支援
サービスを受けるにあたり、障害児の手帳の有無は問わない。

児童発達支援事業所も同様の機能を有しているが、児童発達支援センターは、当該児童が通う保育所等への訪問支援や地域生活支援事業における巡回支援等の機能を有している。

療育を実施する関係機関との連携においては、個別指導等の療育プログラムを日々の教育や保育にどの程度まで落とし込めるかが、重要な支援のポイントとなる。この点は、訪問支援の活用から専門家に助言を求めることなども含め、個別の教育支援計画や個別の指導計画等に連携や学習内容等を明記し、教育・保育のなかで療育的な視点や実践も柔軟に取り入れていくことが有用である。

（５）小学校、特別支援学校、社会教育施設等

幼稚園教育要領や保育所保育指針においても、就学を見据えた連携や接続が求められている。そのため、就学先の小学校の特別支援教育コーディネーターと連携を図るとともに、地域の特別支援学校のセンター的機能を活用し、教育相談や園内研修の活性化などから、質の高い支援が期待される。

小学校との接続に向けては、就学支援シートや個別の教育支援計画を活用することで切れ目のない支援が求められるが、スクールカウンセラーやスクールソーシャルワーカーを配置している学校もあることから、他職種との連携も含めて相互的な情報交換をしつつ、円滑な引き継ぎをしていくことが求められる。

（６）警察・消防

虐待やＤＶへの対応に加えて、日々の防犯、防災などの情報や子どもの事故や怪我、アレルギー反応等の緊急時の対応にも関連する。深夜にパニックを起こして泣いている子どもに対する虐待の嫌疑や遊出等で捜索が必要になるケースもあるため、地域のなかで支援を必要としている家庭や子どもを把握していくことが有用となる。

（7）社会福祉協議会

すべての市区町村および都道府県に設置されており、全国組織*もある。地域の福祉関係者が参加し、保育の分野においても研究大会や研修会など、さまざまな情報を得ることができる場である。

*全国組織
全国社会福祉協議会ウェブサイト https://www.shakyo.or.jp/

3 他機関との連携における注意点

虐待等の不適切な養育に対しては、担任のみならず管理職等も含めた組織的な対応をすることが原則となる。このような場合、児童相談所や市区町村の保健福祉部門へ通告・相談するとともに、子どもや保護者に関する情報や記録を整理し、関係者間で共有する必要がある。その際、子どもにとっては園や学校が命綱となっていることを念頭におき、保護者と子どもを加害者と被害者という関係にしないため、状況によっては措置を講ずる冷静な判断と覚悟が求められる。

関係機関や専門家と連携を図る場合、管理職の判断に加えて、発達相談や検査の実施などは、保護者の了承が必要となることがある。ここで注意したいのは、「保護者の了承」が一人歩きし、適切な連携や支援が遅れることである。虐待の相談や通告は守秘義務の対象外であり、嫌疑であっても通告者が守秘義務違反に問われることはない。また、園内研修として気になる子や障害のある子のケース会議を開くこともあるが、職員間の情報共有や指導の改善に関する相談などは、必ずしも保護者の了承を得る必要がないこともある。

ゆえに園や学校が陸の孤島とならないよう、特別支援教育コーディネーターを中心として、積極的に連携を図っていけることが望ましいだろう。

簡単に様子をみるとか、大丈夫なんて言わないで

わが家の長男は、4歳2か月で自閉症スペクトラム・軽度知的障害・ADHD（疑い）と診断を受けました。今でこそ大変なことがありながらも前向きに過ごしているわが家ですが、本当にたくさんの涙を流してきました。

長男の出産と子育てのなかでの違和感

長男を出産した頃の私は、事務系の会社員をしており、産休＆育休生活に突入しました。初めての育児は、毎日が必死でしたが、生後半年頃から長男に違和感を覚えるようになりました。

「寝ない」、「寝ても下におろせない」、「30分ごとに起きる」、「反り返って泣く」、「片時もじっとしていない…」

男の子はやんちゃだと聞いていたけど、本当にこんなもの!?　みんなこんなに大変なの‼??　と困惑していました。

長男が1歳2か月になった頃、仕事に復帰しました。保育園のクラスで一際やんちゃな様子が心配になりつつも、慌ただしく日々は過ぎていき、気がつけば2歳半ばを迎えていました。

その頃の長男は、単語はたくさん出ているものの「コミュニケーションが一方的で成り立たない」、「通じ合う感じがない」、「テレビやCMのセリフをひたすら繰り返している」、「呼び止めても返事がない」という状態でした。まったくじっとしていられないため、長男を追いかけることに手がいっぱいで、ママ友からも「大変ね…」と言われ、周りに気を遣いながら過ごしていました。この頃から、私の頭のなかには「発達障害」という言葉が浮かんでは消え、「相談に行ったほうがいいかな？」「いやいやまさかうちの子に限って…」と、葛藤の連続でした。

実は2歳児クラスの頃、ある若い先生に「うちの子、大丈夫でしょうか？　みんなとの活動についていけていない気がします」と相談したことがあります。その先生は、「早生まれですし、大丈夫ですよ！　3歳になったら喋りますよ！」とその場で断言されました。もしかしたら、落ち込む様子の私を気遣ってくださったのかもしれません。でも、あまりに軽い答え方に「もう二度とこの先生には相談できない」と思ったのも事実です。

うちの子は発達障害なんだ…

2歳9か月頃、意を決して市の保健センターに相談に行きました。順番待ちがあり、初めて心理士さんと面談ができたのは3歳2か月のときでした。安心したのも束の間、検査中はまったくじっとできず、結果は「測定不可能」でした。検査結果の説明でも、「言葉も出ているし、様子をみましょう」と言われてしまいます。このときは、「こんなに様子をみたのに、支援につながらないなんて！　これ以上どうすればいいの！」という気持ちでいっぱいになりました。

様子をみても改善がないまま迎えた3歳半健診では、慣れない場所でパニックを起こすだろうと個別の配慮をお願いしましたが、未診断ということで対応してもらえませんでした。案の定、長男は大嫌いな歯科検診でパニックを起こしました。当時、次男を妊娠していた私は、泣き叫ぶわが子と臨月のお腹を抱えるなか、周りの冷たい視線に耐えかねて、健診の途中で「帰ります」と言って会場を後にしました。長男のことで泣いたのはこの日が初めてでした。そして、私のなかで疑いは確信に変わりました。

「うちの子は、発達障害なんだ」

待っていても仕方がないと考えた私は、自力で発達クリニックに予約を入れ、民間の療育機関を調べて契約し、自宅でできる療育やアプローチ法を調べつくしました。長男が4歳2か月でようやく診断がついたときに感じたのは、「やっと、やっと、この大変さに名前がついた」という安堵感でした。

これから幼児教育へ保育にかかわる方へ

保育園でも家庭でも、困っているのに様子をみると言われるだけで、具体的な支援を受けられない親子がいます。発達の専門的なことがわからないから「様子をみる」とするのではなく、長男にかかわる先生方に、少しでも家庭でできそうなことを示してもらえていたら、そのときの私の気持ちも少しは違っていたんじゃないかなと思います。

私は運よく、自宅でできるモンテッソーリ教育と感覚統合のアプローチに出会い、長男のよいところを伸ばしつつ、困り感を軽減していく方向に進むことができました。しかし、すべての保護者がそのような道をたどるわけではありません。だからこそ、子どもにかかわるすべての職種の方に、子どもの発達に関する正しい知識を身につけてほしい。たとえすぐに解決策を示すことができなかったとしても、困っている保護者に寄り添ってほしい。当時を振り返った今、そのように感じています。

(プラスモンテ®　りっきー)

第3部

「気になる子」の
発達に応じた実践

つかう

第10章

各領域における指導の留意点

「幼稚園教育要領」、「保育所保育指針」、「幼保連携型認定こども園教育・保育要領」では、保育内容の柱として、5領域（「健康」「人間関係」「環境」「言葉」「表現」）が設定されている。

そこで本章では、障害など特別なニーズのある子どもに対する5領域における指導の留意点について解説する。

領域「健康」における指導の留意点

1 子どもにとっての「健康」とは

領域「健康」における指導・援助は、子ども一人ひとりのペースに寄り添い、子どもの「やってみたい」という意欲や自立心を育むように進めることが基本である。好きなことには前向きに取り組むが嫌なことには取り組みたくないというのは、子どもがもつ当たり前の気持ちである。好きなことを通して子どもは挑戦し、達成感を得る。嫌なことには前向きに取り組めないからこそ、周囲の大人や仲間の援助が必要となる。

保育者は、子どもの「やってみたい」という気持ちにも、「甘えたい」という気持ちにも寄り添いながら、子どもの「できない」部分ばかりではなく、「意欲的に参加する姿」に焦点を当て、子ども自身が頑張ろうとする意欲を育み、不安なことにも挑戦する勇気をもてるような環境をつくることが大切である。子どもは、自分を受容し大切にしてくれる大人や自分を認めてくれる仲間の存在により、新しいことに挑戦する意欲を膨らませ自立心を育んでいく。

(1) 基本的生活習慣

領域「健康」における基本的生活習慣には、睡眠、食事、排泄、衣服の着脱、清潔などが挙げられる。基本的生活習慣は、障害の有無にかかわらず子どもの生涯の健康をつくり上げる土台となることから、基本的生活習慣の確立は、幼児期における重要な目標である。以下に、生活習慣別の指導・援助の留意点について述べる。

規則正しい睡眠習慣の確立には、早起きをして朝食を食べ、排便をし、日中はしっかりと体を動かし、夜はぐっすり眠るといった生活リズムを整えることが重要である。特に夜の睡眠については、家庭との情報共有が不可欠である。

保育における食事場面では、保育者と子ども同士が一緒に食べる喜びや楽しさを味わえるような環境づくりが求められる。また、食事以外の時間においても、野菜を育てて収穫したり食べ物に関する絵本を読んだりするなどの食育を通して、子どもが進んで食べようとする気持ちや食べ物への興味を育むことが重要である。障害がある子どもの場合、咀嚼や食具の使用に難しさを抱えていることがある。子ども一人ひとりの心身の状態を丁寧にとらえながら、食べ物の固さや量などを調整したり子どもの発達に合った食具を選択したりするなどの工夫が必要である。

排泄の自立のためには、定期的にトイレに行く機会を設け、保育者が子どもをトイレに誘うなどの援助が必要である。ここでも、子どもが自らトイレに行きたいと思う意欲を育てることが大切である。そのため、子どもがトイレで排泄をしようと頑張ったときに保育者が一緒に喜ぶなどの援助や、トイレに子どもの好きな乗り物や動物の絵を掲示するなどの環境構成が重要である。排泄の自立を支える要因として、衣服の着脱ができるようになることが挙げられる。保育者には、子どもが自ら服を着たくなるような言葉かけや自分で着ようとしたことを一緒に喜ぶ姿勢が求められる。

清潔については、遊びやトイレの後は石鹸で手を洗う、食事の後には歯みがきとうがいをするなどの習慣を身につけられるよう、日々の保育のなかで繰り返し実践し習慣化していくことが重要である。

（2）運動

子どもは、自ら遊びやルールを創造し、遊びを発展させていく。保育者には、遊びを発展させるきっかけとなる言葉かけやかかわりが求められる。運動遊びの計画時には、子どもが自主的に多様な遊びを行えるように環境設定を工夫することが重要である。また、保育者が子どもを運動遊びに引き込むことも大切である。保育者が心から楽しんで活動に取り組む姿を見せることは、子どもたちへの誘いかけになる。

（3）安全

子どもが安全に安心して過ごす環境を保障するため、保育者は施設内外の危険個所などの情報を把握・共有し、マニュアルの作成・実践をはじめとした安全対策を行う必要がある。一方で、子どもの安全を守りたいがゆえに過保護になり、子どもの遊びが制限されてしまうことが懸念されている。そのため、子どもにとっての危険を排除することだけでなく、子ども自らが遊びや生活を通して何が危険で何が危険ではないかを判断できる力を養うという視点をふまえ、環境を整えることが重要である。

2 領域「環境」における指導の留意点

1 子どもにとっての「環境」とは

一般的な保育における「環境」とは、教室、園庭などの場や教材・教具といった物も含めた「物的環境」、友達や保育者などの「人的環境」、自然の草木や生物などの「自然環境」、地域の暮らしなどの「社会環境」に加え、園生活や活動のルール、保育目標や内容などの教育課程等、多義的な意味を含んでいる。

幼稚園教育要領では「幼稚園教育は、学校教育法に規定する目的及び目標を達成するため、幼児期の特性を踏まえ、環境を通して行うものであることを基本とする」とあるように、保育者が直接子どもにかかわり指示や指導をするのではなく、保育のねらいに沿った環境を構成することで、間接的に子どもの発達を促すことが求められる。

子どもの育ちは、これらさまざまな環境の影響を大きく受け、その様相が違ってくる。例えば、虐待によって脳の特定の機能が萎縮するなど身体的・心理的に大きなダメージを与えることがある。また「わからない」「できない」といった負の経験の積み重ねは、自尊感情の低下に留まらず、黙従反応*や学習性無力感*を生じさせる可能性があるため、子どもに圧をかけて管理するようなかかわり方は、望ましいとはいえないだろう。

これらを念頭に目の前の子どもの姿をとらえるならば、保育者にとって望ましくない行動も、保育における「環境」による結果である。ゆえに、もし問題行動と思われるような不適応が生じているとしたら、発達の遅れや家庭のしつけを疑う前に、それらの行動を引き出している現在の「環境」から保育そのものを見直すことが、問題を解決するはじめの一歩になるだろう。

＊黙従反応
周囲の促しや問いかけに対して、自分の意思（「〜したくない」「〜がわからない」など）が伝えられずに、従ってしまうこと。

＊学習性無力感
一定期間、ストレスの回避困難な環境におかれた人や動物は、その状況から逃れようとする（改善しようとする）行動が想起しなくなる。

2 気になる子の保育における「環境」のポイント

「気になる子」の保育を考えていくうえでは、子どもの発育・発達の読み取りだけでなく、言語（子どもがわかる言葉や速さ、大きさ等）や教材・教具の工夫（わかりやすさ、素材、大きさ等）、活動のわかりやすさ（やりたい、できると思えるか等）など、保育の環境に対する多面的・多角的なアセスメントがとても重要になる。

我々は生活のなかで音や匂い、光など、さまざまな刺激から必要な情報を選択し、それらをつなぎ合わせ、意味のあるまとまりとしてとらえることで、さまざまな行動や計画を可能にする。しかしながら、保育現場で「気になる子」たちのなかには、諸感覚*の情報処理に困難がみられることが多い。「特定の音が苦手で、情緒が崩れてしまう子」「触られることが苦手で、防衛的に手が出てしまう子」「着替えや汚れることを嫌がる子」「偏食が強くて、特定のこだわりがある子」などのケースである。感覚調整の困難さは、適応にも大きな影響を与えることから、気になる子どもたちにとっても、遊びを介して能動的に経験を積み、学びを深められる環境を構成していくことが保育者には求められる。

＊諸感覚
第3部第11章参照。

表3-10-1 「環境」を整えるポイント

物理的構造化	場所と活動を結びつける（遊ぶ場所、食べる場所、休憩する場所など）ことや場所を明確に分ける（パーテーションで刺激を軽減する、ラインやカーペットでスペースを明確にするなど）ことで、子どもは安心や見通しをもって活動できる。
時間と活動の構造化	時間の理解や活動の見通しをもつことが苦手な子どもにとっては、「活動の始めと終わりの明確化」、「活動時間や活動量の可視化」、「活動が終わった後の見通し」など、活動の中止や変更なども含め、活動の理解を促進する支援が必要になる。
視覚的構造化	我々の多くは、生活のなかで視覚的な情報を頼りにしている。一方で言語による聴覚的な情報は、音とともに消えてしまうという特徴がある。そこで、見てわかるように情報や概念を可視化することが有用となる。

領域「人間関係」における指導の留意点

1 「人間関係」の指導・援助 ——「つながり」の獲得

一般的に、人間は、生後すぐに始まる親子関係を通して愛着を形成し、人間関係の基礎を身につける。幼児期に入ると、幼稚園や保育所で教育者や保育者、そして同年代の友達など、家族以外の人とのかかわり合いが始まり、複数人との集団生活を通して社会性の基礎を学んでいく。

領域「人間関係」における指導・援助は、子どもと教育者・保育者の信頼関係を基盤に、子ども同士の人間関係に発展させていくことが基本となる。特定の人との「つながり」は、次第に子ども同士の「つながり」へと発展していく。この「つながり」を成立させるためには、活動や生活を通して、意味と感情を共有することが不可欠である。

(1) 意味の共有

「意味」の共有とは、遊びの道具や活動の内容など、何をするのかがわかり、同じ活動ができるということである。例えば、折り紙を見せたとき、教育者や保育者は、折って遊ぶものだと認識し活動をしていても、子どもは丸めて投げるものと認識し、別々の世界を見て活動を行っていては、「つながり」は生まれない。特に、知的障害や発達障害の子どものなかには、この意味の理解に困難をもつ子どもも多くみられる。このような子どもに対し、延々とやって見せたり、説明を繰り返したりするだけでは、意味の共有は難しいことが多い。教育者や保育者は、自らの意味世界に子どもを入れようとするのではなく、子どもの意味世界に飛び込むことが大切である。先の例で考えれば、折り紙は折って遊ぶものという固定観念を外し、丸めて投げるものとしてとらえ直し、一緒に丸めて投げて遊ぶなど、子どもがつくった世界を共有するということである。そして籠を置いてそこに投げ入れて遊ぶなど、子どもと共有した世界を、より発展した遊びにつなげていく。この意味の共有ができて初めて感情の共有が可能になる。

（2）感情の共有

感情の共有とは、活動を通して、教育者や保育者と子どもが同じ気持ちになるということである。遊びを通して一緒に楽しんだり、うまくできなくて一緒に悲しんだりというような感情世界を共有することが大切である。子どもが友達と喧嘩していたり、活動がうまくいかなかったりして活動を楽しめない状況で、教育者や保育者が活動を楽しんでも感情世界の共有はできない。また、子どもが活動を楽しんでいても、教育者や保育者が楽しめていなければ感情を共有することは難しくなる。感情の共有においても、教育者や保育者が、子どもの感情世界に飛び込むということはとても重要である。

2 「つながり」を育てる教育者・保育者であるために

子どもの世界を理解しようと努めることは何よりも大切なことである。身体障害、知的障害、精神障害、発達障害のいずれの障害がある子どもであっても、その子の特性を理解したうえで、気持ちを想像できる力は大切である。障害の理解は、その子の特性を理解するための一つの方法には成り得るが、すべてではない。例えば、発達障害の子どものなかには、感情を言葉や表情でうまく伝えられない子どもがいるということを知っていれば、固い表情をしていても怒っていないだろうと見当がつけられる。しかし、どんな気持ちでいるのかまでは、理解はできない。つまり、障害を理解するということは、「つながり」を育てる教育者・保育者であるために、必須であるが、それだけでは不十分であり、子ども一人ひとりの気持ちを理解するということを決して疎かにしてはならない。

「つながり」を基盤として、優しさ、自立心、協同性、感謝の気持ち、道徳性や規範意識など、将来社会を形成していく人間であるために不可欠な人間性が育っていく。意味や感情の共有は、思いやりの基盤となる意図の共有を可能にする。教育や保育では、教育者や保育者が子どもを大切にし、子ども自身が自分は大切にされているという感覚を身につけ、ほかの誰かを大切にしようと思えたとき、人間関係の基礎が出来上がる。

領域「言葉」における指導の留意点

1 音韻意識の発達

乳児期の言葉の獲得は、「聞きことば」を獲得することから始まり、母国語の音韻のなかにおかれることが最初である。生後半年頃の乳児は、世界中の言語音を聞き分ける音韻知覚能力があることが知られている。この乳児期の能力は、どのような言語体系であろうとその地に生まれ、その地の言語環境へ適応するための生得的な能力と考えられている。ゆえに本来のバイリンガルはこの時期に獲得された能力といえる。生後半年頃になると、それ以前の「アー」という母音だけの状態から、一音一音明確に発音できる「喃語」が聞かれるようになる。音韻知覚能力は喃語が認められる頃から失われ、母国語の音韻体系に限定された音韻知覚能力のみが残る。その後、1歳頃には一語文を話し、1歳10か月頃には二語文、2歳には三語文へと、より明確に自分の意志を表せるように「話しことば」を獲得していく。このように乳幼児期は音声言語である「聞きことば」と「話しことば」の土台がつくられる時期といえる。

それでは、文字言語である「読みことば」や「書きことば」の土台はどのようにつくられるのだろうか。その土台は「音韻意識」*にある。

＊音韻意識
言葉の音（おん）の側面に注意を向けて音を操作する力（音韻操作）を身に付けること。言葉遊びといわれるしりとりや「あ」がつく言葉探しの経験は、知らぬ間に母国語の音韻意識を育てているといえる。

一般に年長児になると音韻削除（「／とけい／の／と／を取ると？」：答え／けい／）や、逆唱課題（「／とけい／を反対から言うと？」：答え／いけと／）などのやりとりが可能となり始め、音韻操作能力が整ってくることが知られている。この能力は聞き取った言葉が複数の音の塊に分割できることを意味している。つまり、聞き分けた一つひとつの音には文字が当てはまる（／a／：「あ」）という規則に気づくことにつながる。ここまでの能力が出来上がると上手に文章を読めるようになり、仮名文字を書けるようになる。

しかし、忘れてはいけないことがある。音韻意識の芽生えには個人差や性差がある。音韻意識は遊びのなかで自然と芽生え、成熟とともに獲得されていく文字言語の土台となるものである*。

＊特に年中児では、音韻意識の発達には個人差があり、多くの幼児が未分化な状態にあるといえる。焦らず遊びのなかで音韻意識が獲得されるのを見守ることが大切である。

2 口腔機能の発達

（1）口腔機能の発達

新生児が母乳を飲んでいる姿を見ると、鼻で息をしながら乳汁を吸っていることに気がつく。このような鼻で息を吸いながら乳汁を吸い込むという動作は、この新生児期のみに見られる口腔機能の特徴である。新生児は、舌を前後に突き出す蠕動（ぜんどう）運動により母乳を飲む。そのため口腔内容積も小さく構音運動に適した舌の動きをすることは困難である。成長とともに乳幼児期は口腔内容積が増し共鳴腔も長広くなるにつれ舌の動きも巧みになっていく。そして少しずつ母国語のさまざまな構音に対応できるようになる。ということは、幼児の構音能力は、ある一定の順序で発達していくということである。75％の子どもが、それぞれの言語音を完成する最低年齢は2歳台から4歳台にわたっているとされる。幼児の機能性構音障害は、口腔内容積と舌の動きの未分化なことも影響しているともいえる。個人差もあるため、幼児の構音の指導については配慮が必要だといえるだろう。

また、口腔機能の発達が十分でないと構音の問題以上に栄養不足を生じることがある。生後6か月頃には前歯が生え始め、生後18か月頃には奥歯も生え食べ物をすりつぶすことができるようなる。しかし、生後18か月頃までの口腔機能の発達に問題が生ずると咀嚼機能が不全になるなどして必要な栄養が不足し、身体発達に異常を呈する場合がある。日頃から口腔機能の発達に注意を払うことは、構音機能と身体発達を支えるうえで大切である。

（2）口腔機能不全とは

最後に、口腔機能不全症について述べる。食べること、話すこと、息をすることなどになんらかの問題が生じることをいう。特に、乳児嚥下といわれる新生児の母乳の飲み方が残ってしまうことがある。注意深い口腔機能の使い方に関する観察が大切である。何かおかしいなと感じたら専門科の意見をもらうことが肝要である。

領域「表現」における指導の留意点

1 「表現」音楽について

音楽の基本は、楽しむことである。インクルーシブ教育・保育においてもそれは同じだが、「誰もが楽しめる」「誰もが安心して取り組める」「誰もが簡単にありのままを表現できる」ことに気を配ることが必要だ。音楽の取り組みというと、何か楽器を間違えないでしっかりと弾くことだと思い浮かべる人もいるかもしれない。しかし、豊かな心を育むことこそ音楽教育の本質である。上手に歌ったり弾けたりしたことを褒めて競争を促すのではなく、一人ひとりの間違い（それも個性ととらえよう）を吸収し、包容できるような取り組みを行うことが求められる。

（1）音楽の取り組み

❶ トーンチャイムやハンドベル

軽く前に振ることで、とても美しい音が出る楽器。一つひとつに音階の1音が割り当てられているので、子どもたちがめいめいの音を自由に鳴らすことで即興演奏（楽譜どおりに弾くのではなく、その場の思いつきから自由に表現する演奏）が可能。子どもたちにどんな音を持たせるかによって、響きの方向性がガラリと変わってくる。

トーンチャイムと同じように使うことのできる小型のベルで、トーンチャイムに比べて小さな動きで音が出るが、若干のコツが必要。また、乱暴に扱うと音も汚くなってしまう。子どもたちの年齢や個性、障害のあるなしや度合いに応じて使い分けよう[*]。

＊肢体不自由やDCD等の身体的不器用さがある場合は、座位保持やグリップの加工などの合理的配慮が必要となる（第1部第２、第３章参照）。

写真3-10-1 放課後等デイサービスに通う子どもたちが作った手作りマラカス

❷ 手作りマラカス

持ちやすいサイズのペットボトルと、小さな豆や乾燥トウモロコシを用意する。子どもたちに色とりどりの豆やトウモロコシから好きなものを選ばせ、ペットボトルに入れれば、手作りマラカスの完成だ。形のさまざまなペットボトルを用意したり、中に詰める量を変えたりすれば、鳴る音もさまざまに表情を変えていく。

❸ ダンボールや新聞紙

身近にある楽器は沢山ある。ダンボールを叩いたり、新聞紙をくしゃくしゃと引っ張ったり、子どもの頃に一度はやったことがあるのではないだろうか。音楽や歌に合わせてみんなで思い思いに取り組むと、不思議な一体感を感じ、楽しさを共有している実感が湧いてくるものだ。生まれては消えていく響きの移り変わりを楽しもう。

❹ 歌

声は、最も身近な楽器であり、また音楽の始まりでもある。わらべうたなど、音の動きが少なく、リズムが緩やかだったり繰り返しの多いタイプの曲を選べば、多くの子どもたちにとって取り組みやすいものになるだろう。一方で、皆が知っている歌、大好きな歌を、思いっきり歌うのもよいものだ。ポイントは、一人ひとりの自由な表現を皆で包み込むようにすること。音程が外れようが、タイミングがずれようが、「楽しいね」「素敵だね」という心さえ共有できていれば、それでよいのである。

（2）音楽を鑑賞する

子どもたちが自由に表現するためには、鑑賞することも大きなポイントとなる。アウトプットとインプットのバランスが大切だ。保育者が子どもたちに何かを演奏する場合、あるいは何かを聴かせようという場合、どういったことに気を配るだろうか。音楽の長さ？　あるいは、みんなが知っている曲かどうか？　もちろんそれもある程度は大切だが、最も重要なのは心が込もっているかどうかである。

子どもたちの心は敏感だ。特定の音色に敏感な子ども*もいるので留意は必要だが、一方で同じような音でもそこにどれだけ心が込もっているかによって、子どもたちの反応も変わってくる。演奏者、あるいは選曲者の「この曲のこういうところが素敵だね」「こういうところが大好き」といった気持ちは、子どもたちには大人以上にストレートに伝わる。子どもたちは、人の様子をよく見ている。一番大切なのは、本当に素敵だと思うものに、強制せずに自由な心で接する機会を提供することである。

*第3部第11章参照

2 「表現」造形・描画について

美術の表現活動を思い浮かべるとき、自由闊達に描いたり造ったりして楽しむ子どもの姿を期待してしまう。しかし、発達に課題を抱える子どものなかには、「自由」な設定によって混乱を招いてしまう場合がある。特に、自閉スペクトラム症のある子どもは、ままごと遊びなどのものを見立てる力（象徴能力）や、活動の見通しなど時間や空間を構成する力（想像力）へ著しい弱さを示すといわれる。よって保育者には、活動内容を具体的に伝え、視覚的に理解できる力や好きなことにはとことんこだわれるような「強み」を最大限に活かそうとする柔軟な姿勢が求められる。

（1）造形表現の展開と留意点

写真3-10-2　アルミホイル造形「バナナ」

造形表現では、作品という「結果」へと意識を向けがちになるが、完成へ行き着くまでの「過程」を大切にすることが重要である。つまり、保育におけるよりよい活動づくりととらえ、子どもたちが内容を理解して楽しんだり挑戦したりできる方法を検討する。そのため、取り組みの構成要素を最小の活動単位（技法・材料等）に分けて考え、シンプルな活動を出発点にして内容を組み立てる必要がある。

例えば、粘土を使った造形の場合、買った粘土から始めるよりも、身近な物を代用した表現や、粘土自体を作る取り組みから開始することが考えられる。前者の粘土以外の物を代用する方法では、アルミホイルを造形素材に使用した。柔らかく安全な素材で、たくさん引き出してまとめるだけで粘土のように成形でき、団子状にしたり棒状にしたりすれば、野菜や果実のような形状を作ることができる。銀色に輝く形ができたら、バケツに木工用ボンドと絵の具（1：1程度）を混ぜた大量の色材を用意しておき、子どもの手首までドップリと浸けて彩色する。吊るして乾燥させたら完成。バナナ、りんご…リアリティーあふれる作品は手触りもよく、展示を工夫すれば多様な鑑賞体験を子どもたちへ届けることができる。

後者の粘土作りでは、トイレットペーパーや紙リボンテープなど（以下、パルプ素材）水に溶ける素材を用いる。ヤマト糊と水（1：5程度）を混ぜて準備しておき、そこへパルプ素材を引き出して、ちょうどよい硬さになるまで入れて練る。練るほどにきめ細かな粘土になるため、触り続けたくて感覚遊びをやめられないような子どもでも、活動量に比例した良質な粘土作りへと発展する。また、粘土作りの工程を加えることで、子どもたちは感覚に慣れて次の成形する活動へも向かいやすくなる。

触覚に過敏（または鈍磨）がある子どももおり、グチャグチャといった感覚に拒否的な反応を示す場合もある。幼児期では、嫌悪的な刺激を避ける配慮も必要である。ただ、体験する「過程」を工夫することで、新しい感覚に慣れる機会をつくれば、豊かな学びへの可能性は広がっていく。

（2）描画表現の展開と留意点

幼児期の描画の目的は、子どもの主体的な行為の痕跡を残すことにある。そのため、子どもも保育者もワクワクするような新体験を検討する。筆者は、描画行為を拡大させたいと考え、巨大な「落書き」活動を構想した。幅2メートルの農業用ビニールシートを倉庫で発見したため、ロールから引き出して4メートルに切って大画面を準備した。角材を組んで2×4メートルの木枠を作り、複数の目玉クリップでキャンバスを張るように固定した。描画は、主にマーカーで行う。大画面へ、恐る恐る描き始めた子どもは、色や形が増えていくと身体全体を使ってダイナミックに表現できるようになった。円を描き続ける子どもなど、「こだわり」も積極的に認めて支援する。落書きシートが複数枚できたので、OPPテープでつなぎ合わせてバルーンにした。作品を扇風機で膨らませて外に出ると、皆で歓声をあげて空高く飛ばす鑑賞体験となった。素材と多様にかかわったり、描画作品が自然環境と出会ったりする機会を生み出せば、子どもの主体性を育むことへつながる。それは、描画だけではない発達をも促すことになると考えている。

写真3-10-3 透明な大キャンバスに描く

第10章 各領域における指導の留意点

子どもの好きなことからかかわりを広げる

「刺激」を欲しがる子どもたち

子どもたちのなかには、さまざまな刺激を欲しがる子どもがいます。例えば「グルグル回る」「ピョンピョン跳ぶ」といった前庭感覚の刺激、「指しゃぶり」「爪噛み」「人にベタベタ触る」などの触覚や固有受容感覚の刺激など、感覚調整の困難さは自傷行為も含めた本人の自己刺激行動として表れる一方で、その刺激に注意が引っ張られてしまい、声（音）などの他の刺激に注意が向きづらくなるという問題が出てきます。特定の刺激に強く注意が引かれることで、ほかのことに注意が向きづらくなると、結果として感覚刺激以外のことに対する興味・関心が薄く感じられるだけでなく、呼びかけなどの相手に応じる力も育ちづらいという課題が出てきます。

そこで、本人の興味・関心のあるところからかかわりを広げていく必要が出てきますが、その際に「感覚的な刺激」は強力な好子になるため、支援を開始する手段としては、とても有効なことがあります。

感覚刺激を取り入れたかかわり

感覚刺激を好む子どもたちは、バランスボールやトランポリンなどの揺らし遊びの活動を介することで、かかわりを広げやすくなることがあります。図はバランスボールを使った遊びの場面ですが、触られることに対する拒否の強い子が、大好きな揺らし遊びを介して、触られる刺激を受け入れられるようになりました。そのことでスキンシップも可能になり、相手に対する安心感や活動に対する要求なども出てきました。良好な愛着の形成は、情緒の安定にもつながっていきます。

図　感覚刺激を好子とした活動

興味・関心や相手に対する反応が乏しかったり、拒否が強かったりして、活動が停滞しているケースについては、子どもの笑顔や楽しい反応は、そこにかかわる大人に対しても強力な好子として成功体験をもたらします。大人の成功体験は、子どもとのかかわり方に対する自信と余裕につながるので、子どもとの関係性も改善し、さまざまな発達的な側面によい影響を与えていきます。子どもから学び、子どもとともに成長していけるとよいですね。

（綿引清勝）

第11章

子どもの遊びと感覚統合

教育・保育現場における「気になる子」には、音や味、匂いなどのさまざまな刺激に対して、感覚の過敏や鈍磨といった感覚調整の困難さを示すケースが多くみられる。

そこで本章では、子どもの遊びと発達の関連から、「感覚統合」とは何かを理解し、乳幼児期から就学へ向けた教育・保育のあり方と感覚・運動面の育ちについて学ぶ。

1 子どもにとっての遊びとは

1 子どもの遊びと環境の変化

文部科学省「幼児期運動指針」では、社会の変化に伴い、就学前の子どもの発育・発達に対する幼児期の運動の意義として「体力・運動能力の向上」「健康的な体の育成」「意欲的な心の育成」「社会適応力の発達」「認知的能力の発達」の五つの視点から、社会性や認知面も含めて身体活動の重要性が示されている[1)]。このような身体活動は、本来遊びのなかで能動的に培われていくものであるが、近年は子どもの遊びに必要な三つの「間」の喪失として、「遊びの空間（場所）」「遊びの時間」「遊びの仲間」をどう保障していくかが、幼児期の環境構成としての重要な課題として取り上げられている。

仙田は、子どもの遊びにおける空間として六つの空間（表3-11-1）を挙げている[2)]。このような空間の中で、子どもはさまざまな実体験から多様な刺激を享受し、心身の発達が促されていく。しかしながら近年の都市化等に伴い、屋外から屋内の遊びが中心となり、遊びの仲間も異年齢や大きな集団から、同年齢の小さな集団へと変化してきている。さらに習い事などにより、遊びの時間そのものも少なくなってきている。

表3-11-1 遊びに応じた空間の分類

自然スペース	魚や虫を採る、泳ぐ、木に登る、洞穴にもぐる等の自然体験空間
オープンスペース	鬼ごっこやボールゲームなどができる広がりの空間
道（路地）スペース	さまざまな遊びの拠点であり、出会いの場となる空間
アナーキースペース	追跡や格闘など野性的な遊びができる資材置き場や廃墟の空間
アジトスペース	大人に隠れて作る秘密基地の空間
遊具スペース	さまざま遊びが集約されている空間

1）文部科学省「幼児期運動指針」2012.
2）仙田満『子どもとあそび―環境建築家の目』岩波書店，1992.

2　遊びの減少が意味するもの

屋外での遊びの減少は、子どもの体力低下の原因になるとの指摘もある。例えば文部科学省は2008（平成20）年度の体力テストにおいて、1985（昭和60）年度の結果と比較して、反復横跳びを除くすべての種目で、男女ともに50％の児童が1985（昭和60）年の平均得点を下回っていることを報告している[3)]。2018（平成30）年度の体力テストの報告においても、旧体力テストと同様の４種目のうち「握力」「50m走」「ソフトボール投げ」の３種目においては、1985（昭和60）年よりも平均を下回る結果が報告されている[4)]。では、これらの調査結果が、教育・保育の現場における「気になる子」の問題と関連するといえるのだろうか。

澤江は、幼児期の支援を担当する保育者等の調査において、その子どもの運動発達面については、ほかの領域に比べて気にしない傾向があることを報告している[5)]。このような結果の背景の一つには、子どもの気になる行動として、乱暴などの対人的な行動の問題が着目されやすいことが仮定される[6)]。一方で、DCD＊に代表されるような身体的不器用さは、園生活や学校生活、家庭生活等のさまざまな場面において、能動的な意欲を低下させることが懸念される。ゆえに子どもの運動発達の問題は、認知面や情緒面、社会性などさまざまな発達の障壁となることを理解したうえで、子どもの遊びをとらえていく必要があるだろう。

＊DCD
発達性協調運動症／発達性協調運動障害。第１部第３章参照。

3　子どもの遊びの内容

子どもにとっての遊びとは、日常生活の一つであり、欠かせないものである。子どもは、幼児教育・保育のなかで遊びを通してさまざまなことを経験し、学んでいくが、年齢などによって、本人や子ども同士のかかわり方、内容などが異なり、場合によっては教育者・保育者が発達的支援の視点から意図的・計画的に環境を介して働きかけていく必要がある。

遊びの内容から子どもの発達の道筋をみていくと、「感覚遊び」「運動遊

3）文部科学省「平成20年度全国体力・運動能力、運動習慣等調査結果」2009.
4）文部科学省「平成30年度全国体力・運動能力、運動習慣等調査結果」2019.
5）澤江幸則「発達的に「気になる」子どもをもつ保護者の運動発達に対する認識について―保護者の発達的視点の広がりをめざして」『家庭教育研究所紀要』31，pp.16-25，2009.
6）藤崎春代・木原久美子『「気になる」子どもの保育』ミネルヴァ書房，p.5，2010.

表3-11-2 遊びの内容と様子について

遊びの段階	遊びの様子
感覚遊び	赤ちゃんは、直接おもちゃを触って、見て、また触ってということを繰り返す。この段階では、さまざまな感覚への刺激を楽しんでおり、視覚や聴覚などの感覚器が育っていく。
運動遊び	走ったり、跳んだりと身体活動を介して、筋肉や骨が成長し、さまざまな身体の使い方を学んでいく。
機能遊び	身近なものへの興味関心の広がりから、それらを使った遊びが始まる。この段階では仕組みや特徴を理解し、用途に応じた使い方ができるようになる。また、見る力も育ってくるので、モデルを参考に模倣もできるようになってくる。
象徴遊び	用途や特徴が理解できるようになると、見立ての力が育ってくる。この段階になると、想像力が育ち、ままごとのような実物以外の物を使った遊びができるようになる。
ルール遊び	象徴遊びが広がると、一定のルールに応じて複数の子どもと一緒に遊ぶようになる。この段階は、ルールの理解に加えて、相手に応じる力や自己統制などの力も育ってくる。

※徳田克己監、西館有沙・澤江幸則編著『気になる子の保育のための運動あそび・感覚あそび その具体的な指導法』チャイルド本社, pp.14-15, 2013. をもとに筆者作成

び」「機能遊び」「象徴遊び」「ルール遊び」と段階を経て発展していく。赤ちゃんの頃は、第一次循環反応として本人の感覚や運動に関する遊びから始まり、少しずつ自分以外の外の世界へ興味・関心が広がることで、自分が見たことや経験したことを表現し、次第に想像力を働かせて実物以外のモノも見立てることができるようになっていく。さらに、相手の気持ちや行動を予測したり、遊びに加わるために自分の感情をコントロールしたりする力も身につくことで、ルールを理解し、折り合いをつけ、ルールに沿った遊びが展開されていくようになる（表3-11-2）。

4 他者とのかかわりからみた遊びの形態

遊びの展開から子どもの発達の道筋をみていくと、人とのかかわり方では、「一人遊び」「傍観遊び」「並行遊び」「連合遊び」「協同遊び」という流れで発展していく。「一人遊び」では、自分以外の外の世界へ興味・関心が向いていないため、大人が強引にかかわっても遊びは発展していかない。「傍観遊び」の段階になると、自分以外の外の世界に興味・関心が広

表3-11-3　遊びの形態とかかわり方について

形態	かかわり方
何もしない	遊ばずにその場で留まっているか、ぶらぶらしている。周囲の遊びに対しての興味や関心は感じられない。
一人遊び	一人で遊んでおり、ほかの子どもの遊びにはかかわろうとしない。この時期に大人がかかわっても、遊びの発展は難しい。一人遊びは、年齢が上がって遊びの形態が進んでも発生する。
傍観遊び	他児の遊びを見て、質問したり、口を出したりはするが、直接的に加わらない。遊びについての会話を交わすこともあり、外界への興味や関心が育ってきているサインでもある。
並行遊び	ほかの子どもと一緒に遊んでいるように見えるが、実際には直接的なかかわりはなく、それぞれの遊びに干渉することがない状態のこと。この時期に大人が「友達と一緒に○○しよう」と上手に介入することで、連合遊びへと発展していく。
連合遊び	遊びを共有しながら、道具の貸し借り等の子ども同士のやり取りが発生してくる。この段階では、ままごと遊びでも役割を介したかかわりはなく、個々が自分の好きな遊びをしている状態である。
協同遊び	この段階になると遊びは組織化され、役割分担が発生する。また、遊びの仲間という意識も育ち、リーダーも出てくる。ままごと遊びを例に挙げると、父母子ども等の役割から、一つの家族を再現するといった、一定のルールのもとで子ども同士が協力し合うかかわりが出てくる。

※徳田克己監、西館有沙・澤江幸則編著『気になる子の保育のための運動あそび・感覚あそび その具体的な指導法』チャイルド本社，pp.16-17，2013．をもとに筆者作成

がってきているため、遊びが発展しやすくなってくる。「並行遊び」の段階になると、直接的な子ども同士の干渉はなくとも、他者への意識が高まってきているため、大人がうまくかかわることで、並行遊びから連合遊びへと発展していく。「連合遊び」では、子ども同士のモノの貸し借りなどのかかわりが出てくるが、場やモノは共有していても遊び自体は個々に好きな遊びをしている段階である。「協同遊び」になると、ルールや役割が遊びのなかに出てくる。しかしながら、協同遊びができる子どもでも、一人遊びや並行遊びがみられることもあるため、必ずしも、一人遊びが多いからと発達の遅れがあると決めつけることはできない。一方で、周囲が協同遊びを展開しているなかで、いつも一人遊びを続けている場合には、その理由を注意深く観察する必要が出てくる。

5 うまく遊びが展開できるためには

子どもがうまく遊べない理由として、例えばボディ・イメージが育っていないと身体の使い方がぎこちなく、運動遊びなどで思うように楽しむことができないことがある。目で動いているモノを追いかけるのが苦手な子は、ボール遊びなども失敗が多くなる。こういった子どもは、本人だけや大人とのかかわりでは楽しく遊べても、友達とのかかわりだと失敗を避けるため消極的になることがある。あるいは、積み木を崩してしまったり、制作物が思うように作れなかったりと、友達との遊びのペースについていくことができず、結果として遊びに誘ってもらえないという可能性も出てくる。よって、遊びを展開していく視点の一つとして、子どもの身体的な不器用さに対する配慮が必要になる。

また、ルールの理解が難しい場合にも、集団に入らなかったり、自分勝手に見える行動をとっていたりするような場合がある。言葉の指示を理解する力が育っていないと説明そのものがわからないため、本人なりに一生懸命周囲と合わせようとしても、結果として失敗につながることがある。このようなケースは、説明の仕方や教材などを修正し、子どもを変えようとするのではなく、弱い部分をサポートする必要が出てくる。

ほかにも、感覚が過敏・鈍磨な子や注意の持続が難しい子なども、他者への関心が向きづらく遊びが広がりづらい傾向がある。子どもの適応について心理的な要因よりも生理的な要因が強いケースは、療育的なアプローチが有効な子もいるため、保護者のニーズなども鑑み、状況によっては療育機関のサポートを受けることを選択肢として検討してもよいだろう。そういったさまざまな本人なりの理由に寄り添って、子どもが能動的に活動できる教材や場所、かかわり方などを見直しながら、子どもの実態に応じて環境を再構成していくことが必要である。そのうえで、発達の様相を的確に読み取り、子どもの活動をアダプテッドしていくことが重要である*。

＊アダプテッドについては、第３部第14章参照。

2 子どもの感覚・運動の発達

1 乳児期における自己の身体への気づき

もし、子どもの遊びが広がっていかないようであれば、それは何らかの発達のつまずきのサインを示しているのかもしれない。そのサインを適切に読み解いていく視点の一つとして、発達における感覚と運動との関連を考えていく。

一般的に、赤ちゃんは生後1か月頃に物をじっと見つめる「注視」ができるようになり、2～3か月頃になると動いた物を目で追う「追視」ができるようになる。この過程のなかで赤ちゃんは物との距離感に合わせて焦点を合わせる力や、動くものをしっかり追う力を備えていく。これに手を自由に動かす力が備わることで、ある日、目の前に見える手に気づき「これはなんだ？」という興味・関心から、じっと見つめたり、口に入れて確かめたりし「自分の身体」への気づきが始まる（図3-11-1）。次に自分の足に気づき、動いているのを見たり、口に入れたりして、手や足の感覚を理解しながら自分の身体のイメージをつくっていく。

おおよそ2か月頃になると赤ちゃんをうつ伏せにしたときに、少し顎をあげる仕草を見せるようになる。抱っこをすると少しの間なら頭の位置を保てるようになり、段々と安定してくる。生後3か月頃になると約5割、生後4か月頃になると約9割の赤ちゃんの首がすわる。定頸は、単に首や体幹の筋力が向上するということだけではなく、重力に対して自分の頭や身体の位置の傾きや揺れに気づくという点でとても重要な発達の要素であ

図3-11-1 ハンドリガード

図3-11-2 姿勢コントロールの始まり

る（図3-11-2）。この後に寝返りが出てくるが、ボディ・イメージが弱く足に関心が向かないと自分の口へ足を引き寄せる動きが出てこないため、体を丸める動きも発生せず、寝返りの際に反り返るような動きになることがある。このような子どもの様子は、後述する前庭感覚など発達初期の感覚が大きく関係してくる。

首のすわりが遅いという場合には、筋力の問題だけではなく、自分の身体の軸に対して重力との関係性の感じ方が弱い可能性が考えられる。例えば、前庭感覚の未発達から自分の身体の傾きに対する気づきが弱いということは、転びそうになっても手が出ないことや後ろへひっくり返るというような姿勢のコントロールのつまずきにつながることもある。

姿勢のコントロールは、じっと見る、じっと聞くなど注意を向けることにも大きく影響する。注意が適切に働くことで、事物への興味・関心が育ち、姿勢が安定することで、手が伸ばせるようになる（リーチング）。手を伸ばすことで、物を掴む動作（グラスピング）が発達し、たくさんの物を口に入れて識別する経験から、事物の違いに気づき、認知が発達していく。このような発達の過程のなかで、たくさんの感覚情報が組織化され、自分の身体への気づきからボディ・イメージが育っていく。ところが教育・保育の現場における「気になる子」は、このボディ・イメージが未発達であることが少なくない。

2 発達のつまずきとラベリング

教育・保育の現場における「気になる子」のなかには、乳児期の発達においても、定型発達児とは違う様相をみせることがある。一方で人間の発達は環境の影響を大きく受けるため、他児と比べて、一概に何らかの障害があるとステレオタイプに決めつけてしまうことは避けるべき判断である。

よって、子どもを「直す」「変える」という発想ではなく「育てる」ことが重要になるが、それは長所を伸ばすことやできることを増やすだけではなく、短所や苦手なことに対しても、きめ細かい配慮や支援を講じていくことも含まれる。そのことをふまえ、後述する子どもの感覚調整の困難さにも、注意深く子どものニーズをとらえていく必要があるだろう。

子どもの発達と感覚統合

1 感覚統合とは

「気になる子」のなかには、さまざまな感覚の情報を適切に処理することが難しい子どもたちがいる。例えば、皮膚からの刺激を適切に処理することができないことで、誰かに触られると怒り出したり、逃げ出したりすることがある。あるいは、人が近くにいることを嫌がり、集団に入ろうとしないこともある。衣服の着脱や洗顔、歯磨きなどを嫌がる子どもも少なくない。手を使った事物の操作に対する嫌悪感や拒否感があると、目と手を協応させる動作も育ちにくいため、事物の操作や手指の巧緻性の育ちなどに影響が出やすい。光や音に対しても、眩しさや騒音でイライラしたり、気が散ったりすることがある。このような感覚情報の処理が難しい子どもたちは、「感覚統合」の問題が生じている可能性がある。

我々の生活には、日常的に意識しやすい感覚（五感）に加えて、無意識的な感覚として位置や動きに関する「固有受容感覚」と、重力、頭の動き、平衡に関する「前庭感覚」の七つの感覚（図3-11-3）が大きく関与している。A. J. エアーズは、「様々な感覚情報を使用するために組織化すること」を「感覚統合」と定義し、これらさまざまな感覚の情報を適切に処理する力が発達することで、意識を向けるべき情報を正しく選択し、学習

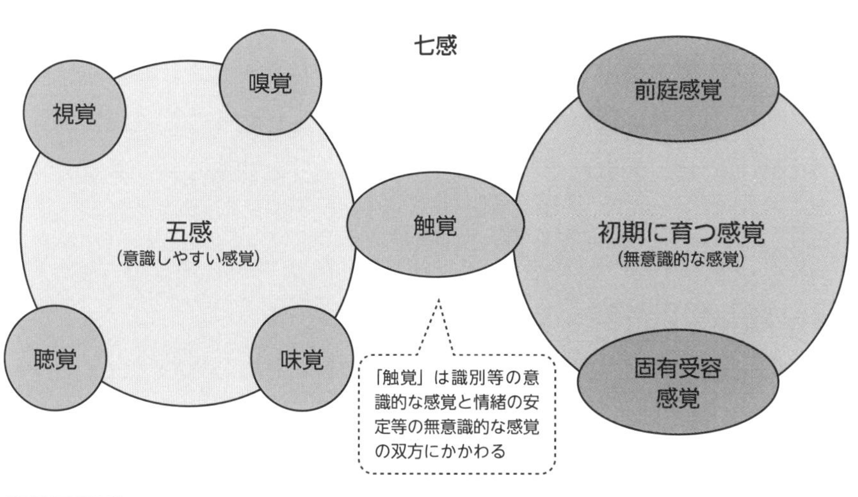

図3-11-3 七つの感覚

を深めることができると述べている[1)]。

感覚統合の発達によって生み出されるこのような反応は「適応反応」といわれ、状況に合わせて意図した方法で行動したり、反応したりすることができるようになる。例えば、おもちゃで遊んでいるときに名前を呼ばれて反応するためには、「触る」「見る」という刺激から、「聞く」という刺激に注意を切り替える必要がある。ところが感覚統合がうまくいかない子どもは、触る刺激から注意を切り替えることができず、結果として周囲の理解やかかわり方にも障壁が生じてくる。

2 七つの感覚の発達と子どもの適応

感覚統合においては、諸感覚（五感）に加えて、固有受容感覚と前庭感覚の二つの感覚を合わせた七感の発達が重要となる。特に乳幼児期の発達の過程においては、これら七感の発達が就学に向けた大きな課題となる。以下、感覚統合に重要とされる触覚、固有受容感覚、前庭感覚の役割と機能について述べていく。

（1）触覚

触覚は皮膚を通じて感じる感覚で、全身にセンサーが張り巡らされている。皮膚は自分と外の世界との境界であり、人間は皮膚を感じる触覚から、自分の身体の輪郭を感じ取ることで大きさや長さなどを把握している。ほかにも、触ったものを弁別することや触れた刺激を識別するだけでなく、温度や痛みを感じるセンサーの機能や情緒を安定させる機能、他者との関係を深める役割がある。例えば、赤ちゃんを抱っこしてスキンシップを図ることは、触覚を介して「安心できる人」と認識し、アタッチメント（愛着）*が形成されることにつながる。

＊アタッチメント（愛着）

「つなぐ」という意味をもっており、他者と適切につながることが安心感を生み出し、愛着を形成する。

（2）固有受容感覚

固有受容感覚は、自分の頭や身体の位置や動き、力の入れ具合を感じる感覚で、例えば手に持った物の重さを感じることや、関節の曲げ伸ばしを適切に調整することで力加減を調整するといった運動をコントロールする

1）A・ジーン・エアーズ著、岩永竜一郎監訳、古賀祥子訳『子どもの隠れたつまずきを理解する 感覚統合の発達と支援』pp.3-18, 金子書房, 2020.

機能にも大きくかかわる。重力に抗して姿勢を保つ働きもあり、手を使う活動は重力に対して姿勢を保つ必要があることから、活動を効率的に持続させるためには固有受容感覚が有効に機能する必要がある。

また、触覚とも密接に関係しており、例えば緊張しているときに拳を強く握ったり、歯を強く噛んだりと、固有受容感覚を活用することは、情緒の安定にも関連している。さらに、触覚とともに自分の身体の気づきが高まり、ボディ・イメージが形成されていく。

（3）前庭感覚

前庭感覚は、重力に対して自分の身体の傾きやスピード、回転を感じる感覚で、脳のほぼすべての領域と多数の関連をもっている。さまざまな感覚情報を調整する重要な役割に加え、重力を感じて、自分の身体の傾きを感じ、バランスをとる役割（平衡反応）、姿勢を保つ働き（姿勢反応）、安定した視野を維持する役割などがある。

また、固有受容感覚や視覚等と連結することにより、空間を把握する力にもつながる。視知覚の発達は、文字や記号の理解といった学習に限らず、対人的な距離感の形成にも影響する。このような発達課題は、情動とも深くかかわり、前庭感覚の発達は、情緒的な安定にもつながっていく。

3 感覚統合の発達と感覚調整の問題

感覚統合の問題は、上述したさまざまな生活面の問題に加えて、例えば筋肉や関節へ情報を伝達することに困難さがあると、自分の身体への実感が弱く、思うように動かすことができないためにぎこちない動きになる。あるいは、バランスを保つことが難しいために転びやすい、姿勢の保持が難しいという困難にもつながる。

言葉の遅れに関係することもあり、聴力検査では問題がないのに話を最後まで聞くことが難しいことや、自分の思いを言葉にするための信号が口まで届くのに時間がかかることもある。これらは、ADHDの報酬系の問題とは別な困難さでありながら、表出する子どもの姿として話が聞けない子や言葉より先に手が出る子といったレッテルが貼られてしまう危険性もある。また、目と手から明確な情報が伝わらないと、読み書きだけでなく、制作物にも影響があり、同年齢の子どもたちよりも明らかに作業が難しく、混乱がみられる。周囲からは興味・関心が弱いと誤解を受けるかもしれないが、刺激の理解と適切な反応が難しいことから、活動の意味や満足感を得られないことが原因で、興味や関心が広がりにくくなるのである。

これらの問題には、刺激に対する感覚情報処理の問題が背景にあることがあり、「感覚調整障害」として大きく「感覚回避型」「感覚探求型」「感覚過敏型」「低反応型」の四つに分類することができる（図3-11-4）[2)]。

感覚調整の問題は、刺激に対する能動性と受動性、感覚処理の閾値による過敏（過反応）と鈍磨（低反応）の２軸からとらえることができる。感覚刺激に対する能動性が高く、感覚処理の閾値が低い場合は、拒否といった形で、回避や、ときに攻撃的な行動が発生しやすい。感覚刺激に対する能動性が高くても、感覚の閾値が低い場合には足りない感覚刺激を補おうとすることで、ジャンプをしたり、指しゃぶりをしたりと、自分で刺激を取り込もうとする自己刺激行動が発生しやすい。

一方で、感覚刺激に対する受動性が高い場合は、感覚処理の閾値が低いと活動に対する拒否といった形で情緒的な崩れも含めて活動の停滞が発生する。感覚刺激に対する受動性が高く、感覚処理の閾値が低い場合には、

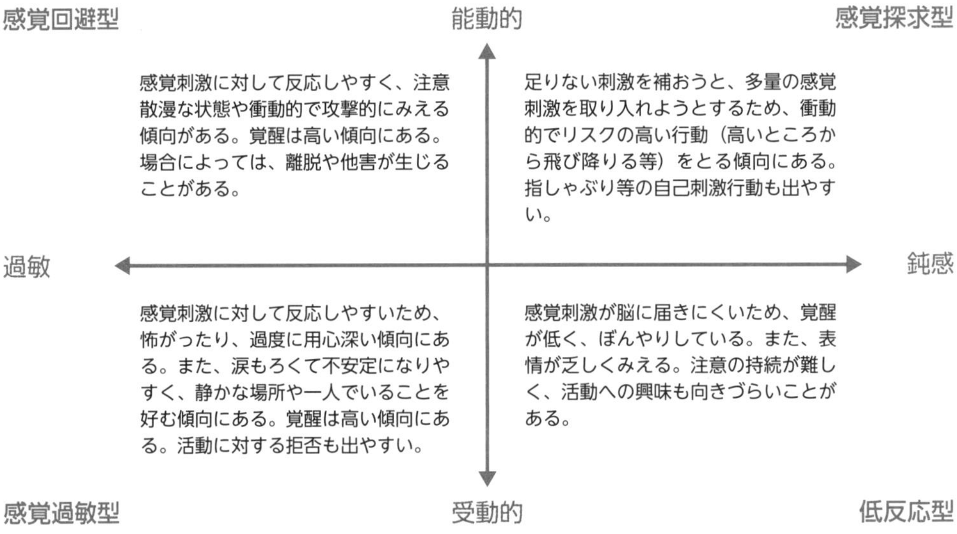

※岩永竜一郎『自閉症スペクトラムの子どもの感覚・運動の問題への対処法』東京書籍，p.17-54，2014．を参考に筆者作成

図3-11-4　感覚調整障害のタイプ

2）岩永竜一郎『自閉症スペクトラムの子どもの感覚・運動の問題への対処法』東京書籍，p.17-54，2014.

さまざまな刺激に対して注意が向きづらく、静かで大人しくみえるが活動が停滞していることがあるので見落としがないように注意深く観察する必要がある。

4 感覚統合の段階と就学

これまで感覚統合のプロセスと発達について述べてきた。紙面の都合から感覚統合の具体的なアプローチは種々の専門書に譲り、まとめとして感覚統合の発達の過程と子どもの姿を整理する。

感覚統合には、四つの段階が設定されている（図3-11-5)。第一段階では、触覚に加え、前庭感覚、固有受容感覚の育ちから、姿勢のコントロールが可能となる。この段階では、外界（ヒトやモノ）への気づきが生じることで、聴覚や視覚の発達とつながっていく。第二段階では、前庭感覚と固有受容感覚が統合されることで、自分への身体の気づきから、動作の組み立てなど、学習活動が高次化されていく。第三段階では、聴覚と視覚が統合されることで、触ったもの、見たもの、聞いたものなど、さまざまな

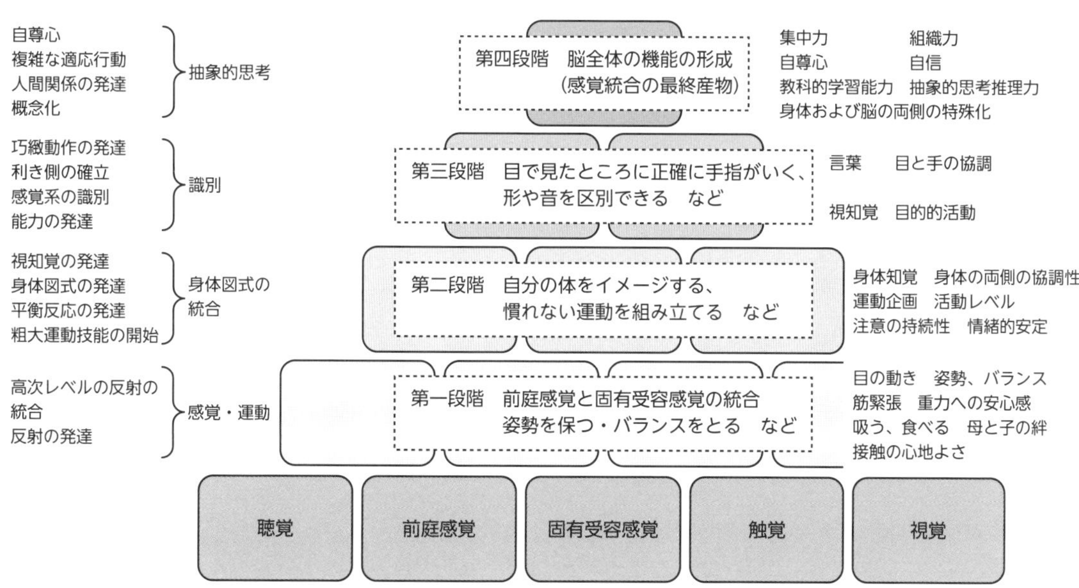

※土田玲子「小児の運動発達 5 運動行為の発達と感覚統合」『理学療法と作業療法』19, 1985. を参考に筆者作成

図3-11-5 感覚統合の段階

感覚情報を理解し、それを識別することで思考が育っていく。この頃には、右脳と左脳が発達し、身体の正中軸から利き手と非利き手の役割が明確になるとともに、言語を獲得し、表出する様相がみられるようになる。第四段階では、さらに記憶の機能が高まっていくことで、比較の概念も育っていく。そのことで思考はより高次化し、語彙の獲得は行動の調整にも影響するため、対人的なやり取りや場の適応も安定してくる。この段階では、脳全体の機能が形成され学習への適応が高まる[3)]。

さまざまな適応反応は、感覚統合の最終産物であり、幼児期の終わりまでに育ってほしい姿では主に領域「健康」と大きく関連するところである。小学校への就学は、多くの子どもにとって長時間にわたる定期的な家庭との分離を意味する。これまでの家庭という安全な遊び環境から、大人の世界へ進むはじめの一歩となる。学校へ通うなかで、心身の大きな変化に伴い、自分が中心ではない集団のなかにおかれ、他者と何かを共有したり、他者に関心を示したり、他者との権利や責任を尊重することが確立されることになる。その際、幼児期までの積み上げが大きく影響を及ぼす。

幼児期の教育・保育は、５領域に基づいた経験カリキュラムから、遊びを介してさまざまな環境とかかわり、知識、技能、態度を身に付けていく。ここでの遊びは、保育者にとっては目的ではなく手段であり、運動機能や社会性、道徳性、表現力等、全人的な発達の基盤として意図的・計画的なアプローチが求められる。そこで、幼児が外界と主体的にかかわることを念頭に、遊具や自然物といった環境とのかかわりを設定していくことが求められている。

3）土田玲子「小児の運動発達 5運動行為の発達と感覚統合」『理学療法と作業療法』19, 767-775, 1985.

第12章

子どもの発達と気になる行動

「気になる子」への指導や支援を考えていくうえで、子どもの行動の意味や機能を適切に理解していくことが教育者・保育者には求められる。

そこで本章では、子どもの行動を理解するための視点として、行動の機能分析や学習に対する動機づけについて学び、子どもの心を育てる指導や支援のあり方を考える。また、不適切な指導やかかわり方のリスクについても扱う。

1 子どもの行動と発達的な意味づけ

1 子どもの行動のとらえ方

「気になる子」を理解していくためには、氷山の一角のように表出している行動に着目するのではなく、なぜその行動をとるのだろうかという行動の機能に対して子どもの表出している姿とその背景とを適切に読み取ることが求められる。そこで、はじめに行動とは何かについて考えていく。

行動には、必ず理由（＝機能）がある。例えば、赤ちゃんの「泣く」という行動には、お腹が空いたことを伝えるだけでなく、不快を伝える機能やスキンシップを求める機能など、一つの行動が複数の機能を有することもある。これは年齢が上がった子どもでも同様で、例えば「人を叩く」という行動も、拒否のために叩くことがあれば、注意を引くために叩くこともある。よって、その表出している行動に振り回されず、その行動がどんな機能を有し、子どもにとってどんな発達的な意味をもっているかを理解する必要がある。

次に行動の意味や機能を読み取るためには、「行動≠動詞」ではなく、能動的な反応で、第三者が評価できる具体的なものと考えることが重要となる。例えば歩く、話す、食べる等は行動だといえるが、「受け身（～される)」や「否定（～しない)」「状態（黙る等)」は除外される。さらに、より具体性をもって行動の定義を整理すると、「友達を叩く」という行動は、誰が評価をしても手を上げているか否かは明確だが、「問題行動をする」だと、何をもって問題行動ととらえるかは、人によって評価が変わる可能性があるため、行動の意味を理解する視点としては望ましいとはいえない。ゆえに、行動の定義をより具体的に整理することがポイントになるが、この段階まで行動とは何かを整理することができると、子どもの行動の発達的な意味を理解するスタート地点に立ったといえよう。そのためには、日々の実践に対して丁寧に記録をとることも大切である。

2 レスポンデント行動とオペラント行動

行動は、大きく分類すると「レスポンデント行動*」と「オペラント行動*」の二つに分けることができる（図3-12-1）。レスポンデント行動とは、いわゆる「刺激に対する反応」のことをいう、例えば「埃が目に入った時に涙が出る」というのは、外界からの刺激に対して、涙を流すという能動的な反応をしている。レスポンデント行動の原因は、時間的にみて「行動の前に発生」しており、これを行動の「先行条件」という。しかしながら、人間の行動のすべてが行動の前の外界の刺激によって発生するわけではない。

もう一つの行動の分類として、オペラント行動がある。例えば、私たちが日常的に行っている行動の一つに、暗い所で電気を点けるための「スイッチを押す」という行動がある。これは電気のスイッチを押すことで部屋が明るくなるというメリットを学習している結果が影響しており、急な停電のように何度かスイッチを押しても電気が点かなければ、我々は部屋が暗くてもスイッチを押すことをやめるだろう。

このように、時間的にみて「行動の後に発生」したことが行動の原因になることを「オペラント行動」と呼び、これらの考え方をベースとしているのが、次に述べる行動の随伴性（＝三項随伴性）による機能分析である。

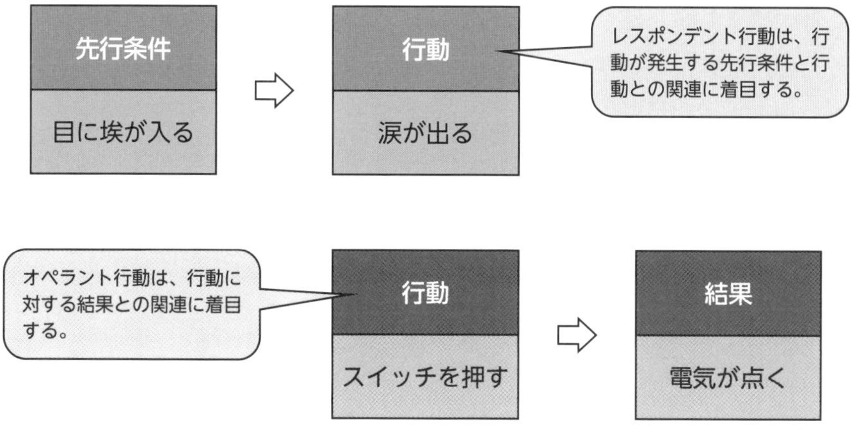

＊レスポンデント行動
レスポンデント(respondent)という用語は、respond(反応する・応答する)やその名詞形であるresponseからの発生語である。

＊オペラント行動
オペラントという語は、operate(操作する）からのスキナーの造語になる。本文の「スイッチを押す行動」は、明るさを操作していることになる。

図3-12-1 レスポンデント行動とオペラント行動の違い

3 行動の機能と発達的な意味づけ

行動の機能を分析する方法の代表的なものとしてABC機能分析がある。これは先行条件（＝Antecedent）、行動（＝Behavior）、結果（＝Consequence）の三つの頭文字をとったもので、行動の前後状況を調査し、その行動の原因となるものを見極める役割を果たす（＝三項随伴性）*。

＊三項随伴性
第2部第8章参照。

ここでの「先行条件」とは、行動が起こる際の先行する出来事（手がかりやきっかけ）のことで、「弁別刺激」ともいう。また人の行動は、特定の先行する出来事のもとで行動が起こった場合、その直後の結果の影響によって、行動が増減する。この行動の増減に対して、特定の行動が起こりやすくなる（または、起こりにくくなる）ことを、刺激コントロール（刺激性制御）という。一方で、行動が起こった直後の、結果（環境の変化）のことを「結果条件」という。

特定の結果条件によって、その後に行動が増えるようになった場合を「強化」、減るようになった場合を「弱化」という。また、強化をもたらす結果条件（刺激＝強化子*）を「好子（メリット）」、弱化をもたらす結果条件を「嫌子（デメリット）」という。起こった行動に対して特定の好子が伴い、それによって行動が定着したり、習慣化したりしている状態を「強化随伴性」という。

＊強化子
物や活動などの「具体的強化子」と注目や称賛などの「人的強化子」がある。

子どもの行動には必ず理由（＝機能）があると述べてきたが、その行動が「いつ起きるか（時間）」「誰といる時か（対人関係）」「どこで起きるか（場所・空間）」「何をしている時か（活動）」の四つの視点から、上述したABC機能分析の方法を用いて丁寧に記録をとり、客観的に分析していくことが望ましい。そうすることで、気になる行動の理由や背景が明確になり、どんな状況（条件）で、どんな行動が発生し、その結果がどうなったか、指導や支援の道筋がみえてくる。

周囲の大人からすると不適切だと思われる行動も、子どもにとっては何かしらの発達的な意味がある。その子どもがおかれている環境のなかで必然的に発生しているという子どものつまずきに寄り添った視点から、共感的にとらえることで、子どもの行動がもつ本質的な意見がみえてくるだろう。

子どもの行動のメカニズム

1 子どもにとってのメリットとデメリット

表3-12-1 随伴性の機能

	出現	消失
好子	強化	弱化
嫌子	弱化	強化

ここまで、行動が発生するメカニズムについて概説してきた。行動の原理・原則として、行動が続く場合には好子（メリット）が発生する一方で、行動が減少または消失する場合には、嫌子（デメリット）が発生する。これらを整理すると、表3-12-1のように好子が出現および嫌子が消失した場合を強化（増える）、嫌子が出現および好子が消失した場合を弱化（減る）という。このメリットの増減によって行動の増減が生じることを「行動随伴性」というが、前述の三項随伴性が行動の前後の関係による結果との因果関係をみようとすることに対して、行動随伴性は行動の直前と直後で好子または嫌子の発生により、行動が環境に及ぼす影響を分析する。

行動の増減の背景には、随伴性の強化子*が存在しており、その例を図3-12-2に示す。どのような強化子が子どもにとってのメリットまたはデメリットになっているかを考えていけるとよいだろう。

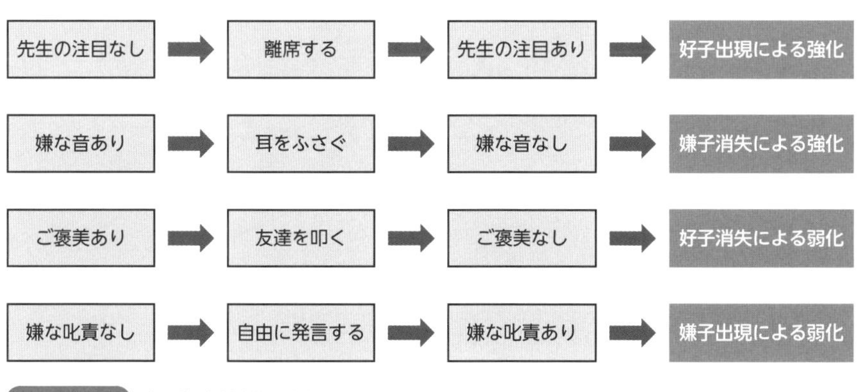

図3-12-2 行動随伴性の例

＊四つの強化子
・注目
ある行動をとることによって、他者とのコミュニケーションが発生する。
・報酬
ある行動をとることによって、報酬（物や活動）が得られる。
・感覚
ある行動をとることによって、感覚が刺激される。
・回避・逃避
ある行動をとることによって、場面を回避することができる。

2 行動の操作と随伴性の落とし穴

ここまで行動の強化および弱化の仕組みについて概説してきたが、子どもの気になる行動を読み解いていくためには、行動随伴性と三項随伴性を組み合わせて分析することが有効である（図3-12-3）。例えば、「教室から出る」という気になる行動が発生した際に、三項随伴性は行動が発生する条件として「合奏が始まる」という先行条件（弁別刺激）と「嫌な音が聞こえない」という結果条件との関係をみる。一方で、行動随伴性は「嫌な音」という好子または嫌子の「ある」「なし」をみる。

注意すべき点として、これらは環境による行動の操作であり、行動が変化したからといって、必ずしも子どもの成長があるということではない。また、子どもの気になる行動に対して圧をかける等の弱化をねらった指導は一見すると効果があるようにみえることがあるが、表3-12-2[1)]のような大きなリスクが指摘されている。

このようなかかわりは、指導の成功体験として間違った強化が発生する可能性がある。すなわち、指導者側には罰を与えることがある種の報酬として機能する効果があり、強い圧をかけるような環境が子どもを一時的にコントロールしているにもかかわらず、それを指導の成果だと誤解するか

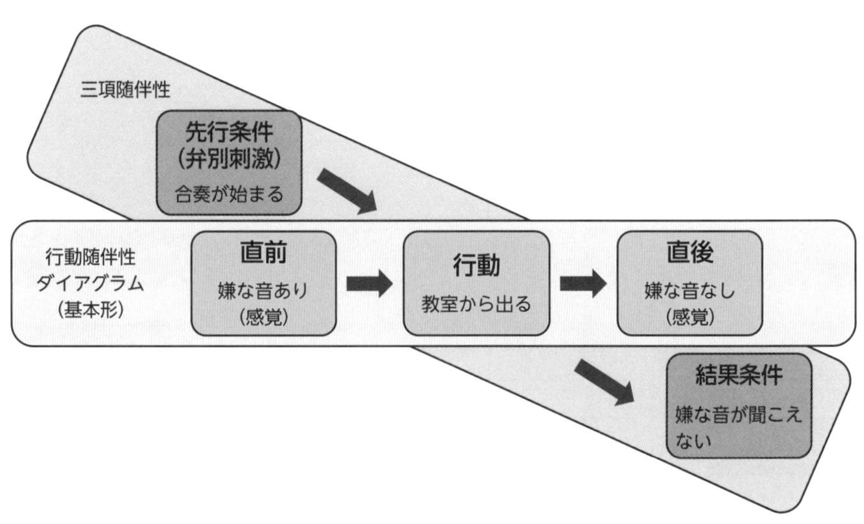

※杉山尚子他『行動分析学入門』産業図書，p.27，1998．を参考に筆者作成

図3-12-3 行動随伴性と三項随伴性との関連

1）奥田健次『メリットの法則 行動分析学・実践編』集英社，pp.84-86，2012.

表3-12-2 強い指導の副作用

1　行動自体を減らしてしまう
叱られないように、何もしないようになる。いわゆる「積極性」が失われやすい。
2　何も新しいことを教えたことにはならない
新しい行動は強化と消去の組み合わせによって生まれる。
3　一時的に効果はあるが持続しない
回復の原理がある。叱られないと行動しないのであれば、常に叱ってくれる人の存在が必要になる。
4　弱化を使う側は罰的なかかわりがエスカレートしがちになる
虐待につながる危険性をはらんでいる。
5　弱化を受けた側にネガティブな情緒反応を引き起こす
PTSDや自尊感情の低下を引き起こす。
6　力関係次第で他人に同じことをしてしまう可能性を高める
弱化を受けた側が、状況が変わって力関係の強い側に回った場合、相手に対して罰的なかかわりを行ってしまいがちになる。

※奥田健次『メリットの法則 行動分析学・実践編』集英社，pp.84-86，2012．をもとに筆者作成

らである。特に、モデリング*の効果は大きな弊害として子どもの行動形成に影響する危険がある。

最初のモデリングは、偶然に出現するか、何らかの形で誘導されるか等で発生し、直接的に強化される。例えば、特定の感覚刺激に対して拒否が強い子がいたとする。この拒否が触覚の過敏さからくる防衛反応であった場合、その刺激に対しては、回避・逃避といった強化子が発生しやすく、結果として防衛的な反応としてこれまでの生活経験もふまえた攻撃的な行動が出現する可能性がある。その際、不快な刺激が消失または軽減できれば、本人にとっては成功体験として攻撃的な行動は強化され、次に同様の先行条件が発生した場合は、同様の行動が想起し、継続することとなる。

モデリングによる学習については、年少段階であれば直接的な場面で即時的に再現されることが多いが、年長になると表象機能の育ちに伴い、モデルの提示後に時間が経過しても発生することになる。例えば、家庭で暴力的なかかわりがあった場合、園生活でそのような行動を再現するということである。その際、学習には外に現れる反応が必須であり、生じた結果に対して何らかの強化を与えていることを忘れてはならない。

＊モデリング
対象物を見本として、同じような動作や行動をとること。例えば、力で相手をコントロールするということ自体が学習の経験として定着してしまうことなどが挙げられる。

3 モデリングと動機づけ

1 子どもの模倣

子どもの模倣は、周囲の大人や友達の行為を真似ることだと考えられるが、模倣という言葉は「モデルの特定の反応をコピーする」という側面があり、モデリングで学習することは行動の具体的な特徴に限らず、行動の抽象的な特徴も含まれる。例えば、我々は話し言葉を学習するが、すべての話し言葉はモデリングを介して覚えるわけではなく、一定の文法などの様式を学びつつ、新たに獲得した語彙を用いてその様式を再構築していく。この過程は問題行動といわれる不適切な行動が形成される一連の流れにおいても同様のことが発生する。そのため、最初に発生した行動パターンから、さらに新たな行動パターンが発生することになり、結果としてより社会的に不適切な行動パターンが形成されていく危険性がある。このような行動の誤学習による問題の典型が、強度行動障害である。

また、他者に対する攻撃性の問題だけでなく、本人の有能感の低下などにもつながる危険性がある。E. L. デシは、活動に対する動機づけには、自己決定が有効だと考えた。この自己決定理論においては、「有能さ*」、「関係性*」、「自律性*」の3点が重要であると考えられているが、それをふまえて非動機づけを除いた五つの段階が設定されている（図3-12-4）。

＊有能さ
自分の能力とその証明に対する欲求のこと。

＊関係性
周囲との関係に対する欲求のこと。

＊自律性
自己の行動を自分自身で決めることに対する欲求のこと。

ここでの動機づけは大きく外発的動機づけと内発的動機づけに分けられる。外発的動機づけは、さらに4段階に分けられるが、共通して強化子は

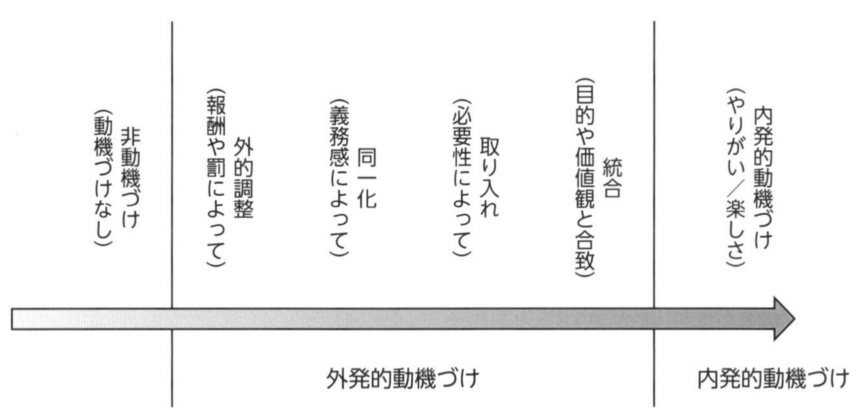

図3-12-4 自己決定理論における動機づけの段階

外的な要因に依存するということである。一方で、内発的動機づけは、やりがいや楽しさなど、本人の内的欲求に依存しており、本人の欲求と意思決定がより深く関係している。

2 子どもの学びと学習に対する評価

子どもの学びを考えていく際に、教員や保育者がどのような教育観をもっているかが重要になる。一つは「意図的教育観」で、もう一つは「成功的教育観」である。意図的教育観とは、教える側が何らかの「意図」をもち、教えるという行為を行ったことをもって教えたと考える教育観で、主体は教える側にある。一方で、成功的教育観は、学習者が習得したことを確認したうえで初めて教えたと考える教育観で、主体は教わる側にある。

図3-12-5は、学習に対する意欲の向上を可視化したものであるが、子どもが適切な行動を形成し、さまざまな学習を成功させていくためには、「わかる」「できる」といった結果の予測性と成功体験が重要となる。その際、発達の最近接領域として簡単すぎる課題や難しすぎる課題は適切だとはいえない。「わからない」「できない」課題が繰り返されることで、失敗体験が積み上がると学習性無力感が生じることで、学習が停滞する可能性がある。これは学習の負のサイクルだといえるが、適切な課題設定から成

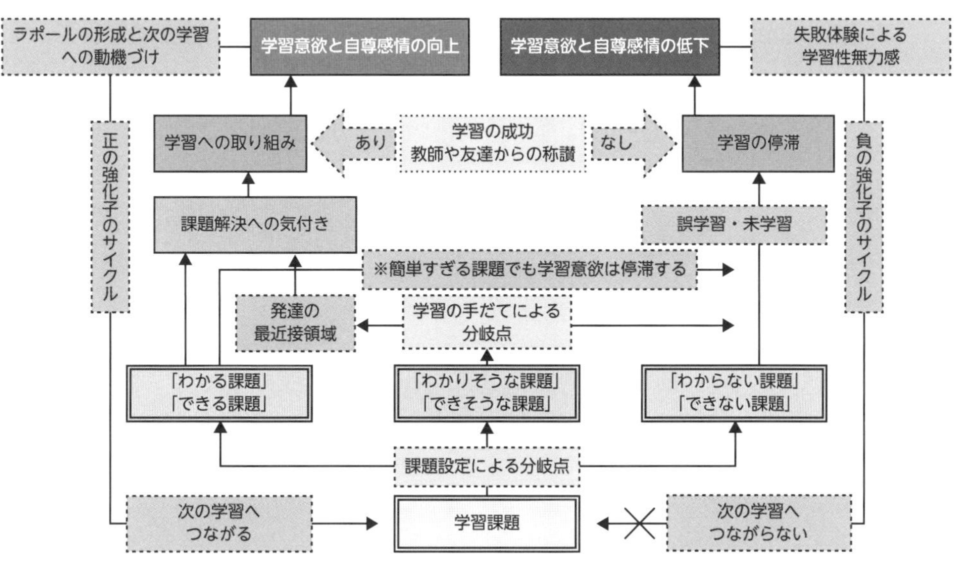

図3-12-5　学習に対する意欲の向上について

功体験を保障していくことは、子どもとのラポールを形成し、次の学習に対する動機づけにつながっていく。

3 気になる子の行動を指導していくポイントとマルトリートメント

子どもたちは、教員や保育者の指導に対する理解や準備不足から、活動の見通しをもてなかったり、課題を解決する方法がわからなかったりすると困惑し、不安定になる。不安定な子どもは、大人からすると望ましくない行動が増え、問題行動として叱責されることが繰り返される負の連鎖につながっていく。その結果、大人に対する安心感や信頼感、期待感をなくし、話を聞かなくなっていく。

不適切な養育のことを「マルトリートメント」というが、園や学校において不適切な指導が発生する背景には、教員や保育士の「こうあるべきだ」という固定観念や指導が思いどおりにいかない焦りなどがあると推察される。例えば、子どもの活動を褒めない、無視をするといった指導や「なんでできないの」と責め立てるような指導、「勝手にしなさい」と見捨てるような指導の裏側には、少なからず「こうあってほしい」という指導者側の願いがあるのかもしれない。しかしながら、言葉の裏や含みを理解することが難しい子は、その言葉を字義どおりに受け止めてしまう。このような指導は、ダブルバインド（二重拘束）となり、園や学校現場におけるマルトリートメントとして、不適応を生じさせる危険性がある。そのような行きすぎた指導の落とし穴に陥らないためのポイントを表3-12-3に示すが、指導にあたっては「身体的接触を伴う直接的な支援」「言葉や指さしなどによる間接的な支援」「支援がなくても活動できる」等のどの段階なのか*、学習活動の工程を細く分析し、適切な指導・支援の手立てを講じていくことが求められる。

*支援レベルの介入度については第2部第8章図2-8-4を参照。

表3-12-3 気になる子の支援のポイント

①その活動（支援）で、どんな力をつけたいかを明確にする
　ねらいと評価規準は、初めて活動場面（支援場面）を見た人でも、〇×で判断できるぐらい具体的にすることで、手立てがみえてくる。特に障害児の場合、「わかる」「できる」経験を積み上げることが大切であり0.1は０でない。
②発達や障害の特性、個々の理解は必須である
　最初に、診断的なアセスメントを実施し、次に、指導したことに対するアセスメントを実施する。さまざまな仮説を立てながら子どもの好きなことや苦手なこと、経験、環境なども把握し、一つひとつ子どもの学びを確認していくサイクルをつくる過程では、支援者が学んだことが、子どもの成長につながっていく。
③キャリア教育の視点をもつ
　実施している活動や学習が、将来や現在の生活とどうつながっていくのかのビジョンを明確にする。子どもにとって豊かな生活をイメージしながら、計画を整える。
④教材を介して子どもと学ぶ
　教材が子どもと教員・保育者をつないでくれる。諸感覚へのフィードバックから教材が「できたね」と教えてくれることや教材が「こうすればいいよ」と導いてくれることが重要であり、「できた」「わかった」と実感がもてないところで褒めても、本人には伝わらないので注意が必要である。
⑤学びの環境を整える
　子どもは環境に応じた発達をしていくことから、安心感と満足感を得るためにはどう工夫すればよいかが重要になる。その際、時間や活動を具体的に可視化し、子どもがわかる言葉で伝えていくことが求められる。
⑥一手間かけて二手間減らす
　子どもの支援は、人ではなく、教材で補うという視点が重要である。
　加配など、複数の支援者がかかわる場合は、個々の役割を事前に明確化することで、複数の支援者がいる利点を最大限に活かす。
⑦教材の目的を明確にする
　この教材でどんな力をつけるのか。また、誰のための教材なのかを明確にする。さらに、何のために、いつ、どこで使う教材なのかを子どものねらいに沿って整える。その際、同じ教材を何度も繰り返し行い、教材に子どもを合わせるのではなく、子どもに合わせた教材をあきらめずに作り直す。
⑧基礎的な感覚を活用する
　発達初期の使いやすい感覚（触覚、前庭感覚、固有受容感覚）と使いにくい感覚（特に視覚と触覚）を理解し、手触りや小さな段差等のフィードバックをうまく使う。また、視野と手の可動範囲（目の操作性や目と手の協応）を想定し、本人が課題の全体を把握できるように配慮する。
　併せて、平面と立体の認知、位置や方向の認知など、色のコントラスト、大きさも一人ひとり違うことを念頭に、活動や教材を整える。
⑨スモールステップの構成
　発達が初期の段階では、新しい活動は短時間にとどめ、好きな活動への参加を大幅に認める。その後、徐々に新しい課題の従事時間や従事量、難易度などを上げていく。

※綿引清勝・杉野学・上田征三編著『はじめて学ぶ知的障害児の理解と指導』大学図書出版，2020．を一部改変

第3部

「気になる子」の発達に応じた実践

つかう

第13章

子どもの教育的ニーズに応じたICT機器の意義と活用

デジタル時代に向けたインクルーシブ教育・保育の実現において、幼児期の学びの環境にICTをどう利活用していくかは、さまざまな議論が交わされている。

そこで本章では、特別支援学校での実践をもとに、子どもたちの多様な教育的ニーズに対して特別支援教育の視点から新しい時代の指導方法や選択肢への理解を深める。

1 教育・保育における ICT機器活用の意義

1 幼児教育とICT

幼稚園教育要領では、第1章総則の第4「指導計画の作成と幼児理解に基づいた評価」のうち、「3 指導計画の作成上の留意事項」の(6)に、情報機器の活用に関する項目がある。そこでは「幼児期は直接的な体験が重要であることを踏まえ、視聴覚教材やコンピュータなど情報機器を活用する際には、幼稚園生活では得難い体験を補完するなど、幼児の体験との関連を考慮すること」と規定されており、直接的な体験を活かすための工夫をしながらICT*を効果的に活用することが大切とされている。具体的には、「園庭で見付けた虫をカメラで接写して肉眼では見えない体のつくりや動きを捉えたりすることで、直接的な体験だけでは得られない新たな気付きを得たり、自分たちで工夫してつくった音などを聴いて遊びを振り返ることで、体験で得られたものを整理したり、共有したりすることができるであろう。また、体を使った活動や演奏の前などに、それらを映像で視聴することで、イメージをもちながら見通しをもって取り組んだりすることもできる」という例が、幼稚園教育要領解説に挙げられている。

＊ICT
Information and Communication Technology（情報通信技術）

このように直接的な体験を大切にしながらも、ICTを活用することでさらに豊かな生活体験を育むことができると考えられる。

2 幼児教育現場の実際

実際の幼児教育の現場では、ICTの活用はどのように進められているだろうか。糟谷は、幼稚園・保育所・こども園における情報化の現状と意識について、248園にアンケート調査を行ったところ、「ICTを積極的に活用したい」と答えた園は4.7%（248園中16園）にとどまった。その理由としては、「保育者の知識技能不足」「環境整備の不足」「研修時間の不足」などが挙げられている[1)]。

1）糟谷咲子「幼児教育・保育施設における情報化の現状と課題についての一考察」『岐阜聖徳学園大学短期大学部紀要』51, pp.41-56, 2019.

また、高ほかの調査研究では、「幼児教育の現場でICTを活用する必要性を感じない」という回答も多く寄せられている[2)]。幼児教育において積極的にICTを活用している事例はまだ数少ないのが現状である。

そうした日本の現状に比べ、海外では幼児教育におけるICTの活用が進んで行われている。青木は、世界のハイテク産業都市に成長した中国深(しん)圳(せん)市にある公立幼稚園の視察を行い、そこでは、すべての園児がウェアラブル端末を腕にはめ、保育室にスマートスピーカー、Webカメラとマイクが付属した大型モニター、AIロボット、プログラミング教育玩具などが整備されていることを報告している[3)]。世界的には、幼児教育におけるICTの活用に対して肯定的な見方がされており、実践もさまざまな形で進められていることを認識しておく必要があるだろう。

では、日本で積極的に活用を進めている教育現場からは、子どもたちの具体的な様子についてどのようなことがわかるだろうか。廣瀬ほかは、「直接的な体験の補完・促進・充実に繋がる幼児期ならではのICT活用」をテーマに、積極的に活用を進めている現場の実態調査から[4)]、「A 直接的な体験の補完」「B 直接的な体験の促進」「C 直接的な体験の充実」の三つに分類し、具体的なエピソードを例示している（表3-13-1）[＊]。

＊これらの調査結果からは、ICTを活用することにより、「主体性、協同性、遊びの展開意欲や態度、新たな発想や深い学び、柔軟な思考、豊かな表現力を発揮することが考えられ、どのエピソードからも生き生きと自分を表出して主体的に活動に関わろうとする姿が見られる」ことがわかる。幼児教育において、直接的な体験を補完し、さらに促進・充実させるためのICT活用は大切であり、今後さらに実践が進むことが期待される。

表3-13-1 ICT活用における具体的なエピソード

A	直接的な体験の補完	① アプリで未知のものと出会い、感動を共有し合う。 ② アプリで立体映像を見て既有知識を深め合う。 ③ 動画で体形や動きを見てイメージを共有し協働する。 ④ 動画で声を聞いて歌と比較、鳴き声に関心が高まる。
B	直接的な体験の促進	① 写真を撮ることで、自己表出の機会と対話力につながる。 ② 映像でイメージが湧き、表現意欲につながる。 ③ 映像で真似て楽しみ、やりたい仲間が集合する。 ④ 調べてわかった喜びを共有、理解が表現意欲につながる。
C	直接的な体験の充実	① 写真を見て自ら拡大して発見、丁寧で豊かな表現につながる。 ② 映像を見て感じたことを表現、次の活動につながる。 ③ ビデオで振り返り課題を発見、共有、協調性を発揮する。 ④ 自ら書いて積極性を高め、協力し合う意欲につながる。

※廣瀬三枝子・藤村裕一「幼児期の直接的な体験を補完・促進・充実させるICT活用教育の在り方」『日本教育工学会研究報告集』2021(2), p.153, 2021. より筆者一部改変

2）高向山・岩尾良徳・梅崎高行・山際勇一郎・小湊真衣「保育のICT化に関する幼児教育現場の意識について：全国調査からの一考察」『日本教育心理学会第63回発表論文集』2021.
3）青木一永「中国深圳市における公立幼稚園でのICT導入の現状」『日本教育工学会論文誌』44(1), pp.135-143, 2020.
4）廣瀬三枝子・藤村裕一「幼児期の直接的な体験を補完・促進・充実させるICT活用教育の在り方」『日本教育工学会研究報告集』2021(2), pp.152-157, 2021.

2 特別支援教育とICT

1 GIGAスクール構想による ICT環境の整備

小学校段階からの学校教育においては、ICT活用はどのように進められているだろうか。まず、特別支援学級・特別支援学校も含めた小学校・中学校段階でのICT環境についてみていきたい。2020（令和２）年６月に行われた文部科学省による全国調査では、2020（令和２）年度はコロナ禍における一斉休校があったにもかかわらず、オンラインで双方向性のある授業ができた公立学校は、小学校で約８％、中学校で約10％とごくわずかであった[1)]。こうした状況も追い風になり、当初2023（令和５）年度までに整備を進める予定だった児童生徒一人一台の端末整備は2020（令和２）年度に急速に進んだ。この施策はGIGAスクール構想*と呼ばれ、「一人一台端末は令和の学びのスタンダード」とされている。ここでの「GIGA」とは、「Global and Innovation Gateway for All」の略で、「すべての子どもたちが世界につながる革新的な扉」という意味が込められている。そもそもの背景としては、日本の学校教育におけるICT機器環境の整備の遅れが挙げられる。国際比較では、日本は「学校の授業におけるデジタル機器の使用時間はOECD加盟国で最下位」「学校外でのICT利用は、学習面ではOECD平均以下、学習外ではOECD平均以上」という状況がある[2)]。

＊GIGAスクール構想
全国の児童生徒に１人１台のコンピューターと高速ネットワークを整備する文部科学省の取り組み。

学びのツールとしてICT機器を活用していくことが、これからの社会では必須であるというのが世界標準の認識であり、日本もGIGAスクール構想の実現によって、ようやくその端緒についたといえる。

では、具体的にどのような端末が学校現場に配備されているだろうか。自治体や学校種によって異なるが、全国的に三つのOS（ChromeOS、Windows、ipadOS）のいずれかが配備されている[3)]。このうち特別支援学校では、ipadOS、すなわちiPadが端末として配備されるケースが

1）文部科学省「新型コロナウイルス感染症の影響を踏まえた公立学校における学習指導等に関する状況について」2020.
2）文部科学省「GIGAスクール構想の実現へ」
3）文部科学省「端末利活用状況等の実態調査（令和３年７月末時点）（確定値）」2021.

大半である。iPadはほかの機種に比べ、直感的な操作性、操作の安定性、アクセシビリティ機能の充実といった利点があり、特別支援教育に適しているというのが一般的な評価となっている。実際にどのような活用方法があるのかを次に紹介していく。

2　特別支援教育におけるICT活用

文部科学省「特別支援教育におけるICTの活用について」には、二つの視点が示されている[4)]。視点1は「教科指導の効果を高めたり、情報活用能力の育成を図ったりするために、ICTを活用する視点」、視点2は「障害による学習上又は生活上の困難さを改善・克服するために、ICTを活用する視点」である（図3-13-1）。

この二つの視点のうち「視点2」では、障害の特性や実態によって活用方法が異なってくる。視覚障害（見えない・見えにくい）、聴覚障害（聞こえない・聞こえにくい）、肢体不自由（動けない・動きにくい）、病弱（病気によるさまざまな制約）では、身体の障害による学習上の困難に対し、障害の特性に応じた機器や補助具の活用が必要である。知的障害（理

視点1
教科指導の効果を高めたり、情報活用能力の育成を図ったりするために、ICTを活用する視点

・教科等または教科等横断的な視点に立った資質・能力であり、障害の有無や学校種を超えた共通の視点。

・各教科等の授業において、ほかの児童生徒と同様に実施。

視点2
障害による学習上または生活上の困難さを改善・克服するために、ICTを活用する視点

・自立活動の視点であり、特別な支援が必要な児童生徒に特化した視点。

各教科および自立活動の授業において、個々の実態等に応じて実施。

✓ 新特別支援学校学習指導要領では

各教科の指導計画の作成に当たっての配慮事項として、各障害種ごとにコンピュータ等のICTの活用に関する規定を示し、指導方法の工夫を行うことや、指導の効果を高めることを求めている。

出典：文部科学省「特別支援教育におけるICTの活用について」

図3-13-1　特別支援教育におけるICTの活用の視点

4）文部科学省「特別支援教育におけるICTの活用について」

障害の状態や特性やそれに伴う学びにくさは多様かつ個人差が大きく、
障害のない児童生徒以上に「個別最適化した学び」≒「特別な支援」が必要

身体の障害による学習上の困難	
視覚障害（見えない・見えにくい）	約 6,000 人
聴覚障害（聞こえない・聞こえにくい）	約 12,000 人
肢体不自由（動けない・動きにくい）	約 36,000 人
病弱（病気による様々な制約）	約 23,000 人

▶障害の特性に応じたICT機器や補助具の活用が必要

知的障害や発達障害による学びにくさやコミュニケーションの困難	
知的障害者（理解や意思疎通が困難）	約 242,000 人
発達障害（様々な学びにくさ）	
自閉症・情緒障害	約 146,000 人
言語障害	約 39,000 人
注意欠陥多動性障害	約 18,000 人
学習障害	約 17,000 人

▶理解や意思表示を支援するためにICT機器の活用が有効

出典：文部科学省「特別支援教育におけるICTの活用について」

図3-13-2 特別支援教育におけるICT活用の必要性

解や意思疎通が困難)、発達障害（さまざまな学びにくさ）では、知的障害や発達障害による学びにくさやコミュニケーションの困難に対し、理解や意思表示を支援するためのICT機器の活用が有効になる（図3-13-2)。

また、一人ひとりの子どもの教育的ニーズからICT活用を考えると、読み書き支援、コミュニケーション、スケジュール管理、学習・生活支援などのツールとして、個々にカスタマイズした活用が考えられる[5)]。学習に取り組むうえでの困難さ、学びにくさやコミュニケーションの困難さを支援するためのICT活用は、合理的配慮の観点からも大切である。一人ひとりのニーズに合わせたどのような活用が可能か、私たちも日々進歩するテクノロジーから学んでいく必要がある。

5）朝日新聞社「学びに凸凹のある子が輝く デジタル時代の教育支援ガイド―子ども・保護者・教師からの100の提言」2021.

特別支援学校のICTを活用した授業実践

1 知的障害特別支援学校の授業実践

特別支援学校の現場では、ICTを活用したどのような授業実践が行われているだろうか。ここでは、知的障害特別支援学校、肢体不自由特別支援学校の二つの校種の実践例を紹介していくこととする。

(1) 視覚支援としての活用事例

知的障害特別支援学校に通う幼児児童生徒は抽象的な事柄の理解が難しい傾向があり、これまでの授業では具体物や見本を提示したり、身近な事柄を題材にした学習が行われたりしてきた。こうした授業のなかでICTを活用していくと、視覚的にわかりやすい説明をすることが可能になり、子どもたちが授業や題材へのイメージを広げることができるようになる。スライドに絵・写真・シンボル・動画等を取り入れて視覚支援を行うと、とても効果的である。

例えば、「富士山を描こう」という描画の活動を行う際は、導入で富士山の写真や動画の提示をじっくり行う。動画の中の富士山は季節や時間、撮影する場所によって多種多様な色で登場し、子どもたちのイメージも大きく広がっていく。その後パステルで描いた富士山の作品は多彩な色で表現されるようになった（写真3-13-1）。

写真3-13-1　子どもたちが描いた富士山の描画作品

さくらもち　つぶあんあんこ　こしあんこ

お兄ちゃん　弟いるが　俺も好き

写真3-13-2　Pagesを活用した俳句づくり

（2）俳句づくり

iPadに標準搭載されている文書作成アプリ「Pages」の縦書き機能を活用し、俳句づくりに取り組んだ実践を紹介する。始めに「春」「冬」などのテーマを設定し、季節のイメージがしやすい写真をあらかじめ準備しておく。「Pages」の書類設定で「縦書きテキスト」を選択する。子どもたちは自分の気に入った写真を選び、そのイメージをもとに俳句を考え、文字を入力していく。文字入力はかな入力、フリック入力、音声入力などさまざまな方法があるので、それぞれ取り組みやすい方法で行うことができる。入力ができたら写真を取り込み、枠線やシャドウなどの効果を考える。写真やイラスト等のイメージがあることで表現の幅が広がり、子どもたちのアイデアが生かされたユニークな作品に仕上げることができた（写真3-13-2）。

（3）コマ撮りアニメーションの制作

「KOMA KOMA for iPad」は、コマ撮りアニメーションが簡単に制作できるアプリである。iPadで撮影し、すぐに再生を繰り返していくと、コマ撮りの原理を子どもたちも理解できるようになる。例えば、親子で遊ぶインタラクティブWeb絵本「ピッケのおうち」のサイト*からペーパードール（ピッケのペパドル）を印刷し、そのキャラクターを動かしたり（写真3-13-3）、粘土の作品を動かしたり形を変えたりしながら撮影し、アニメーションに仕上げるといった授業が考えられる（写真3-13-4）。コマ撮りならではの表現方法を工夫していくと、ユニークな作品に仕

＊ピッケのおうち
「ピッケのおうち」ウェブサイト　https://www.pekay.jp/house/

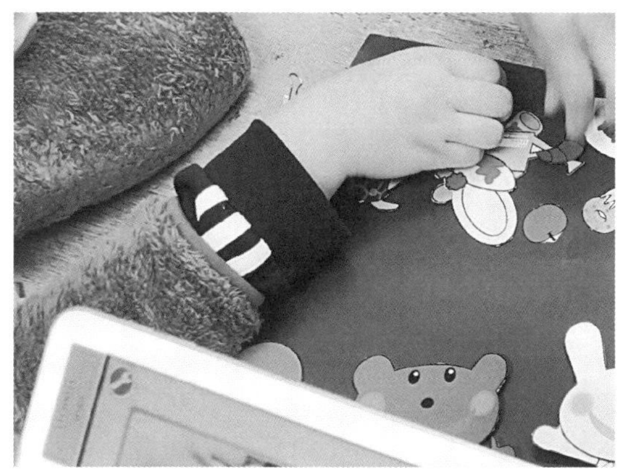

写真3-13-3　コマ撮りアニメーションづくり

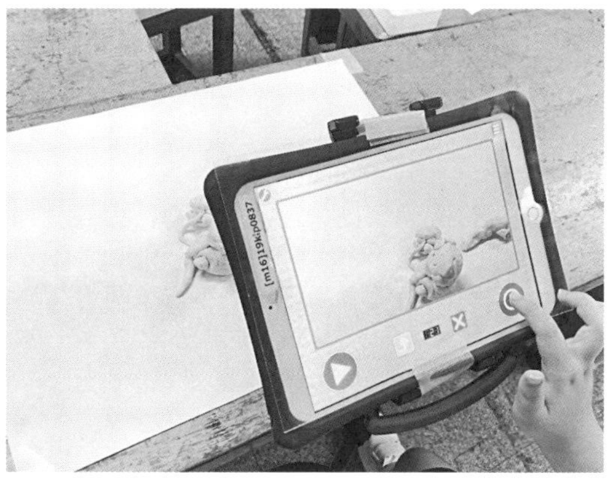

写真3-13-4　コマ撮りアニメーションづくり

上げることができ、また完成した映像を大型スクリーンに投影すれば、集会や学習発表会などの学校行事で発表する活動へと展開させることもできる。

このように、知的障害のある子どもたちも、ICTによる視覚支援で活動のテーマやイメージをもちやすくなり、さらに自分なりに考えたり表現したりする学びのツールとしてICTを活用することができる。

2　肢体不自由特別支援学校の授業実践

（1）音声ペン（音声付き教科書）の活用

音声教材[1)]のなかに音声付き教科書＊がある。音声付き教科書とは、見えない2次元コードが印刷された教科書紙面を、専用の音声ペンにてタッチすることで該当部分の音声を聞くことのできる教材である。

＊音声付き教科書
2次元コード付き音声付き教科書で、障害のある児童及び生徒のための教科用特定図書等の普及の促進等に関する法律に基づき、読字障害等の児童および生徒向けに提供を行っているもの。

肢体不自由児の特性の一つとして、運動機能を駆使することが難しいという側面がある。その意味でも、この音声付き教科書は非常に有効である。目の活用、いわゆる眼球運動において、目的的に見ることや、追視すること、凝視することなどが難しい幼児児童生徒がいる。その場合、ただ単に「見る」ということだけではなく、それに加え、手元を見ながら手を使う、いわゆる目と手の協応を図ったり、視覚だけでなく聴覚や触覚など、あらゆる感覚器官をフルに活用したりすることが重要になる。その意味でも音声付き教科書は、文章や文字にペンを当ててそれらを読み上げる

1）文部科学省「音声教材」2019.

表3-13-2 音声付き教科書の特徴

- 通常の教科書と見た目はほぼ同じで、通常の学級でも使いやすい。
- 音声ペンで教科書紙面をタッチして読むことで、意識は常に紙面に向くことができる。
- 「紙面を読む」と「対応する音声を聞く」という二つの動作を組み合わせて、正確な読書が可能になる。
- 好きなページの好きな場所の音声をすぐに聞くことができる。
- 鉛筆や蛍光ペンでメモを書き込むことができる。
- 家庭での予習復習が一人でできる。
- 持ち運びがしやすい。
- 扱いが簡単である。　など

という機能であることがとても有効である。以下、三つの視点からその効果を考える。

①「自立活動」の視点

- 目的的に文章や文字を見ることができる。
- 目的的にペンを当てる動きこそが、いわゆる目と手の協応の学習にもなる。

②「学習」の視点

- 視覚情報と聴覚情報、さらに触覚情報がミックスされるので、より理解度が上がる。
- 機械音声でなく、プロの俳優（声優）の声での読み上げ音声であるということから、「情感」や「リズム」などが理解しやすい。

③「自立と社会参加」の視点

- いつでもどこでも一人で学べることから、知識や理解が増える。特に巻末の漢字一覧は有効である。
- 誰か（人）に読んでもらうのではなく、自分一人で完結することから、まさに「自立」へとつながる。
- 一人（自分）で「できた」という成功経験を積み重ねることで、自己肯定感が高まり、さらに自己効力感も高めることができる。

このように、一人（自分）で「できた」体験の積み重ねは、ただ単に「学習」の面だけでなく、あらゆる「活動」に自信をもって参加できる大きな原動力となるのである。

（2）支援を考えるうえで大切なこと

肢体不自由障害児、特に重度重複障害児（重度心身障害児）を考えてみる。キーワードとして、「仕方ないよね」を挙げる。例えば、見た目で「できていない」ことを、子どもの側の問題として「○○さんだから仕方ないよね」「○○という障害があるから仕方ないよね」という姿勢である。また、「支援」を克服だけを目指すといった姿勢で、例えば、子どもに苦手なことを苦手な方法で繰り返させてしまっていること、文字を書くことが苦手な子どもに「漢字100回書いてきなさい」などということをさせてしまうこと等が挙げられる。それらは、子ども本人にとっては失敗体験の蓄積になってしまうにもかかわらず、周囲は「仕方ないよね」とあきらめることを「優しさ」とはきちがえてしまっていることがある。さらに、それに気づかないなどということがある。

表現する力が弱い、反応がわかりにくい、自ら外界に働きかけることが困難という特性がある。さらに、何をやってもうまくいかず、失敗しがちになることで、常時介助を必要とする受動的な生活になってしまい、本人は学習性無力感を感じやすくなる。また、周囲の人は「○○できない」と評価してしまう傾向にある。

そこで、支援者が心がけることは、「障害があるから○○できない」という見方・とらえ方ではなく、どう工夫したら○○できるようになるか、どうやったら○○という活動に参加できるか。つまり、「できること」を活かすという発想である。

さらに言えば、重度重複障害児は、自発的な動きがほとんどないことから「できない」と評価されてしまいがちであり、反応の表出が少ないことから「わかっていない」と評価されがちである。しかしながら、わずかな動きでも、「できる」ことがたくさんあるんじゃないか、小さな表出を教員や保育者が受け取れていないだけで「わかっている」ことがたくさんあるのではないかと考えることがとても大切である。

コラム 10

特別支援教育とSDGsについて

「SDGs（エスディジーズ）」とは「Sustainable Development Goals」の略称であり、「持続可能な開発目標」と訳されます。2015年の国連サミットで採択されました。SDGsは、2030年までに達成すべき国際社会共通の目標のことであり、17の目標と169のターゲットで構成され、「誰一人として取り残さない（leave no one behind）」をスローガンとしています。SDGsには、この「誰一人として取り残さない」という基本理念がさまざまな形で表れています。

SDGsは、「MDGs（エムディージーズ）」という国際目標の後継にあたります。MDGsとは「ミレニアム開発目標（Millennium Development Goals）」のことで、2000年に国連サミットで採択されました。2015年までに達成すべき国際社会共通の目標として、貧困や飢餓、差別の撲滅といった八つの目標と21のターゲットで構成されていました。このMDGsの取り組みは多くの成果を収めましたが、その一方で達成状況にさまざまな格差があることやMDGsの恩恵が受けられていない人々の存在も明らかになりました。それは、MDGsの目標やターゲットにおいて、障害や障害者について言及がなかったことからも明らかです。しかし、SDGsでは、そのターゲットにおいて障害や障害者への配慮が記されています。このような変化は、2006年に国連で採択された障害者の権利に関する条約（CRPD：Convention on the Rights of Persons with Disabilities）が大きく影響しているとも考えられていますが、SDGsの基本理念である「誰一人として取り残さない」という姿勢が示されているともいえるでしょう。

SDGsの目標4「質の高い教育をみんなに」は、10のターゲットから構成されています。そのなかのターゲット4－5では、「2030年までに、教育におけるジェンダー格差を無くし、障害者、先住民および脆弱な立場にある子どもなど、脆弱層があらゆるレベルの教育や職業訓練に平等にアクセスできるようにする」とあります。また、ターゲット4－aでは、「子ども、障害およびジェンダーに配慮した教育施設を構築・改良し、すべての人々に安全で非暴力的、包摂的、効果的な学習環境を提供できるようにする」ということがうたわれています。つまり、障害の有無にかかわらず、すべての人々が質の高い教育を受けることが目指されているのです。その他、目標10の「人や国の不平等をなくそう」なども特別支援教育やインクルーシブ教育と深く関連するものだと思われます。

インクルーシブ教育の構築・実現にはさまざまな困難が予想されますが、特別支援教育の広がりによって、すべての子どもたちへ平等に教育が提供される環境が整うとともに、その子どもたちによってよりインクルーシブな社会が創られていくのではないでしょうか。

（福井朗子）

第3部

「気になる子」の発達に応じた実践

つかう

第14章

保育におけるアダプテッド

　教育・保育現場においては、教員や保育者がやらせたいことに子どもを合わせるのではなく、子どもの活動が伸び伸びと展開していくために、教材や指導方法などを工夫・改善していく必要がある。

　そこで本章では、子どもに合わせるという視点から「アダプテッド」の理論と方法にふれ、インクルーシブ教育・保育の実現へ向けて、どの子も取り残さない指導方法について実践的に学ぶ。

1 アダプテッドとは

1 はじめに

本書の著者の一人である澤江は、障害児専門施設を退職し、発達心理学を学ぶべく大学院に編入学した頃から、日中、保育園や幼稚園、認定こども園などの保育関係施設（以下、保育施設）への巡回相談を精力的にさせていただいた。そこで子どもの保育や幼児教育に携わっていた専門職の方々（以下、保育者）から多くのことを学ばせていただいた。

特に当時、障害のある子どもの療育（主に個別的な発達支援）が専門であった私にとって、障害のある子どもが、いわゆる健常といわれる障害のない子どもとともに生活する保育場面で、どのように生活し、この先の人生を営む礎を築くようになるのか、まだまだ謎を感じることが多かった。

そのなか、保育者は障害のある子どもの最善の利益を求め、今、ある環境のなかで、眼前の子どもに望まれるさまざまな工夫を施すことに努めていた。驚いたのは、保育者にとって「眼前の子ども」は、必ずしも障害のある子どもだけではなく、集団として、障害のある子どもとかかわりある障害のない子どもを含めた保育集団を想定して、環境や道具などを創意工夫していたことである。

私は、そうした保育者の実践にふれ、これまでの個別的な発達支援では会得できなかった、集団としての発達支援のあり方を学ぶに至ったのである。巡回相談の専門家でありながら、実は学びの徒であったことはここだけの話である。

我々は現在、体育・スポーツ科学領域で、障害のある子どもや若者のための実践的学際領域であるアダプテッド体育・スポーツ学研究室に所属し、例えば、上記に挙げた「眼前の子どもに望まれるさまざまな工夫を施すこと」を、「アダプテッド」という方法論として理論化し、その実践的普及と理論的発展を期して、研究や教育、実践を行っている。特に共生社会を高らかにうたって久しい日本の学校教育において、当事者視点に立ったインクルーシブ体育の実践の限界をふまえた可能性について主張してきている[1)]。

1）澤江幸則「インクルーシブ体育の可能性と限界」「体育科教育学研究」36(2)，pp.33-38，2020.

そこで本章では、アダプテッドとは何かについて解説するとともに、保育場面における事例を通して、アダプテッドの実践についてふれていきたいと思う。

2 アダプテッドについて

（1）アダプテッドって何？

「アダプテッド」は聞き慣れない言葉である。障害者スポーツのことを、現在、パラスポーツと表現されることが主流であるが、過去、アダプテッド・スポーツと公的に表現されたことがあった。そこからわかるように、このアダプテッドは、障害のある人のためのスポーツから派生した用語である。障害者スポーツの祭典であるパラリンピックが2021（令和3）年東京で行われたが、その種目の多くは、オリンピックで取り上げられたスポーツを障害のある人の特性に応じて修正、追加、調整されたものである。例えば、車いすバスケットボールや、シッティングバレーボール、ブラインドサッカーなどがそれに該当する。パラリンピックのようにすでに高度に競技化されたものはアダプテッドする余地はないが、一般のスポーツを、障害だけでなく、高齢者や子ども、病気・疾病などの低体力の人、その他、何らかの参加において配慮が必要とされる人の状況や特性に応じて、ルールや道具、環境（人的・物的）を変更、調整、修正、追加などの工夫を行うことをアダプテッドというのである。そのため、アダプテッドは、端的に表現するとスポーツや活動を「その人に合わせる」と言い換えられる。

たとえば、足の不自由な人がサッカーをしたいと求めてきたとする。以前であれば、サッカーは足で行うため、足に障害のある人には無理だとお断りしていた時代があった。そして足に障害があるなら車椅子バスケットを行うとよいと、障害に合わせて種目が選ばれる考え方があった。現在は、教育・福祉場面を中心に、足が不自由であることをふまえて、どうしたら、その人がサッカーできるかを考えようとする指導者や支援者が増えてきた。そのような「教育・活動ニーズに基づく考え方」の人たちによって生み出されたのが「電動車椅子サッカー*」や、「ハンドサッカー*」であったりする。

＊電動車椅子サッカー
日本電動車椅子サッカー協会ウェブサイト
http://www.web-jpfa.jp

＊ハンドサッカー
日本ハンドサッカー協会ウェブサイト
https://handsoccer.jimdo.com

（2）その人を知る

アダプテッドは「その人に合わせる」ことが、最も強調とされるべき重要な点である。そのためアダプテッドを試みようと思ったときにまずしなければならないのは、スポーツをしたいと求めてきている「その人」を知ることである。例えば、年齢や性別、身長や体重、運動能力などの身体特性はもちろんのこと、興味や関心、認知的特性、社会性、情緒的特性などである。確かに、よい指導者といわれる人ほど、選手中心主義である可能性が高いことが示唆されている[2)]。

その人を知るための方法には大きく二つある。一つは、いわゆる児童票や個別支援計画の内容、認知テストや運動テストなどのアセスメント結果、保護者からの聞き取り内容などの「客観的情報リソース」である。

もう一つは「主観的情報リソース」ともいうべき内容である。例えば、気分や感情、その日の調子や精神状態、特に自閉スペクトラム症などの障害のある人は、表情や行動からは読み取りにくい感情などである。それらは上記の客観的情報レベルでは理解しにくい情報である。したがって、日頃から、こまめに子どもを観察し、また声をかけたり、調子がよくないと思ったときにはやりとりしたりするなかで、その一人ひとりの気分や感情の現れ方、不安や昂揚のしやすさ、その気持ちや感情の切り替わり方などを知っておくことが望まれる。それによって、当然、アダプテッドの仕方も異なるのである[3)]。

（3）具体的なアダプテッドの方法

アダプテッドには用具と、集団や仲間のような人的環境、フィールドなどの物理的環境、特別ルールの設定などのシステムのレベルに分けることができる（図3-14-1）。

❶ 用具のアダプテッド

スポーツをする個人が使用する道具や、義肢や車椅子などの障害のためのツールなどに対して、加工や調整、追加することを指す。例えば、車椅子テニスでは、後ろに重心をかけても転倒せずに安定的なプレーができるように、リアキャスターと呼ばれる車輪が車椅子の後方に付いている。また、下肢に障害がある選手が陸上競技のトラック種目に参加する際には、

2）澤江幸則「20講まとめ：アダプテッドに必要なことは？」斉藤まゆみ編著『教養としてのアダプテッド体育・スポーツ』明治図書，pp.44-47，2018.
3）澤江幸則「障害のある人のコーチング」平野裕一・土屋裕睦・荒井弘和編著『グッドコーチになるためのココロエ』培風館，pp.164-178，2019.

※澤江幸則「障害のある人のコーチング」平野裕一・土屋裕睦・荒井弘和編著『グッドコーチになるためのココロエ』培風館，pp.164-178，2019．より一部改変

図3-14-1 アダプテッドの構造

軽量かつ弾力性のある素材・形状の義足を使用することがある。

あるいは、子どもの年齢に応じた大きさのボールを使用することも、これに当てはまる。

❷ 人的環境のアダプテッド

ある人がスポーツを行う際に、支援者や仲間を加えたり、チーム編成を調整したりすることを指す。まず、支援者や仲間を加える例としては、視覚障害のある人が行うブラインドサッカーにおいて、相手ゴール裏に立って、選手たちにゴールまでの具体的な距離や方向を伝える役割を果たすガイド（コーラー）の存在がある。ほかにも、視覚障害のある人が参加する水泳では、ターンに際してプールの壁に激突することを避け、選手が安心してターンできるように、壁が近づいていることを、バーで選手を叩いて合図を出す人（タッパー）が存在する。

チーム編成を調整する例として車椅子バスケットボールでは、選手個人の障害の程度に応じて持ち点（障害が軽いほど点数が高い）が与えられ、コート上に立つ選手の持ち点の合計が一定の点数以下になるような工夫が施されており、障害の重い選手も軽い選手も皆が試合に出場して、活躍できるような仕組みとなっている。

保育や授業などで、特定のチームの子どもたちが、互いにうまくコミュニケーションをとれていないときに、そのチームの皆としっかりと意思疎通ができる子どもをチームに配置することも、これに当てはまる。

❸ 物理的環境のアダプテッド

スポーツをする場所や建物などの物理的環境に加工したり、調整したりすることを指す。例えば、視覚障害のある人が行うゴールボールでは、コート上のラインの下に糸が通してあり、それを触ることでコート上の自分の位置が把握できるようになっている。あるいは、車いすフェンシングでは、試合を行うコートの上に車椅子を固定し、選手間の間合いを調整して実施される。このほかにも、子どもの身長に応じてバレーボールのネットの高さを調整することや、参加者の体力に応じて、サッカーのフィールドの大きさを調整することもこれに当てはまる。

❹ システムのアダプテッド

既述したアダプテッドを含めて、または越えて、ルールを追加、変更、修正することを指す。例えば、車椅子テニスでは、2バウンド以内の返球が認められている。また、視覚障害のある人が行う柔道では、組み合った状態で試合が開始される。このほかにも、障害のある人が参加する陸上競技において、特に上肢に障害のある選手も参加するリレーでは、バトンを使用せずに、次の走者にタッチすることになっている。

チームで試合を行う際に、チーム間で明らかに能力差がある場合は、劣勢なチームに先生が加わるといった特別ルールを設けるといったこともこれに当てはまる。

(4) アダプテッドする際の留意点

アダプテッドは「その人に合わせる」ことを真髄としている。しかしそれが行き過ぎると、かえって子どもの発達権を脅かすことがある。例えば、ある障害のある子どもを含んだ集団がボール投げを楽しんでいた。指導者は、その障害のある子どもに、ほかの子どもと同様に、ボールを少しでも遠くに強く投げさせたいと思い、今投げられる長さより少し遠いところに的を置いて、そこを狙うようにフォームを指導した。しかしボールは届かず、失敗を繰り返すなかで次第に意欲を失ってきたので、指導者は本人が届く距離に的を置いた。しかしそれはフォームを教える前よりもずっと手前になってしまっていた。それでも的を当てることを楽しんでいたので指導者はこの子どもに合った距離と考えた。そのうちボールを投げるの

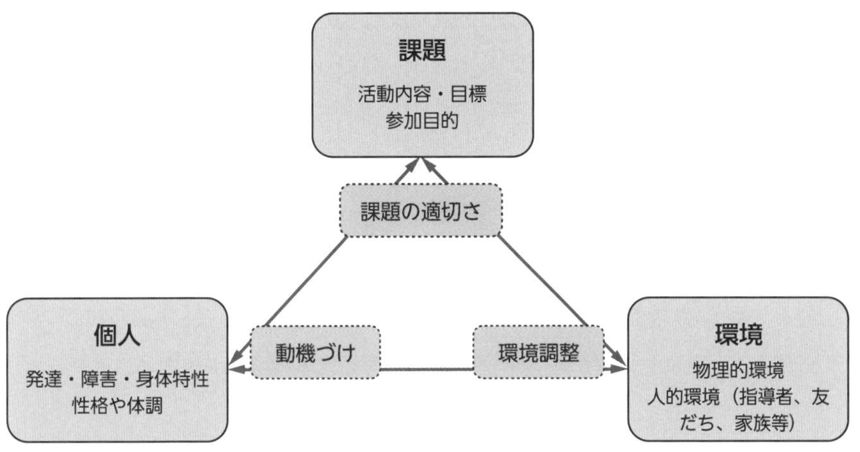

※破線内がアダプテッドの目的
※澤江幸則「20講まとめ：アダプテッドに必要なことは？」斉藤まゆみ編著『教養としてのアダプテッド体育・スポーツ』明治図書，pp.44-47，2018．をもとに筆者作成

図3-14-2　Davis & Broadhead（2007）をもとに示したエコロジカルモデルにおけるアダプテッド

を嫌がるようになったので、指導者は、この子はボールを投げたくなくなったのと理解し、投げる課題をやめてしまったのである。

一見すると子どもに合わせた取り組みとしてアダプテッドされているように思えるが、課題が獲得されていない点でアダプテッドしているとはいえない。そもそも課題（投げる距離）が適切であったか、本児にとって投げたくなるような環境であったかについては検討されていないのである。実際、Sherrillは、障害のある個人と環境、課題との三項関係を考慮してアダプテッドを考えることを提案している[4)]。つまり、単に個人の特性のみに合わせてアダプテッドするのではなく、課題の適切さとともに、その課題を遂行するために、どのような環境が望ましいかを考えることを求めているのである。このような考え方をエコロジカルモデル[5)]と呼ぶ（図3-14-2）。

それによれば、課題内容や参加目的が、個人の特性だけでなく環境に応じてアダプテッドしているか（課題の適切さ）、課題を達成するために、うまく環境をアダプテッドしているだけでなく、個人に動機づけられるようにアダプテッドしているかなど、3要因との関連を考えながら、複合的にアダプテッドの内容を考えることである。

4）Sherrill, C., Adapted Physical Activity Recreation and Sport. 2004.
5）Davis, W. & Broadhead, G.（2007）Ecological Task Analysis and Movement. US：HUMAN KINETICS.

2 保育におけるアダプテッド

1 事例で考える

次に、保育や授業等における主に運動場面のなかで、どのようにアダプテッドを考えればよいかを事例をもとに考えていきたいと思う。

(1) サッカーを楽しんでいる場面

❶ 右半身に麻痺があり、うまく手足を動かせない年長の子の場合

まずは課題としてボールを思いきり蹴ることとする。そうであれば、通常のサッカーボールでは硬いし小さい。そのため直径70センチくらいのバランスボールを利用する（大きさは子どもの特性に合わせる）。そのことで蹴り損じが少なくなる。しかも、弾力があるため転がりやすい。このように用具を工夫することで、力が弱く、足のコントロールが難しい子どもでも蹴ることが楽しいと感じられる可能性が広がる。

またゲーム中、足が不自由でない子どもに比べると、どうしても動きが遅くなるため、この子がボールを蹴ろうとするときは、周りの子が蹴るまで待ってあげられるように支援をしていけるとよいだろう。

❷ 全く見えないわけではないが目が不自由な年中の子の場合

ボールは、本人が見えやすい色や大きさのものを選ぶ。さらに音が鳴るような工夫を加えてもよい。普通のボールを買い物で使用するレジ袋で包むだけでも音がする（イラスト14-1）。ゴールや的を狙う課題であれば、ゴールや的の付近に立って「こっちだよ」と声をかける。入ったことがわかるように、ゴールに工事用のブルーシートを上から垂らしておけば、当たるとバサッと音がする。プレーをしているときは、ボールの音を聞きやすくするために静かな環境も有用だろう。

イラスト14-1

イラスト14-2

イラスト14-3

❸ 知的障害があってルールの理解が難しい年長の子の場合

例えばゲームのなかで、自分が入れなければならないゴールがわからない場合は、自分がつけているビブスと同じ色の布をゴールに垂らしておくと目印になってわかりやすい。またインサイドキックを教える場合、ボールに当てる足の内側に色のついた養生テープか何かを貼っておくと、どこで蹴ればよいか意識が向きやすくなる（イラスト14-2）。

ゲーム中、攻める方向がわからなくなって混乱している様子があれば、敵味方関係なく、ゴールの位置を確認したり、蹴るのを待ってあげたりするのも大切な支援の視点となる。

このようなさまざまな工夫から、蹴ることを主体的に繰り返すようになったらアダプテッドは成立である。

（２）みんなで鬼ごっこを楽しんでいる場面

❶ 両足が動かない年長の子の場合

障害の有無や運動の得意不得意にもかかわらず、皆が床にお尻を着けて鬼ごっこをするのも一つの方法である（イラスト14-3）。また、警泥のように、宝物を盗まれないような役割がある鬼ごっこにするという方法もある。このようにして床にお尻を着けて楽しめるような遊びを考えてみる。座ることが難しい場合には、皆がキックボードのような小さな車輪がついたものを使って移動するようにするのも面白いかもしれない。

❷ ほぼ見えない状態にある目が不自由な年少の子の場合

はじめに、二人一組でペアをつくる。その際、ペアの一人は必ずアイマスクやタオルなどで目をふさぎ、ペアは必ず手をつなぐようにする。活動

イラスト14-4

イラスト14-5

は、2チームの鬼と子（逃げる側）に分かれ、安全のため移動は歩くのみとする。活動の状況に応じてアイマスク等で目を塞いだ人しか相手をタッチすることができないなどのルールを加えて、目が見えないからこその面白さをみんなで共有できると望ましい（イラスト14-4）。

❸ 知的障害があって状況理解が難しい年中の子の場合

新聞紙やタオルなどをしっぽに見立てたしっぽとり鬼ごっこでは（イラスト14-5）、鬼帽子をかぶって誰が鬼であるかを視覚的に示すことで、わかりやすくなるだろう。また色鬼の場合は、鬼が指定した色と同じ折り紙を渡してあげるようにすると、色のマッチングから自分で同じ色を探しやすくなるだろう。

インクルーシブの視点では、特定の気になる子だけでなく周りの子どもたちも含めて、いろいろと工夫された鬼ごっこから、一緒に遊ぶことの楽しさを感じることができるようになればアダプテッドが成立したといえる。

2 おわりに

本章では、インクルーシブ教育・保育におけるアダプテッドについて考えるために、まずは「アダプテッド」という言葉について紹介した。「アダプテッド」は「その人に合わせる」と言い換えることができ、皆さんが日々目にしている「その子」一人ひとりについて、まずよく知り、スポーツや活動を「その子」に「合わせる」ことが、よりよいアダプテッド実践の基本となるといえる。

本章では、そうした皆さんのアダプテッド実践のちょっとした手助けになることを願い、具体的なヒントを提供したつもりである。それらアダプテッドのヒントとなる方法のなかには、「用具」や「人的環境」、「物理的環境」、「システム」のアダプテッドがあった。ただし、これらを実践するためには、その人を取り巻く「環境」と「課題」についての関連を考えながら複合的にアダプテッドの内容を考えることが必要であることを伝えた。

皆さんのなかには、本書を開くまで「アダプテッド」という言葉を耳にしたことがなかった読者も少なくないだろう。そして、馴染みのない実践方法に初めてふれるとき、我々は少なからずその実践の「教科書」なるものを求めるものである。しかし、本章をご覧になった皆さんはすでにお気づきのように、「その人に合わせる」ことがアダプテッドである以上、全員に適応し得るアダプテッド実践の「教科書」は存在しないのである。大切なことは、まず皆さんが目の前にいる一人ひとりの子どもが何を必要としているのかについてあらためて見つめ、トライ&エラーを重ねながら、アダプテッドを実践してみることだ。その具体的な実践の際に、本章で取り上げたことをヒントに、皆さんそれぞれのアダプテッド実践を積み上げていってほしいと思っている。最後に、何より、皆さんのアダプテッド実践の先に、子ども一人ひとりの笑顔というフィードバックが増えることを願う。

コラム 11

子どもが楽しく園に通ってくれるだけでいい

三男の朝陽は、発達障害（ASD、ADHD、学習障害）があります。現在は小学校１年生で特別支援学級へ在籍しておりますが、幼少期は通っていた幼稚園で集団生活が送れずに、保育園へ転園するといった心苦しい経験をしてきました。当時は、私自身が子育てに不安を感じたとき、誰にも相談できませんでしたし頼れる人もいませんでした。発達障害のある子を子育てする情報も少なく，ブログやSNSからの情報をもとに、ただがむしゃらに手探りで子育てをして何とかここまで来たという感じです。

朝陽が生まれたときは、定型発達の子と変わらずあやせばよく笑うし、名前を呼べばハーイと手を上げてくれる。私がパチパチパチと手を叩けば、私を真似して朝陽も手を叩くし、私が話していることも理解しているのです。しかし徐々に育てづらさを感じ、スーパーに行けば一瞬で姿を見失う、公園で帰ろうと声をかければ大きな声を出して暴れる、頑張って食事を用意してもお米やパンしか食べてくれない。何をしても子育てがうまくいかず周りからは冷たい視線を感じるようにもなりました。私のしつけに問題があるのだろうか…、とも思うようになりました。

もっと私たち親子に寄り添って理解してくれる人がいたら…、朝陽との幼少期をもっと楽しく一緒に過ごすことができていたのかもしれません。

はじめての園生活

朝陽は、２歳８か月の頃に幼稚園の未就園クラスに入園しました。そのときは発達障害の診断はなく、これからの園生活で先生やお友達と沢山の思い出ができることを楽しみに入園したのですが、私が思い描いていた園生活とは違い、集団生活が全く送れませんでした。発語がなく先生への挨拶もできませんし、多動で離席して教室からも脱走します。こだわりも強く園の行事ではお友達と同じように踊ったり発表したりすることもできません。

入園してからは、たびたび幼稚園から朝陽についての連絡が入ります。「朝の会で教室から脱走して隣の教室へ行きました」「送迎バスで座って待つ事ができません」「給食が食べられません」「癇癪を起こしました」「発表会の練習に参加できません」など、朝陽ができないことを突きつけられるのは、日常茶飯事です。ある日、朝陽の様子を見に来てほしいと言われて園へ伺うと「朝陽くんはこの場所にいるのがキツイのだと思います」と言葉をかけられたことは忘れられません。

診断と転園

朝陽は３歳になってから、自閉症スペクトラムの診断を受けました。ほかの子と同じように園生活を送らせてあげたい。運動会や発表会、いろいろな園行事を通して経験を積ませてあげたい。沢山のお友達とかかわる場所がほしい…、そう思っていました。一方で、障害のある子は幼稚園に通うことも難しいのか…、と、悲しい気持ちよりも悔しい気持ちの方が大きかったです。何とかこのまま幼稚園に通わせたいという葛藤のなか、園側に退園すると伝えたのは年度末ギリギリのことでした。

転園した保育園では、朝陽へ理解のある先生が配慮した活動を取り入れて下さったおかげで、いろいろな経験を積みたくさんの成長を見せてくれました。例えば運動会ではクラスの全体表現があり、朝陽は得意なフラフープでの表現を任されました。そこには目をキラキラ輝かせ、フラフープを使って自信満々に表現する姿がありました。もしダンスをさせていたらどうでしょう？　朝陽はきっと踊れません。みんなでダンスをさせる表現ではなく、朝陽には何が表現できるか??　と、先生が朝陽に寄り添って見てくれていたからこその全体表現だったと思います。

子どもの笑顔を願う保護者の思い

子どもが成長するために定型発達の子どもと一緒の環境に身をおかせたいという保護者の方もいらっしゃいますが、果たして本当にそれがお子さんのためになっているのか疑問に思うことがあります。なぜならば、朝陽のことを発信しているYouTubeには、高校生や大学生になった発達障害のある方から、「理解してくれる人がいなくて辛かった」「先生からの指導が苦しかった」といったコメントがたくさん寄せられるからです。

朝陽に限らず、定型発達の子どもたちと一緒に過ごす環境が必ずしもその子を伸ばす環境になるとは言い切れません。大切なのは理解を得られる場所や配慮してもらえる場所に身をおくことで、子どもはその子らしく成長することができるのだと思います。

（虹色の朝陽）

参考文献一覧

第1章

- 文部科学省21世紀の特殊教育の在り方に関する調査研究協力会議「21世紀の特殊教育の在り方について〜一人一人のニーズに応じた特別な支援の在り方について〜（最終報告）」2001.
- 文部科学省初等中等教育局特別支援教育課「通常の学級に在籍する発達障害の可能性のある特別な教育的支援を必要とする児童生徒に関する調査結果」2002.
- 中央教育審議会「特別支援教育を推進するための制度の在り方について」2005.
- 障害者福祉研究会編『国際生活機能分類（ICF）—国際障害分類改訂版』中央法規出版，2002.

第2章

- 青柳まゆみ・鳥山由子編著『新・視覚障害教育入門』ジアース教育新社，2020.
- 猪平眞理編著『視覚に障害のある乳幼児の育ちを支える』慶應義塾大学出版会，2018.
- 青木隆一・神尾裕治監，全国盲学校長会編著『新訂版 視覚障害教育入門Q&A』ジアース教育新社，2018.
- 太田俊己・金子健・原仁他共訳『知的障害：定義、分類および支援体系 第11版』日本発達障害連盟，2012.
- 池田由紀江監，菅野敦・玉井邦夫・橋本創一編『ダウン症ハンドブック』日本文化科学社，2005.
- 髙橋三郎・大野裕監訳『DSM-Ⅳ-TR 精神疾患の診断・統計マニュアル』医学書院，1994.
- 髙橋三郎・大野裕監訳『DSM-5 精神疾患の分類と診断の手引』医学書院，2014.
- 梅永雄二・島田博祐・森下由規子編著『みんなで考える特別支援教育』北樹出版，2019.
- 田中道治編訳『知的障害者の人格発達』田研出版，2000.
- 全国特別支援学校病弱教育校長会編著『特別支援学校学習指導要領等を踏まえた 病気の子どものための教育必携』ジアース教育新社，2020.
- 全国病弱教育研究会編『病気の子どもの教育入門 改訂増補版』クリエイツかもがわ，2021.
- 西牧謙吾監，松浦俊弥編著『チームで育む病気の子ども—新しい病弱教育の理論と実践』北樹出版，2017.
- 日本療育学会編著『標準「病弱児の教育」テキスト』ジアース教育新社，2019.
- 文部科学省初等中等教育局特別支援教育課「教育支援資料〜障害のある子供の就学手続と早期からの一貫した支援の充実〜」2013.

第3章

- American Psychiatric Association : Diagnostic and statistical manual of mental disorders fifth edition. American Psychiatric Association, 2013.
- 独立行政法人国立特別支援教育総合研究所編『改訂新版 LD・ADHD・高機能自閉症の子どもの指導ガイド』東洋館出版社，2013.
- 宮島祐・田中英高・林北見編『小児科医のための 注意欠陥／多動性障害—AD／HD—の診断・治療ガイドライン』中央法規出版，2007.
- 文部科学省「通常の学級に在籍する発達障害の可能性のある特別な教育的支援を必要とする児童生徒に関する調査結果について」2012.

第４章

●伊藤元信・笹沼澄子編『新編 言語治療マニュアル』医歯薬出版，2002.

●茂木俊彦編集代表『特別支援教育大辞典』旬報社，2010.

●文部科学省「教育支援資料」2013.

●文部科学省新しい時代の特別支援教育の在り方に関する有識者会議「日本の特別支援教育の状況について」2019.

●国立特別支援教育総合研究所「情緒障害のある子どもへの配慮」

●厚生労働省「令和２年度児童相談所での児童虐待相談対応件数」2021.

●法務省「在留外国人統計」（2012年12月末〜2019年６月末）

●宮島喬『外国人の子どもの教育―就学の現状と教育を受ける権利』東京大学出版会，2014.

●文部科学省総合教育政策局男女共同参画共生社会学習・安全課『外国人児童生徒受入れの手引き 改訂版』明石書店，2019.

●和田上貴昭研究代表「外国にルーツをもつ子どもの保育に関する研究」保育科学研究，８，2017.

第５章

●国立特別支援教育総合研究所『特別支援教育の基礎・基本2020 新学習指導要領対応』ジアース教育新社，2020.

●文部科学省初等中等教育局特別支援教育課「特別支援教育の概要」2013.

●文部科学省「通常の学級に在籍する発達障害の可能性のある特別な教育的支援を必要とする児童生徒に関する調査結果について」2012.

●文部科学省「日本の義務教育段階の多様な学びの場の連続性」2012.

●文部科学省初等中等教育局特別支援教育課「（参考）通級による指導の現状」2019.

●文部科学省「特別支援学校幼稚部教育要領 小学部・中学部学習指導要領」2017.

●梅永雄二・島田博祐・森下由規子編著『みんなで考える特別支援教育』北樹出版，2019.

第６章

●文部科学省「障害に応じた通級による指導の手引解説とQ&A（改訂第３版）」2018.

●文部科学省初等中等教育局「障害のある児童生徒等に対する早期からの一貫した支援について（通知）」2013.

●小野隆行編『特別支援教育 重要用語の基礎知識』学芸みらい社，2018.

●文部科学省新しい時代の特別支援教育の在り方に関する有識者会議「日本の特別支援教育の状況について」2019.

●文部科学省初等中等教育局「障害のある児童生徒の就学について（通知）」2002.

●国立特別支援教育総合研究所「インクルDB（インクルーシブ教育システム構築支援データベース）」（http://inclusive.nise.go.jp/?page_id=15）

●文部科学省初等中等教育分科会「資料１ 特別支援教育の在り方に関する特別委員会報告１」2012.

●文部科学省「幼稚園教育要領解説」2018.
●文部科学省「交流及び共同学習ガイド」2019.
●インクルネット
https://www.mext.go.jp/b_menu/shingi/chukyo/chukyo3/044/attach/1298938.htm

第７章

●汐見稔幸・奈須正裕監、廣瀬由美子・石塚謙二編著『アクティベート教育学７ 特別支援教育』ミネルヴァ書房，2019.
●国立特別支援教育総合研究所『特別支援教育の基礎・基本2020』ジアース教育新社，2020.
●文部科学省「平成29年度特別支援教育体制整備状況調査結果について」2018.
●文部科学省「交流及び共同学習ガイド」2019.
●文部科学省初等中等教育局「特別支援教育の推進について（通知）」2007.
●岡山県総合教育センター「高等学校ハンドブック 自分らしくかがやく～発達障害のある高校生のための指導・支援～」2015.
●渡邉貴裕・橋本創一他編著『特別支援学校・特別支援学級・通級による指導・通常の学級による支援対応版 知的障害／発達障害／情緒障害の教育支援ミニマムエッセンス』福村出版，2021.

第８章

●青山眞二『アセスメントで授業が変わる 特別支援学校・学級で生かす子ども理解と支援のアイデア』図書文化，2019.
●安部博志『子どもの発達を支えるアセスメントツール』合同出版，2019.
●大阪市こども青少年局保育・幼児教育センター「就学前教育カリキュラム」2019.
●尾崎康子・三宅篤子編著『知っておきたい 発達障害のアセスメント』ミネルヴァ書房，2016.
●尾崎康子・阿部美穂子・水内豊和編著『よくわかるインクルーシブ保育』ミネルヴァ書房，2020.
●酒井幸子・田中康雄監『発達が気になる子の個別の指導計画』学研プラス，2013.

第９章

●文部科学省「幼稚園教育要領」2017.
●厚生労働省「保育所保育指針」2017.

第10章

●梅永雄二・島田博祐・森下由規子編著『みんなで考える特別支援教育』北樹出版，2019.
●数井みゆき・遠藤利彦編著『アタッチメント 生涯にわたる絆』ミネルヴァ書房，2005.
●厚生労働省「保育所保育指針解説書」フレーベル館，2008.
●Bear, F. M., Connors, W. B., Paradiso, A. M.『Neuroscience: Exploring the Brain』Lippincott Williams & Wilkins，2007.

第11章

- ●徳田克己監、西館有沙・澤江幸則編著『気になる子の保育のための運動あそび・感覚遊び その具体的な指導法』チャイルド本社，2013.
- ●杉野学・上田征三編著『はじめて学ぶ知的障害児の理解と指導』大学図書出版，2020.
- ●A・ジーン・エアーズ著、岩永竜一郎監訳，古賀祥子訳『子どもの隠れたつまずきを理解する 感覚統合の発達と支援』金子書房，2020.
- ●岩永竜一郎『自閉症スペクトラムの子どもの感覚・運動の問題への対処法』東京書籍，2014.

第12章

- ●奥田健次『メリットの法則 行動分析学・実践編』集英社，2012.
- ●エドワード・L・デシ・リチャード・フラスト著，桜井茂男監訳『人を伸ばす力 内発と自律のすすめ』新曜社，1999.
- ●アルバート・バンデューラ編，原野広太郎・福島脩美訳『新装版 モデリングの心理学―観察学習の理論と方法』金子書房，2020.
- ●杉山尚子他『行動分析学入門』産業図書，1998.

第13章

- ●海老沢穣「アイデアや表現を引き出すiPadの活用～特別支援学校の授業実践」iTeachersTV［vol.241］，2020.（https://youtu.be/CK4u-Dv-ucl）

第14章

- ●Davis, W., & Broadhead, G., Ecological Task Analysis and Movement. 2007.
- ●澤江幸則「20講 まとめ：アダプテッドに必要なことは？」齊藤まゆみ編著『教養としてのアダプテッド体育・スポーツ』明治図書，2018.
- ●澤江幸則「障害のある人のコーチング」平野裕一・土屋裕睦・荒井弘和編著『グッドコーチになるためのココロエ』培風館，2019.
- ●澤江幸則「インクルーシブ体育の可能性と限界」『体育科教育学研究』36(2)，2020.
- ●Sherrill, C., Adapted Physical Activity Recreation and Sport. 2004.

索引

A〜Z

あ〜お

か〜こ

さ〜そ

た〜と

な～の

は～ほ

ま～も

や～よ

ら～ろ

編集・執筆者一覧

●編著者

野内　友規（やない・とものり）いわき短期大学准教授

綿引　清勝（わたひき・きよかつ）いわき短期大学講師

●執筆者（五十音順）

秋本　成晴（あきもと・しげはる）筑波大学大学院博士課程人間総合科学研究科体育科学専攻・・・・・・第14章

飯塚　潤一（いいづか・じゅんいち）筑波技術大学教授・・・・・・・・・・・・・・・・・・・・・第２章１

稲田　健実（いなだ・たけみ）福島県立平支援学校教諭・・・・・・・・・・・・・・・・・・・・・第13章

岩田　直子（いわた・なおこ）筑波大学附属病院医療連携患者相談センター副部長・・・・・・・・・第４章４

岩田　ふみ（いわた・ふみ）独立行政法人高齢・障害・求職者雇用支援機構公共職業訓練部
・・・・・・・・・・・・・・・・・・・・・・・・・・・・・・・・・・・・・・・第７章・コラム６

海老沢　穣（えびさわ・ゆたか）一般社団法人SOZO.Perspective代表理事・・・・・・・・・・・・・第13章

大曽　基宣（おおそ・もとのり）聖霊女子短期大学教授・・・・・・・・・・・・・・・・・・・・・第10章１

笠間　真紀（かさま・まき）特定非営利活動法人ままはーと理事長・・・・・・・・・・・・・・・・コラム４

梶井　正紀（かじい・まさのり）茨城女子短期大学准教授・・・・・・・・・・・・・・第４章２・第６章

加藤　洋一（かとう・よういち）明星大学特任教授・・・・・・・・・・・・・・・・・・・・・・・第２章５

金子　真人（かねこ・まさと）国士舘大学教授・・・・・・・・・・・・・・・・・第４章１・第10章４

榊原　剛（さかきばら・たけし）名古屋女子大学准教授・・・・・・・・・・・・・・・・・・・・・第８章

澤江　幸則（さわえ・ゆきのり）筑波大学准教授・・・・・・・・・・・・・・・・・・・・・・・・第14章

佐々木　敏幸（ささき・としゆき）明星大学助教・・・・・・・・・・・・・・・・・・・・・・・第10章５

島田　博祐（しまだ・ひろすけ）明星大学教授・・・・・・・・・・・・・・・・・・・・・・・・第２章３

髙橋　昌樹（たかはし・まさき）東京都立しいの木特別支援学校校長・・・・・・・・・・・・・・コラム５

中山　哲志（なかやま・さとし）東日本国際大学・いわき短期大学学長・・・・・・・・・・・・・第２章２

長瀬　賢弘（ながせ・よしひろ）いわき短期大学准教授・・・・・・・・・・・・・・・・・・・・第10章５

縄岡　好晴（なわおか・こうせい）明星大学助教・・・・・・・・・・・・・・・・・・・・・・・第９章２

虹色の朝陽（にじいろのあさひ）・・・・・・・・・・・・・・・・・・・・・・・・・・・・・・コラム11

原　成輝（はら・なるき）子どもメンタルクリニック新大塚院長・・・・・・・・・・・・・・・・コラム２

福井　朗子（ふくい・あきこ）いわき短期大学教授・・・・・・・・・・・・・・・・・・・・・・コラム10

松原　豊（まつばら・ゆたか）こども家族早期発達支援学会副会長・・・・・・・・・・・・・・・第２章４

森下　由規子（もりした・ゆきこ）明星大学教授・・・・・・・・・・・・・・・・・・・第７章・コラム６

野内　友規（やない・とものり）前掲・・・・・第１章・第３章２、３、４・第４章３・第10章３・コラム１

りっきー（りっきー）プラスモンテ®代表・・・・・・・・・・・・・・・・・・・・・・・・・・コラム８

綿引　清勝（わたひき・きよかつ）前掲
・・・・第３章１、５・第４章４・第５章・第９章１、３・第10章２・第11章・第12章・コラム３、７、９

渡邉　寛子（わたなべ・ひろこ）東京都東部学校経営支援センター支所統括学校経営支援主事・・・・・コラム５

（2022年４月現在）

おわりに

「障害」「障碍」「障がい」「しょうがい」…、一体、何だろう…。障害について研究をし始めて以来、私がずっと抱いている疑問です。

大学院で学んでいた頃、辞書を手に取り引いてみると、障害とは、「物事の成立や進行の邪魔をするもの。また、妨げること」と出てきました。「障害があるとされている人が障害のない人と比べて、社会生活のなかで不便さを感じることかな」、「もし、世の中が障害のある人が大多数でその人たちに合わせて社会がつくられていたら、今現在、障害がないとされている人たちは不便さを感じる、つまり障害があることになるのかな」さまざまな思いが頭のなかをめぐりました。

その後、小学校教員、特別支援学校教員など教育現場経験を経て、現在の職場に勤務することになりました。私には、小学校や特別支援学校の教員時代の教え子に加え、前任校の４年制大学教員時代、そして現任校の短大教員時代の教え子などさまざまな形で教え子がいます。すべての教え子がかけがえのない存在です。先生として子どもたちの前に立つとき、そして教え子を思う気持ちに障害のあるなしは、全く関係ありません。このような経験のなかで、私なりにたどり着いた一つの答えは、「障害」とは、当事者だけではなく、その人とかかわる一人ひとりのなかにも存在するということです。障害があるとされる子どもとかかわる教育者や保育者等が寄り添うことができなければ、障害のある子どもを理解できないという「障害」が、そうした人のなかにも存在してしまうということです。自分とは全く異なった環境や経験のなかで生きてきた相手を理解することは、とても難しく、完全に理解するということは、不可能なことかもしれません。しかし、だからこそ教育者や保育者には、相手を理解しようとする心が必要になってくるのだと思います。私は、相手を理解しようと努力し続ける姿勢が、理解できないという自らのなかにある障害を乗り越えるきっかけになり、お互いが理解し合えるきっかけとなるということを、多くの教え子たちから学びました。教員の相手を理解しようとする姿勢が、子どもたちのなかにある相手を理解しようとする優しさを育むということを学びました。

障害理解とは、人間理解の一部です。障害を理解するのではなく、一人の人間をより深く理解するために障害を学ぶのだと思います。結局は、子どもたちに対し、どのような姿勢で向き合うかということなのかもしれません。

本書は、あなたにとって大切な、しかし理解することが難しい子どもがいるときに、少しでもお互いを理解し合うことができるきっかけになることを願い執筆しました。本書を読み終えて、障害に関する知識のみならず、各章を執筆された先生方が障害に真摯に向き合い理解しようとしている姿勢や考え方に思いを馳せていただければ幸いです。

あなたが学ぶことで必ず子どもは成長します。そして気づいたらあなたの心も豊かになっています。「愛情」「寄り添う」「優しさ」「思いやり」…教育や保育の世界ではよく使われる言葉です。教育・保育に携わるにあたって、その言葉の表面を当たり前にただ通り過ぎるのではなく、私自身が何度も立ち止まり自らを振り返ることができる研究者、教育者、そして人でありたいと思っています。教え子をはじめこれから生まれてくる子どもが生きる未来が少しでも愛情にあふれた未来であることを切に願います。未来に幸せの種を植えるのは教育・保育です。

最後に本書を出版するにあたり、コラムの取材にご協力いただいた東村八重（仮名）様、編集のいろはを教えてくださった柏崎秀子先生、これまで多くのことを教えていただいた同僚の先生方、多くの教え子たち、いつでも快くサポートしてくれた家族、そして本書の出版に導いてくださった中央法規出版の渡邉賢治氏、平間亮氏、近藤朱氏に編者二人より心からお礼を申し上げます。

2022年４月　野内　友規・綿引　清勝

気になる子のインクルーシブ教育・保育

幼稚園教諭・保育士養成課程、教職課程対応

2022年 5 月15日　発行

編　著　　野内友規・綿引清勝
発行者　　荘村明彦
発行所　　中央法規出版株式会社
〒110-0016
東京都台東区台東3-29-1　中央法規ビル
TEL 03-6387-3196
https://www.chuohoki.co.jp/

印刷・製本　　長野印刷商工株式会社
装幀・本文デザイン　　澤田かおり（トシキ・ファーブル）
イラスト　　秋野純子（第 3 章 5 、第11章 2 、第14章 1 、コラム 8 、コラム 9 ）
イトウハジメ（第14章 2 ・カバー）

ISBN978-4-8058-8716-5

定価はカバーに表示してあります。

落丁本・乱丁本はお取り替えいたします。
本書の内容に関するご質問については、下記URLから「お問い合わせフォーム」にご入力いただきますようお願いいたします。
https://www.chuohoki.co.jp/contact/